裏切りと陰謀の

中国共産党
建党100年秘史

習近平
父を破滅させた
鄧小平への復讐

遠藤 誉

ビジネス社

まえがき

1921年7月23日から31日まで、中国共産党第一回党大会が上海《シャンハイ》で開催された（最終日は浙江省《せっこう》南湖《なんこ》の船上）。当時は蔣介石《しょうかいせき》（1887～1975）率いる国民党が統治する「中華民国」の時代だったので、党大会開催は邪魔され、資料もちりぢりになったことから確実な開催日が確認できなくなり、1941年6月に開催された「建党20周年記念大会」において、区切りの良いところで「7月1日」を党の生誕記念日と定めた。したがって今年2021年7月1日は、「中国共産党の建党100周年記念」となる。

現在の中国、すなわち中華人民共和国が誕生したのは1949年10月1日だ。当時は「新中国」と称した。新中国が誕生できたのは、毛沢東《もうたくとう》（1893～1976）らが国民党軍の掃討《そうとう》作戦を逃れてひたすら北上した「長征」の末に、西北革命根拠地が陝西省《せんせい》延安《えんあん》を含めた地域にあったからだ。他の革命根拠地はすべて国民党にやられていたので、あのとき、もし西北革命根拠地がなかったら、中国共産党軍は国民党軍に殲滅されていた可能性が高い。新中国は誕生しなかったということになる。

だから毛沢東は西北革命根拠地が築かれていたことを、この上なく喜び感謝した。

この西北革命根拠地を築いた者の中に、習仲勲《しゅうちゅうくん》（1913～2002）がいる。のちに習《しゅう》近平《きんぺい》（1953〜）の父親になる人だ。

毛沢東は習仲勲を「諸葛孔明《しょかつこうめい》より賢い」と高く評価し、その先輩である西北革命根拠地の高《こう》崗《こう》（ガオ・ガーン。1905〜1954）を自分の後継人にしようとしたほどである。

ところが新中国が誕生してまもなくすると、高崗は「謀反を企てた反党分子」として追及され、1954年に自殺してしまった。高崗に謀反の計画ありと毛沢東に密告したのは鄧小平《とうしょうへい》（1904〜1997）と陳雲《ちんうん》（1905〜1995）だ。

1962年になると、今度は小説『劉志丹《りゅうしたん》』を使って、当時、国務院副総理にまで昇進していた習仲勲がやはり謀反を起こそうとしているとして失脚してしまう。

劉志丹（1903〜1936）は西北革命根拠地を最初に築いた英雄的人物で、習仲勲や高崗の先輩であり、戦友でもある。習仲勲は、劉志丹を讃えることによって高崗の名誉回復を企てた「反党分子である」という罪で、16年間も獄中生活を強いられた。その間に「長征」を讃えることも、「延安」あるいは「西北革命根拠地」を重要視することも許されないような空気が重くのしかかっていた。

毛沢東が1976年9月9日に他界すると、1966年から76年まで荒れ狂った文化大革命（文革）を起こした毛沢東までをも否定するムードがあり、毛沢東が後事を託した華国鋒《かこくほう》（1921〜2008。中共中央主席、国務院総理、中央軍事委員会主席）は「毛沢東への個人崇拝を捨てきれていない」として、鄧小平によって引きずり降ろされ、鄧小平が実際上の最高権威者となって「改革開放」を推し進めたことになっている。鄧小平は「改革開放の総設計師」と称され、「現代中国の父」と崇められて「鄧小平神話」が世界中を席巻し、定説となってしまった。

しかし、習近平政権になると事態は一変した。

習近平は毛沢東がよく使った言葉を頻用したり、自分自身を「私は延安の人」と言ったりなどして西北革命根拠地に焦点を当て、まるで「毛沢東への先祖返り」と揶揄《やゆ》されるようになった。それだけではない。２０１６年10月になると、今度は「長征80周年記念大会」を盛大に催して、習近平は実際に毛沢東らが歩んだ長征の要所要所をたどる旅にも出ているのだ。そして翌年から激しくなっていったトランプ政権による対中制裁を、「長征」にたとえて「忍耐せよ」と説き、「最後は中国共産党が勝ったではないか」と檄《げき》を飛ばすようになっている。

もちろん、西北革命根拠地を築いた者の一人が自分の父親・習仲勲であることから、そこにあった延安を重要視するというのは分からないではない。しかし習近平が打ち出す国家戦略を見ていると、それだけでは説明できないことがあるように思われてならない。

そもそも「高崗事件」は、今もなお「謎」として残っており、表面的には「高崗が謀反を企てた」という鄧小平らの言い分が通っているようなものの、鄧小平と陳雲が死ぬまで高崗の名誉回復を許さなかったことや、高崗の妻・李力群《りりきぐん》（１９２０～２０２０）が早くから「鄧小平は毛沢東より覇道だ」と主張し続けたことからも、鄧小平が何か不正なことをしたのだろうということが窺《うかが》われる。

何が起きたのかを突き止めない限り、「中国共産党とは何か」、そして「習近平政権の正体は何なのか」を真に知ることはできない。

そこでこのたび「高崗事件」を徹底して解剖したところ、とんでもない事実が判明した。

それは鄧小平が野心に燃えて、自分が天下を取るために、高崗を陥れるための謀《はかりごと》を陳雲と示し合わせて展開していたという事実である。それが「幻想」ではなく、「真実」であることを示すために多くの資料を用いて本書の第二章で証明を試みた。鄧小平は、毛沢東が西北革命根拠地の革命家たちを重視するのを抑え込もうと悪知恵を働かせていたのである。事実、高崗が自殺したあと、鄧小平は中央書記処総書記に就任するなど出世街道を走り始めた。

「高崗事件」の犯人は鄧小平だったのである。

それを証明することを可能にしてくれたのは、2008年に高崗の秘書だった趙家梁《ちょうかりょう》が著した回想録だ。鄧小平が他界した1997年を待って書き始め、10年の歳月を費やして香港《ホンコン》の出版社から『半截墓碑下的往事　高崗在北京』（半壊の墓標の下での出来事　北京における高崗）を出版した。

これらを基にさまざまな周辺事情を分析することにより、1954年以来の中国共産党の謎の事件の一つが解明できたと自負している。

だとすれば鄧小平は同様に、小説『劉志丹』を利用して西北革命根拠地を築いた習仲勲を陥れようとしたのではないのか。西北にいた者はすべて「消して」しまわなければ自分の出世の邪魔になると思ったのではないのだろうか。その疑念が頭をもたげた。

中国の官側の報道では、1962年当時、雲南《うんなん》省の書記をしていた閻紅彦《えんこうげん》が「これは高崗の名誉回復につながる」と言い始め、それを康生《こうせい》（1898~1975）に訴えて、康生が楊尚《ようしょう》昆《こん》（1907~1998。当時、中央書記処候補書記）を通して鄧小平に知らせたというストーリーになっている。康生はソ連のスターリンから秘密警察による粛清や処刑の方法を学んだ「中国のベリア（スターリン時代の粛清執行人）」と称される人物だ。

この説は一見「もっともらしい」筋立てに見えるが、当時の人物関係から見ると、実は「あり得ない」ストーリーだ。なぜなら、一つには、閻紅彦は康生といかなる関係もないので、雲南省の書記がいきなり康生に直訴するということは考えにくい。さらに重要なのは、閻紅彦は国共内戦時代の軍隊における鄧小平の直属の部下で、その後も閻紅彦と鄧小平は非常に緊密に連絡し合っており、閻紅彦は鄧小平のお陰で昇進しているので、鄧小平の言うことなら何でも従うという間柄である。鄧小平と康生は「非常に仲が良かった」と、のちに康生の秘書が回想している。

一方、閻紅彦は西北革命根拠地において、劉志丹と対立していた謝子長《しゃしちょう》（1897~1935）という、もう一人の革命家の部下だった。あともう一歩で劉志丹一派（劉志丹・高崗・習仲勲ら）を生き埋めにできたところに、毛沢東らが長征の着地点に西北革命根拠地を選んだため生き埋め計画が中断させられ、謝子長一派側の罪が問われる結果を招いた。延安に入った毛沢東は高崗を非常に気に入り、閻紅彦は高崗に虐められたという怨念《おんねん》を抱き続けてきた。それを知っている鄧小平が閻紅彦と組んで習仲勲失脚のための陰謀を謀ったことが、今般の分析の結果、判明したのである。事実、習仲勲のすべての職を奪う決議をした会議が終わったその夜、閻紅彦は鄧小平宅を訪れて祝杯を挙げている。

本書の第三章でその証拠を求めて真相を突き止める作業に入るが、それを理解するためには「劉志丹と謝子長の相克」が分かっていないと究明できない。そのため、遠回りのように見えるかもしれないが、第一章で西北革命根拠地における実態と「長征」の着地点としての役割をしつこく追いかけた。

1978年2月に政治復帰した習仲勲の第1の赴任地は広東省《かんとん》だった。荒れ果てた深圳《しんせん》などの辺鄙《へんぴ》な地区を開発し、香港に出稼ぎのために逃亡する大陸の庶民を引き留めるには、何としても香港と隣接する深圳などの地区を豊かにしなければならない。そのため習仲勲は広東省のいくつかの地区に「中央の権限を譲渡してくれ」と必死で中央に懇願した。そのときに浮かんだ概念が西北革命根拠地で創っていた「革命特区」だ。こうして「経済特区」という概念が出来上がっていったのである。

改革開放も経済特区もすべて鄧小平の発想であるかのように位置づけられているが、実は華国鋒は改革開放と同じ意味の「対外開放」という言葉を用いて、実際上、改革開放政策を実施しようとしていたし（2008年に『還原華国鋒（華国鋒の真相を掘り起こせ）』という論文など）、経済特区は習仲勲が汗まみれになりながら実現していったものだ。

それを主張するためか、2012年11月の第十八回党大会で中共中央総書記に選ばれた習近平が最初に視察した場所は深圳だった。

父・習仲勲が鄧小平の陰謀により失脚してからちょうど50年間。半世紀にわたる忍耐と怨念が、静かに血を噴き始めた瞬間だ。この因果関係を見ない限り、習近平の国家戦略と、なぜ憲法を改正してまで国家主席の任期制限を外したのかに関する復讐《ふくしゅう》の怨念の深さは見えてこない。それに関しては第七章で論じた。

鄧小平神話を堅固なものにさせたのは、実は日本だ。

本来なら1989年6月4日の天安門《てんあんもん》事件で、民主を叫ぶ若者の声を武力で封じたのだから、中国共産党の一党支配体制はここで終わりを告げる可能性は大きかった。それから間もなくベルリンの壁は崩れ、共産主義体制の最高峰にいたソ連も崩壊した。天安門事件は中国共産党による一党支配体制を崩壊させる唯一にして最高のタイミングだった。

そこに待ったをかけた国がある。日本だ――。

西側先進諸国が一致して対中経済封鎖を行おうとしていたのに、それを緩くさせただけでなく、実行された経済封鎖をも、すぐに解除させてしまった。1992年に天皇陛下訪中まで成し遂げ、制裁を掛けていた西側諸国を一気に「中国市場への投資」に傾かせていった。これにより中国経済は息を吹き返し、2010年にはGDP規模において日本を抜き、2028年にはアメリカを抜くだろうと予測されている。

経済復帰したのだから、民主の声を武力弾圧した鄧小平の判断は正しかったものとして中国でも受け止められ、少なからぬ日本のメディアや政財界関係者を含めた西側諸国にもその視点が広まっていった。

このような言論弾圧と民主弾圧をする国家の価値観が、やがて全世界を統治するルールになっていくことを、人類は許していいのだろうか？

習近平は鄧小平への復讐をする際に、「父親の仇を討つのを優先するのか、それとも一党支配体制維持を優先するのか」という選択を迫られる場面に何度も出くわしている。そのとき習近平は「一党支配体制の維持」を最優先事項に置く要素があることを見逃してはならない。

つまり習近平の弱点は「親の思いを裏切って一党支配体制を優先した」というところにあり、ここは「脆弱性《ぜいじゃくせい》」を持っている。習仲勲は死ぬまで「少数民族を愛し大切にした」だけでなく、鄧小平の陰謀により1990年に再び政治舞台からの失脚を余儀なくされたその前日まで「異なる意見を取り入れなければならない。その法律を制定せよ」と会議で訴え続けた。習近平はこれを否定しているのだから「良心の呵責《かしゃく》」にさいなまれているはずだ。ここに習近平政権の脆弱性が潜んでいるので、一党支配体制を揺るがすには、そこを突くと良いだろう。

中国共産党の歴史は、血塗られた野望と怨念の歴史だ。

それを正視するには、「鄧小平神話」を瓦解させなければならない。

毛沢東から始まり、習仲勲によって支えられた革命の道。その「おいしいところだけ」をいただこうとした鄧小平の野望と陰謀。その背骨があってこその、習近平の国家戦略だ。

今、日本がどこにいるのかを見極めるためにも、私たちは「鄧小平神話」を打ち破る勇気と、真実を手にするという「知性への挑戦」に着手しなければならないのである。

本書がその試みに、いくらかでも貢献することができれば望外の幸せだ。

裏切りと陰謀の中国共産党建党100年秘史

習近平　父を破滅させた鄧小平への復讐

目次

まえがき　1

第一章　西北革命根拠地の習仲勲と毛沢東

一　習仲勲の生い立ちと時代背景　18
少数民族たちと暮らした少年時代／十代で革命活動

二　15歳、獄中で共産党員になる　26

三　劉志丹との出会いと西北革命根拠地　28

四　劉志丹と謝子長の闘い　32
劉志丹に関して／謝子長に関して

【1】1932年1月：三甲塬《さんこうげん》事件　38
――カギを握っていたのは山西省に行っていた閻紅彦

【2】1935年10月：謝子長残存勢力による粛清　49
――毛沢東に命を救われた劉志丹と高崗と習仲勲

五　毛沢東が西北革命根拠地に聖地「延安」――習仲勲を高く評価　55

六　毛沢東、習仲勲に「西北はあなたに任せる」　68
――毛沢東から9通の手紙と98通の電報を受け取った習仲勲

第二章　五馬進京と高崗失脚――鄧小平の権勢欲と陰謀

一　毛沢東の信頼で絶大な権力を握っていた高崗　80
「五馬」の第1位／鄧小平と周恩来の関係／建国当初は「新民主主義体制」／中央への出世を嫌がった習仲勲や高崗／高崗の秘書が回想録で真相を暴露

二　鄧小平が仕組んだ「高崗事件」と高崗自殺　105
鄧小平と陳雲の共謀／【1】趙の記録／【2】中国共産党新聞／【陳雲年譜】／【3】『鄧小平文選』より／高崗の自殺／高崗自殺により、誰が得をしたのか／高崗の妻「鄧小平は毛沢東よりも覇道だ！」

第三章　小説『劉志丹』と習仲勲の失脚――陥れたのは鄧小平

一　西北閥最後の雄・習仲勲　126
毛沢東が「諸葛孔明よりもすごい！」と絶賛／周恩来の大番頭／不穏な風雲

二　悲劇の小説『劉志丹』事件　140
『劉志丹』の出版に反対していた習仲勲／習仲勲が「反党分子」に

三　鄧小平の陰謀解明への挑戦　147
【状況証拠1】閻紅彦は鄧小平の部下だった　148
【状況証拠2】閻紅彦が憎いのは高崗だが、鄧小平が倒したいのは習仲勲　151
【状況証拠3】十中全会閉幕直後、閻紅彦は鄧小平の家で祝杯　154
【状況証拠4】閻紅彦の仲間・郭洪濤に鄧小平が救いの手　155
【状況証拠5】康生の秘書が「鄧小平と康生は非常に仲が良かった」と回顧　156
【傍証】毛沢東は習仲勲失脚を本当はどう見ていたのか？　158

第四章　文革後の中央における激しい権力闘争
――華国鋒を失脚させた鄧小平の陰謀

一　華国鋒、最高権威ポスト就任と失脚の経緯　167
鄧小平を警戒した毛沢東／恩を仇で返した鄧小平
二　鄧小平が下した「華国鋒が犯した罪」と反論　176
華国鋒「5カ条の罪状」を検証する
三　なぜ鄧小平の陰謀が成功したのか？　188
（一）鄧小平と陳雲との結託／（二）全国行脚により「点火」して汪東興失脚を

準備／(三)政治工作会議と第十一回党大会三中全会で「爆発」／(四)中越戦
争を仕掛けて華国鋒を追い込み、軍権を奪取

第五章　習仲勲と広東省「経済特区」

一　北京に戻ってきた習仲勲　210
葉剣英の言葉に涙／精神を保つために毎日の運動を欠かさなかった
二　広東で待ち受けていた香港への密航者問題――習仲勲、香港境界視察　215
日に3時間しか寝ない激務に没頭／農民から得た大きなヒント
三　深圳経済特区制定と改革開放の推進　225
批判を恐れず地方改革の推進を訴える／「経済特区」構想の生みの親は習仲勲
四　習仲勲・葉剣英父子の物語と習近平の登竜門　237
息子に自分の地盤を継がせたかった葉剣英／中国の運命を決めた「習近平の
軍歴」
五　海外視察――オーストラリア、香港、マカオ、アメリカ　248
発展ぶりに圧倒されたオーストラリア視察／大陸との格差を思い知らされた
香港訪問／マカオ訪問での注目発言／アメリカ訪問で出た日本への本音

第六章 再びの中南海と習仲勲最後の失脚――香港問題と天安門事件

一 中共中央書記処書記、憲法改正委員会主任に 260
不意に来た「憲法改正」の任務

二 言論の自由を主張――「異論保護法」制定を試みた習仲勲 263
憲法の各条文から「共産党による指導」を削除 ／ 父が削除した条文を習近平が復活

三 中央軍事委員会秘書長秘書としての習近平 269
「現役軍人」の肩書を得る ／ 耿飈の元を去った習近平

四 「台湾同胞に告ぐ書」と香港返還交渉の始まり 276
――「一国二制度」と「特別行政区」の概念は誰が言い出したのか
毛沢東から続く台湾に対する執念 ／ 香港をめぐる英国との攻防

五 コモン・ロー（英米法）と習仲勲 284
習近平が香港に強権な理由

六 胡耀邦の失脚と天安門事件――そして趙紫陽も失脚させた鄧小平 291
鄧小平と陳雲の対立 ／ 胡耀邦批判に唯一反対した習仲勲

七　習仲勲、最後の失脚と鄧小平——南巡講話は江沢民失脚が狙いだった　303
最後まで言論の自由を訴えた習仲勲／鄧小平の敗北

第七章　習近平、鄧小平への「復讐の形」

一　父が受けた迫害は習近平にどのような影響を与えたか　312
鄧小平が死ぬまでは息をひそめた日々／「黒帮」といわれた虐めとの闘い／「群衆の中に戻る」ことを決意／10回以上の申請で悲願の入党

二　習近平の鄧小平への「復讐の形」と国家戦略　324
50年間にわたる忍耐が火を噴いた／国家戦略を練るための基軸／【1】腐敗撲滅運動／【2】軍事体制改革と軍民融合ハイテク国家戦略／【3】建党100周年記念までに貧困層を無くす習近平の国家戦略／【4】一帯一路／【5】香港問題とグレーターベイエリア戦略／【6】少数民族に対する弾圧——日本ウイグル連盟のトゥール・ムハメット会長を取材／【7】毛沢東と西北革命根拠地を重視——対米抗戦を「長征」にたとえ

三　世界新情勢への対応——米中覇権とネット言論統制　359
【1】米中覇権競争／【2】習近平はなぜネット言論統制を強化するのか

四　中国共産党とは——建党100年と日本　373
【1】黎明期／【2】日中戦争時代／【3】新中国誕生前後／【4】毛沢東時代／【5】天安門事件後の経済封鎖を解除して共産党政権を維持させた日本／【6】現在の日本の選択

あとがき　386
【主な参考資料】　395
中国共産党建党100年史年表　399

＊習仲勲の「勲」の字に関しては原名の文字を用い、異形文字である簡体字「勛」の繁体字は用いない。
＊本書巻末には各章で主として参考にした文献を列挙する。本文では思考を中断させるので、引用文献に番号を付けた対応はさせない。
＊一般に党大会で中共中央委員会委員および候補委員を選び、その委員が第一回目の全体会議を開いたときに、それを「中共中央委員会第一回全体会議」と呼び、これを「一中全会」と称する。たとえば第十一回党大会で選ばれた中共中央委員が三回目の全体会議を開いた場合、中国語では「十一届三中全会」とか「十一大三中全会」と称するのだが、これは中国共産党が支配している世界で通じる話なので、本書ではそれを他の党大会のときの「三中全会」と区別するために、たとえば「第十一回党大会三中全会」という形で書くことをルールとして定める。

第一章

西北革命根拠地の習仲勲と毛沢東

一　習仲勲の生い立ちと時代背景

少数民族たちと暮らした少年時代

習近平《しゅうきんぺい》の父・習仲勲《しゅうちゅうくん》は、１９１３年10月15日に中国の西北にある陝西《せんせい》省富平《ふへい》県淡村鎮中合村で生まれた。富平県は陝西省の真ん中にあり、関中《かんちゅう》平原と陝北《せんほく》高原をまたぐ黄土《こうど》大平原に位置する。南には渭水《いすい》が流れ、北には橋山がそびえ、関中は渭水平原とも呼ばれ、肥沃《ひよく》だ。そのため西周《せいしゅう》、前漢《ぜんかん》あるいは唐《とう》王朝の長安《ちょうあん》城（西安《せいあん》）をはじめとして、古来より多くの王朝がここに都を定めた。このことが中華文明への深い憧憬を習仲勲の胸深くに刻み、その精神が習近平にも受け継がれたため、のちに「一帯一路」巨大経済圏構想を思い至るきっかけの一つになっていく（これに関しては本書の第七章で触れる）。

何よりその北方には険しい山岳地帯があり、現在の中国建国の父・毛沢東《もうたくとう》が山岳地帯の延安《えんあん》を革命根拠地にしたということが、習仲勲の運命を決め、中国共産党の趨勢《すうせい》を決めたと言っていいだろう。

現在の習近平国家主席が自らを「延安の人」と位置付ける、ここ陝西省富平県における歴史を紐解《ひもと》かないと、「中国共産党政権とは何ぞや」、あるいは「習近平は何者か？」ということさえ本当には見えてこないと確信する。

習仲勲の祖父母は１８８５年に住み慣れた河南《かなん》省の鄭州《ていしゅう》を離れ、流れ流れて富平に移り住んできた。祖父は旅の途中で力尽きて亡くなり、祖母が一人で子供たちを育てたという。もし鄭州を離れるのが2年遅かったら1887年の黄河洪水《こうが》に遭っていたかもしれないので、習近平という人物はこの世に生まれていなかっただろう。

というのは1887年の黄河洪水では統計が取れないほどの大量の犠牲者が出ており、150万人という数字もあれば700万人に及ぶという計算もある。ギネスブックには90万人と控えめに見積もった数値が載せられているようだ。

習家が陝西省に着いたころ、実は河南省からだけでなく、湖北《こほく》省や山東《さんとう》省あるいは四川《しせん》省からも多くの人が移住してきていた。

なぜなら陝西省では1862年から1873年にかけて「回民蜂起《ほうき》」があったために死者が続出し、人口が半減したからだ。「回」というのは「回教《かい》」のことで、中国語ではイスラム教のことを「回」という文字で表す。「回回（ホイホイ）」という言い方をすることが多い。したがって回民はイスラム教徒のことを指す。

陝西省の周りは現在の地図で言うならば、寧夏《ねいか》回族自治区や甘粛《かんしゅく》省に隣接しており、さらに青海《せいかい》省、チベット自治区あるいは新疆《しんきょう》ウイグル自治区へと続き、イスラム教徒などが多い少数民族地域と混住している。だから習仲勲は幼いときからさまざまな少数民族とともに暮らし苦楽をともにしていたので、少数民族に対して非常に融和的だった。その息子の習近平がなぜ少数民族弾圧に動くのかというところに、中国共産党による一党支配体制の限界と本質が潜んでいることを正視しなければならない（これに関しても第七章で考察する）。

1862年の回民蜂起は陝西省や甘粛省を中心に発生したトンガン人の蜂起で、10年にわたる戦いの末に陝甘《せんかん》（陝西省・甘粛省）地区の人口は半分にまで減った。『中国人口史』という本によれば、1861年の甘粛省（当時は寧夏と青海省の一部を含む）の人口は1900万人だったが、1880年には495・5万人に減少し（1400万人が犠牲）、陝西省では1861年に1394万人だった人口が、1879年では772万人にまで減っている。

トンガン人というのは主に中央アジアのカザフスタンや、キルギス領内のフェルガナ盆地などに住む中国系回民のことである。

一方、清王朝時代の1851年に中国では「太平天国《たいへいてんごく》の乱」という大動乱が起きている。洪《こう》秀全《しゅうぜん》を天王とし、キリスト教の信仰を紐帯《ちゅうたい》とした組織「太平天国」が起こしたものだ。この動乱は1864年まで続くが、陝西省の「渭水の戦い」で1862年に太平天国の軍隊が陝西省に入ると、漢人は防衛のため団練《だんれん》（清王朝時代の民兵組織）を立ち上げ、漢人を恐れた回民もまた武装することとなった。こうして対立が深まった結果、回民が太平天国に呼応して蜂起したのが「回民蜂起」だ。

1840年にイギリスが仕掛けてきたアヘン戦争が2年後に終わると、中国各地で多くの匪《ひ》賊《ぞく》が横行し、太平天国の軍隊がその匪賊を吸収したため、陝甘一帯にも匪賊が多く、「哥老会《かろうかい》」という当時の農民社会における互助自衛組織として発展した（反体制的）秘密結社（紅帮《ほんぱん》など）や「大刀会《だいとうかい》」という民間の自衛組織などが陝甘一帯にも大量に入り込んでいた。

1911年10月10日、清王朝を倒すために起きた辛亥《しんがい》革命にもこれらの民兵組織が活躍しており、1921年に中国共産党が誕生すると、やはり元匪賊や哥老会あるいは大刀会などの一部が入り乱れて活躍するようになる。たとえば東北地方に移った大刀会は1932年に満州国が誕生すると抗日義勇軍の一角を担うようになった。

実は習仲勲の運命を狂わせた原因の一つに、これらの組織が絡んだ闘争に巻き添えになったという背景があり、それが中華人民共和国（現在の中国）の政治運動を大きく方向付ける要素の一つとして潜り込んでいる。そのため、一見関係ないような匪賊などの話を、まずここでご説明したわけである。

習近平政権になったあとの2014年に出版された『習近平画傳』によれば、習仲勲の祖母の長男、つまり叔父さんに当たる老虎（ラオ・フー）は、やがて食い扶持《ぶち》を求めて軍隊に入隊し、太平天国の乱が招いた八カ国聯合による攻撃で西安にまで落ち延びた西太后《せいたいごう》と光緒帝《こうしょ》を護衛するため近くに来たため富平の実家に立ち寄ったとのこと。銀貨数十両を母親（習仲勲の祖母）に渡すとすぐさま部隊に戻っていった。その後老虎は行方知れずのままになったが、習家はこの銀貨で土地を買い、アヘンの商売なども始めたので、何とかまともな生活ができるようになったという。

お陰で1922年になると、習仲勲は村にある都村小学校に入学することができた。

1925年3月から4月にかけて、数キロ離れたところにある立誠中学校に2回だけ行ったことがある。1回目は孫文《そんぶん》の追悼式で、2回目は愛国将軍と言われた胡景翼《こけいよく》の追悼式だ。

生まれて初めて淡村鎮中合村を離れた習仲勲は、出生地の村以外の世界を知って驚いた。二人とも「国のために貢献して命を落とした」という事実に衝撃を受けたのである。特に胡景翼は陝西省富平出身の若き将校だ。殉職したときは33歳。わが富平からこのような愛国将軍が輩出されていたことに、まだ12歳だった少年、習仲勲は胸を熱くするのだった。

十代で革命活動

翌1926年、習仲勲は立誠中学・高等小学校に入学した。

当時の田舎では、小学校は4年制のところもあり、5年生、6年生は「高等小学校」と称して「中学」の中に組み込まれているケースも散見される。

立誠中学は胡景翼が建てた学校で、この一帯で最初にマルクス主義を唱えて活動した拠点の一つともなっている。1905年に東京赤坂で孫文が中心となって中国革命同盟会という、清王朝を倒すための政治結社が結成されたが、胡景翼も1910年に加盟し、陝西省の同盟会で重要幹部と目されるようになった。弱冠18歳のときだ。

そんなことからまだ12歳だった習仲勲はすっかりマルクス主義に感銘を受け、また年齢が至らなくとも愛国運動ができることに目覚め、『中国青年』や『共進』などの雑誌を読むようになり「立誠青年社」に入った。13歳になると中国共産主義青年団（共青団）に入団し、ちょうど小学校の恩師が主導して富平で最も早い党組織を作って群衆大会を開いたりデモ行進をしたりしたので、習仲勲はデモ隊に加わったりビラを配ったりなどして革命活動に加わっていくのである。

1912年1月1日に建国された中華民国は、国民党（1919年に、孫文が創設した中華革命党から改称）によって統治された。

そのような中、1921年7月21日に中国共産党第一回党大会が上海で開催された。代表として参加したのは13名だが、うち一人は代理出席だったため、実質上12名とする数え方もある。次に述べるコミンテルンの代表も2名参加した。会期中、フランス租界の警察に見つかり会議場としていた党代表の家が捜査を受けたので、7月31日には浙江省《せっこうしょう》嘉興《かこう》市の南湖《なんこ》に浮かぶ船上で開催した。党大会では毛沢東は寡黙で神経質とみなされ、記録係などに当たっている。

当時は国民党政権に隠れながらの開催だったため、資料が散逸し、まえがきで書いたように1941年になって建党記念日を7月1日と定めた。何しろ党員は全国でわずか50人（一説には30人）くらいしかいなかった。1年後の1922年7月に第二回党大会を開催したが、そのときでもまだ195人という有り様だ。それに比べて国民党は13万5000人の党員を擁していたので、とても太刀打ちできるものではない。

まずは絶大な力を持っている孫文が創立した国民党に「寄生」して、そこから発展していくしかないのではないかと、コミンテルンでは大変な策略が練られていた。コミンテルンというのは、1919年に創立された共産主義政党による国際組織で、モスクワに本部を置く。「共産国際（共産主義インターナショナル）」のこと。英語ではCommunist Internationalと書くので、「Com+Intern＝Cominterun」すなわち「コミンテルン」となる。1917年に誕生したばかりのソ連は新しい国家としての承認を各国に求めようとしたが、なかなか承認してもらえず、いっそのこと世界各国を共産主義の国家にしてしまえ（赤化してしまえ）ということから創った組織だ。アメリカや日本の政界にも潜り込んでいたが（日本ではたとえば元朝日新聞記者・尾崎秀実《おざきほつみ》を介して近衛《このえ》内閣に潜り込んでいたリヒャルト・ゾルゲ＝ゾルゲ事件など）、何と言っても集中的に対象としたのは中国だ。

その結果、国民党に「ヤドカリ」しながら国民党を内部から切り崩し、国民党という「宿主」の中で共産党が大きく成長していくことにしようという「陰謀」が決議されたのである。

コミンテルンでは、まずは孫文を説得するための手順から始まり、「ヤドカリ」を始めたあとの共産党員の動き方まで、緻密《ちみつ》に検討してから孫文の説得に取り掛かった。

孫文は最初のうちは激しく拒否したが、コミンテルン代表のヨッフェが「ソ連は中国に対するいっさいの特権を放棄する」、あるいは「中国で共産主義を実行することは絶対にない」と誓い、「中華民国の統一と完全な独立を応援する」などと美辞麗句を並べるものだから、ついに孫文は説得されて、国共合作に同意する。

国共合作とは、国民党と共産党の協力関係のことを指す。初めての合作なので、歴史的には「第一次国共合作」という。このときの共通の戦う相手は主として群雄割拠《ぐんゆうかっきょ》して国を乱している軍閥と、そのバックにある帝国主義列強（のはず）だった。1923年6月12日に広州で開催された中国共産党第三回党大会では、国共合作が提唱された。

あの孫文が、コミンテルンの指示に従ったということに、どうしても賛同できない者が国民党内にもおり、また国共合作に関しては共産党内にも反対者が少なからずいた。だから中共側の会議で大論争になったのだが、最終的には「共産党員個人の名義で国民党に入党する」という形をとることで妥協した。この形式はコミンテルンが最初から計画していたものだ。

そのようなこととは知らず、ともかく中国の統一という革命に燃えていた孫文は、1924年1月24日、第一回の国民党全国代表大会を広州で開催した（このときに新たに入党した国民党員の数は9018人。国民党の党員数は、大会開催時点で14万5700人）。

大会では孫文の三民主義を基本としながらも、国共合作のため「聯蘇（ソ連と連携）、容共（共産党を受け容れる）、扶助工農（工人、農民を助ける）」が党綱領として決議された。

この大会には毛沢東をはじめ、個人の資格で多くの共産党員も参加していた。こうして第一次国共合作がスタートする。

しかし1925年に孫文が死去し、1926年に中山艦《ちゅうざんかん》事件で蒋介石《しょうかいせき》が共産党員を拘束したり、1927年に国民革命軍総司令官になって実権を握った蒋介石が南京に国民政府を樹立し、上海クーデターで共産党員を弾圧したりなどしたため、第一次国共合作は崩壊した。

もっとも、蒋介石がこのような行動に出たのは、背後にコミンテルンの動きがあり、実は1926年3月18日に軍艦・中山艦が突如、蒋介石が校長を務める黄埔《こうほ》軍官学校の沖合に現れたのは「蒋介石を拉致《らち》してソ連に連行するための陰謀だったからだ」と、蒋介石は直筆の日記に記している（スタンフォード大学フーバー研究所）。中共側は否定している。

いずれにせよ、こうして1927年からは国共内戦が始まるのである。

したがって習仲勲が13歳で共青団に加盟し、デモ行進やビラ配りなどの「革命活動」に加わった1927年ころは、国共内戦が始まり、敵は「中華民国」の「国民党」へと移っていた。その意味で習仲勳が参加した「革命活動」というのは中国共産党が天下を取るための活動だ。敵は国民党軍であり地方軍閥であり、そして地方の富豪であった。

とはいえ、最初の内は国民党軍とは真正面から戦う力はないので、国民党軍の中にスパイとして潜り込んで寝返りそうなのを勧誘したり、地方富豪を襲って財産を貧農に与えて味方を増やしていったり、あるいはときには地方軍閥の末端とゲリラ戦で戦って武器を奪ったりなどといったことから徐々に「革命活動」を始めていった。

この位置づけがないと、習仲勳は何のために何をやっていたのかということが分からない。

二　15歳、獄中で共産党員になる

1928年の春節が明けると、習仲勳は陝西省三原県《さんげん》にある陝西省立第三師範学校に入学した。ここも革命活動の拠点となっていた。習仲勳は4月に学生運動に参加した際に逮捕投獄され、2カ月後に西安軍事裁判所に移管された。獄中で共青団の団籍を保留したまま中国共産党に入党したことは有名だ。まだ15歳だったということが注目されている。

8月になると、陝西省政府主席が獄中の学生たちを直接尋問したのだが、「まだ幼い顔をした子供たちじゃないか」と、その場で仮釈放を決定した。習仲勳の親戚の者が西安で質屋をしている同じ村の出身者に頼んで保釈金を出してもらい、釈放されたという。

家に戻ると父親は心配のあまり病気になってしまい、11月に亡くなった。不幸は続き、1929年6月になると母親が病気で急逝した。それまでは、まだ勉学をしながら革命活動に参加しようと思っていたのだが、習仲勲はこの時点で勉学を続けることができなくなった。ちょうどこのとき関中は天災に見舞われ飢饉《ききん》が続いた。すると1930年2月、隣村の三原県武字《ぶじ》区にある共産党組織から指示が来たため、武字区にある救済委員会の救援活動に参加したり、自ら淡村農民協会を組織して武装闘争に参加するなどしている。

同時に中国共産党武字区組織から「長武《ちょうぶ》県に設営されている国民党の王徳修《おうとくしゅう》部隊にスパイとして潜り込め」という指示が届いた。指示通りに動き、敵陣内でスパイ活動を始める。のちに習仲勲は、王徳修が二営長を務める二営の下で二営二連特務長に任命された。

このころは共産党だろうが国民党だろうが、互いの中枢部にスパイが潜り込んでいるのは常識で、同じ中国人同士が覇権をめぐって争うので、誰が敵で誰が味方かが分からないような混然一体となっている側面がある。18歳にも満たない年齢で、習仲勲は敵陣兵営単位の委員会書記に任命されて、秘密裏に党員を増やしていく仕事を精力的にこなし始めた。

若かりしころの習仲勲

そこで1932年3月に、

王徳修の大隊が陝甘辺境の鳳県《ほう》両当《りょうとう》から徽県《き》、成県《せい》に移動するのに乗じてクーデターを起こすのだが、「両当クーデター」は失敗に終わった（両当は地名）。習仲勲は激しい挫折感を味わったという。

1932年6月になると富平に戻り、党組織と連絡するために陝甘辺革命委員会関係者に匿《かこ》われながら陝甘ゲリラ隊への道へとつながっていく。この陝甘ゲリラ隊のリーダー（の一人）こそが、のちに小説『劉志丹《りゅうしたん》』の主人公となる、あの劉志丹その人であった。8月になると、陝西省の照金鎮《しょうきん》の北十里ほど離れた金剛廟に劉志丹はいることがわかった。

三　劉志丹との出会いと西北革命根拠地

新中国の命運を方向付けるその出会いに関して、2019年8月12日の共青団の機関誌「中国青年報」第6面が詳細に報道している。この報道が習近平政権二期目に入った後であることを考えると、習近平としては、このような形で「歴史」を残したいという思惑があるのだろうということが窺《うかが》われる。そこにはどのように書いてあるのか、概略を見てみよう。

以下、新聞記事から――。

1932年8月から9月にかけたころ、楊樹《ようじゅ》と柳樹《りゅうじゅ》が茂る「楊柳坪《ようりゅうへい》」という場所で、19歳になる習仲勲は10歳年上の劉志丹と会った。

それは現在の陝西省銅川耀州《どうせんようしゅう》区照金鎮から南5里ほどの所にある小さな山村だった。劉志丹と習仲勲という二人の革命活動家は熱い握手を交わした。

あのとき**陝甘ゲリラ隊は謝子長《しゃしちょう》と劉志丹に率いられて照金にやってきて**、楊柳坪で一休みし、ゲリラ隊の編制をしていたところだった。そこに両当クーデターで失敗をしたばかりの習仲勲が駆けつけてきた。

このときの出会いに関して、習仲勲は幾度となく劉志丹との間で育まれた革命への熱くて深い友情を以下のように回顧している。

――私は早くから劉志丹という名前を知っています。彼の革命活動に関する多くのエピソードも。その英雄的エピソードでは劉志丹を神奇《しんき》（稀《まれ》に見る不思議な力を持った）人物のように描いていますが、実際に会ってみると、普通の戦士のような印象を受けました。彼はまったく気取らず親しみやすく、他の兵士たちと一緒に座ってニコニコと談笑していました。仲間たちは彼を「老劉《ラオリュウ》」と呼んでいました（筆者註：この「老」というのは年上の人を尊敬と親しみを込めて呼ぶときの敬称）。

そのときまだ19歳だった習仲勲は両当クーデターの失敗により打ちひしがれている中、ずっと憧れ尊敬していた劉志丹に会えて、感激するとともに、やはり「失敗した」ことに対する無念の念が重くのしかかっていた。

すると劉志丹は習仲勲の手をしっかり握って「革命が失敗を恐れてどうする？　失敗したら、また挑戦すればいいのさ。失敗こそ成功の母だ。俺が失敗した数は、君とは比較にならないほど多いよ」と励ますのだった。

習仲勲はこのことにさらに感動したと以下のように当時をふり返っている。

――劉志丹の態度には実に誠意がこもった率直さがあり、ものすごい吸引力により一瞬で人の心をつかみ、親しい信頼感を相手に抱かせるものがありました。私たちはまるで古くからの友人が再会したかのように感じました。彼の顔は痩せていて鼻が高く、眼光は鋭いながらも温かみに満ち、常に頬笑《ほほえ》みをたたえていました。

劉志丹は続けた。

――ここ何年も、陝甘地区では大小70回くらいのクーデターがあり、ほとんど失敗しました。根本的な原因は軍事運動が農民運動と結合していないからで、何よりも革命根拠地が作られていないからです。もしわれわれも毛沢東の井岡山《せいこうざん》革命根拠地*のような強固な根拠地を建設してゲリラ活動をするのなら成功するでしょう。

革命根拠地を築くことに関して劉志丹は「敵の勢力の弱い所に作らなければならない」など、さまざまな必要条件を習仲勲に言って聞かせた。この言葉に習仲勲は深い感銘を受け、その後、陝甘辺《せんかんへん》革命根拠地および陝北革命根拠地を築くためにすべての力を注ぐようになるのである。

ここまでは「中国青年報」に載っていた内容の一部だが、この記事にある**「陝甘ゲリラ隊は謝子長と劉志丹に率いられて照金にやってきて」**の部分が問題となる。この表現だと、あたかも謝子長と劉志丹が力を合わせて行動しているように見えるが、実はこの二人は犬猿の仲だった。だからこのときも習仲勲は二人と同時に会っておらず、別々に会い、何日か後にまた別々に二人から指導を受けて別れている（『習仲勲傳』より）。謝子長は「自分こそがお山の大将」として、激しく劉志丹を批判し続け、何としても劉志丹を倒そうとしていたのが現実だ。劉志丹側に付いた習仲勲を含めて「皆殺し」にしようとまでしていたところを、タッチの差で陝甘辺革命根拠地に着いた毛沢東によってストップがかけられたという有名な歴史的事実がある。

もし、劉志丹や習仲勲らが陝甘辺革命根拠地を築いていなかったら毛沢東は長征の着地点を見つけることができず、延安革命根拠地も存在しなかったことになり、新中国は誕生しなかった可能性にもつながる。

したがって謝子長に痛めつけられながらも毛沢東が陝西省に着くまで生き延びて陝甘辺革命根拠地を築きあげてきた劉志丹や習仲勲たちの働きは計り知れないほどに大きい。

だというのに、習仲勲は30年後、小説『劉志丹』により逮捕投獄され、16年間も獄中生活を強いられることになるのだ。それ故に今の習近平政権が出来上がっていく。本書は習仲勲を陥れたのが鄧小平《とうしょうへい》であった事実を追いかけ、それを証明する作業でもある。

今、人類がどこにおり、習近平政権の正体とは何かを知るためにも、私たちはここで、劉志丹と謝子長の、仲間同士の闘いと習仲勲との関連を詳細に考察しなければならないのである。

＊井岡山革命根拠地とは江西省と湖南省との境の山岳地帯「井岡山」で中国共産党が創設した最初の革命根拠地。1927年10月、国民党軍に追われた毛沢東は井岡山に逃れ、山賊の頭である袁文才と王佐に助けてもらう。血の滴る杯を交わし義兄弟の契りまで結ぶのだが、二人が国民党のスパイ団であるＡＢ団（ＡＢ＝Anti-Bolsheviki＝反ボルシェビキ）の一派であるという噂を流して暗殺し、山と部下を乗っ取った。中国では偉大なる革命発祥の地として絶賛されているが、暗殺させたのは毛沢東であることはのちに明らかになっている。

込み入った複雑な歴史があるが、どうか真相を明かすためにお付き合いをお願いしたい。

四　劉志丹と謝子長の闘い

まず劉志丹と謝子長の基本情報を図表1-1にお示しする。建国後の鄧小平との関係に関しては第二章および第三章で詳細に分析するが、流れを見やすくするために、参考までに図表1-1にも示した。

劉志丹に関して

劉志丹は1903年に陝西省保安県で生まれ、1924年に中国社会主義青年団に入団し、1925年に中国共産党に入党した。中国社会主義青年団は1920年に設立され、1925年に中国共産主義青年団（共青団）と改称された。1920年に設立したのは1921年の中国共産党誕生の準備のためだ。

1926年に劉志丹は広州にあった黄埔軍校第四期に入学して軍事訓練を受ける。当時はまだ国共合作をしていたので黄埔軍校は中華民国の国民党が1924年に創設し蔣介石が初代校長になっていたが、共産党員も入学して良いということになっていた。卒業後、馮玉祥《ひょうぎょくしょう》が率いる国民軍に派遣され軍事訓練を受けた。しかし、1927年に国共合作が崩壊したので、同期にいた鄧小平などとともに国民党軍から追い出され、劉志丹は中国共産党陝西省委員会（陝

図表1-1　劉志丹・謝子長の基本情報と建国後の鄧小平との関係

名前	生年月日	生誕地	革命活動を始めた時期	仲間および鄧小平との関係
劉志丹	1903年	陝西省保安県	1924年（共青団に入団）	習仲勲・高崗などが仲間。建国後鄧小平は高崗をライバル視し自殺に追い込む。
謝子長	1897年	陝西省安定県	1925年（共産党に入党）	閻紅彦・郭洪濤などが仲間。鄧小平は閻紅彦を使って習仲勲打倒を謀る。

（後述するが、高崗も習仲勲も毛沢東に高く評価されていた。鄧小平はそれを崩そうとした）

西省党委）の指示を受け敵陣に潜り込んでスパイ活動に従事した。１９２８年５月に渭華《いか》クーデターを主導し、西北革命軍軍事委員会主席となる。

渭華というのは、陝西省渭南《いなん》と華《か》県の地名を合わせたものである。この渭華クーデターのとき、陝西省党委員会の命令で劉志丹は謝子長とともに戦った。しかしクーデターは失敗し、劉志丹は陝北に戻り陝北特委（特別委員会）軍委書記を担当する。

謝子長に関して

謝子長は１８９７年、同じく陝西省の安定《あんてい》県に生まれた。劉志丹より６歳年上だ。１９１９年ごろ陝西省にある西安省立第一中学および陝北聯合県立楡林《ゆりん》中学に入学したとされ、１９２２年には太原学兵に入り軍事を学んだ。太原は山西省にあることが、のちに謎を解く重要なカギの一つとなるので、頭に入れておいていただきたい。

次に重要なカギとなるのは、謝子長が１９２４年に陝西省安定県に戻って民団を結成したあと、天津《てんしん》と北京《ペキン》に行って闘争に参加することである。のちに、この「天津・北京」であることが決定的要素の一つとして働く。

1925年に中国共産党に入党し、1926年になるとすぐ党から安定県に戻るよう指示が出た。そこで安定県で1924年に結成した民団に戻り、「団総」(トップの身分)として革命活動を進めていく。1927年2月に安定県地方行政会議主席団メンバーと農民協会促進委員に選ばれる。

劉志丹が「老劉」と呼ばれて慕われたように、謝子長も「謝青天」という綽名《あだな》で尊敬された。「青天」とは古くから「悪をやっつけてくれる清廉潔白な官吏」を意味する。こうして、劉志丹の所でも述べたように、二人は渭華クーデターを協力して起こすのだが、謝子長はクーデター失敗後、陝北に戻り陝北特委軍事委員会委員になる(ここまで謝子長に関して)。

革命根拠地として「陝北根拠地」と「陝甘辺根拠地」という二つの名称があるが、これらは1935年には一つになって「西北革命根拠地」と呼ばれるようになった。それがどの辺にあり、延安との相対的位置関係はどうなっているのかを視覚的に把握するために、念のため各革命根拠地の地図を示しておこう(35ページ参照)。

地図からも見て取れるように、「陝甘辺革命根拠地」には劉志丹の生まれ故郷「保安」があり、劉志丹が戦死したのちに劉志丹を偲《しの》んで保安県は「志丹県」と改称されている。一方、「陝北革命根拠地」には謝子長の生まれ故郷「安定(瓦窯堡街道)」があり、謝子長が戦死した

図表1-2　革命根拠地の地図（「陝西測絵地理信息局編制図」を編集）

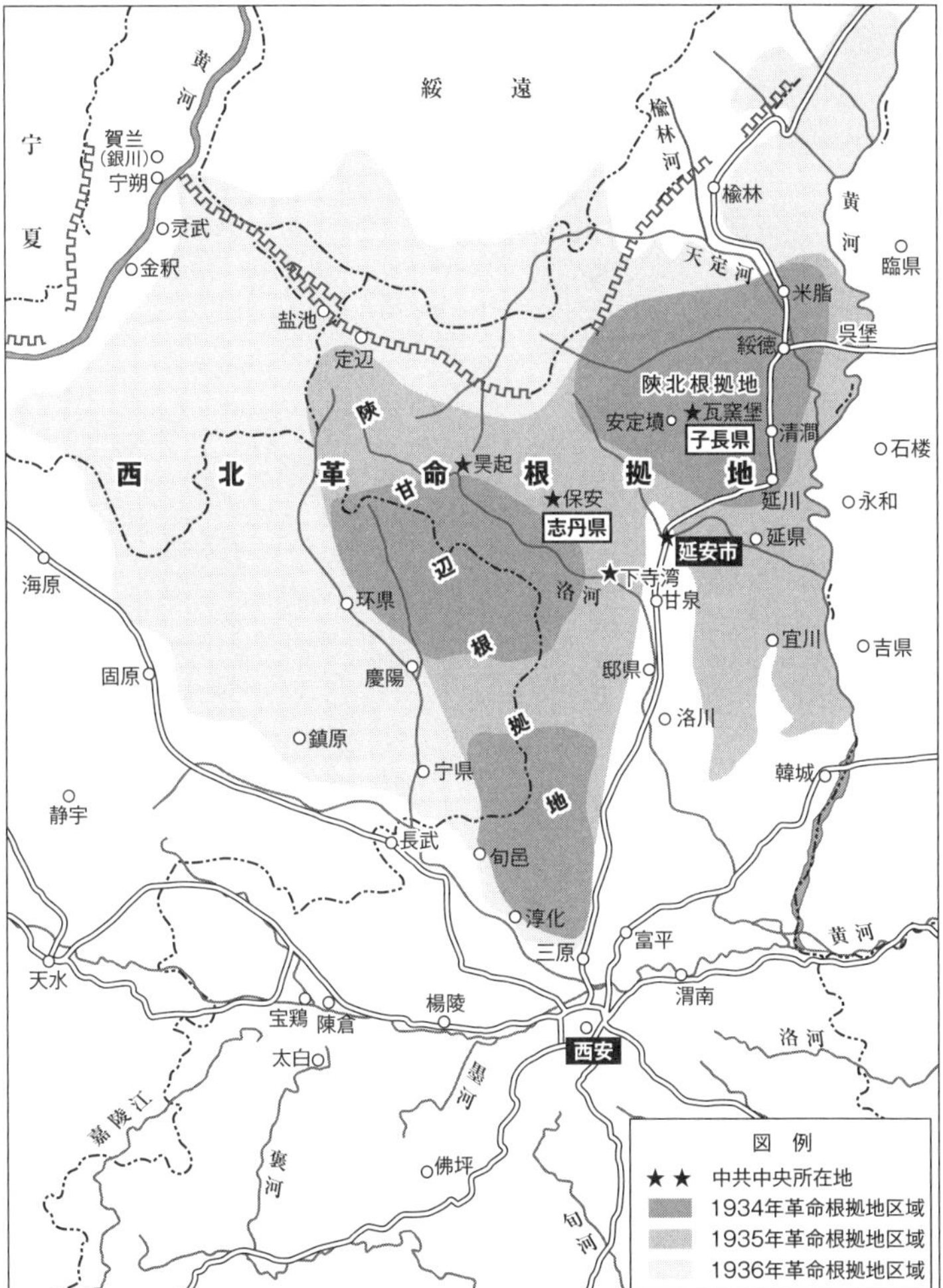

志丹県および子長県は、それぞれ元保安県および安定県で、地図上にある保安と安定墳はその下のレベルの行政区分。

のちは安定県は「子長県」に改名されているように、「陝甘辺革命根拠地」は主として劉志丹の地盤であり、「陝北革命根拠地」は主として謝子長の地盤であった。

つまり「縄張り」も違うのである。

それまでも、またこののちも二人は頻繁に所属や部隊の編成替えをしながら活動していくので、その事実を詳細に追いかけていくと本書の本筋がかえって見えにくくなる。

そこで二人が衝突した最初の事件から述べたい。事件を説明するときに必要な遍歴に関しては、そのつど遡《さかのぼ》ってご説明する。ただし、その経緯の中に習仲勲を細かく入れていくと、毛沢東が陝西省にたどり着いて習仲勲が助け出されるまでを描いただけで1冊の本になってしまうだけでなく、やはり本筋が見えにくくなる。したがって、習仲勲が16年間も投獄されるきっかけになった事件の真相だけに焦点を絞る。

習仲勲自身の行動に関しては、二人の事件の真相が分かったのちに改めて説明を補足するようにしたいと思う。

事件の真相に関しては数えきれないほど多くの研究が成されており、特に習近平政権になってからは西北の歴史に関して非常に大きな力が注がれるようになって、まるで湧き出るように新しい事実の発掘が行われるようになった。生き残った当事者たちの「歴史の真実を残さずに死ねるか」という決断を下したと思われる（メモを含む）回顧録なども公開されて、執念のように発表さ

図表1-3　「西北革命歴史網」のウェブサイトのトップページ

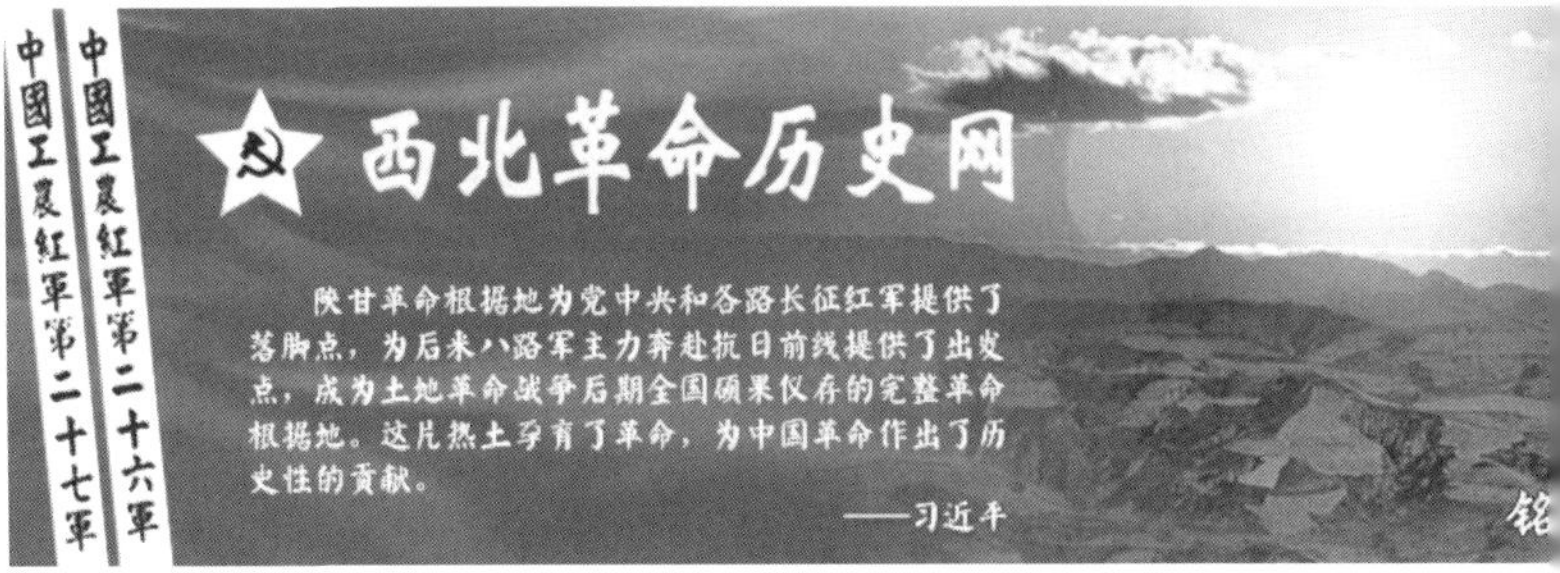

れ続けている。その中の一つに「西北革命歴史網（網：ウェブサイト）」があり、かなり信憑性《しんぴょうせい》が高く、また情報も新しい。

このラベルの左端に貼り付けてある「中国工農紅軍二十六軍」と「中国工農紅軍二十七軍」という手書きの文字は、習仲勲の筆跡に似ているので、おそらく習仲勲の直筆だろう。

「西北革命歴史網」という文字の下には、習近平の署名入りで以下の文言がある。

――陝甘革命根拠地は党中央と各ルートからの長征に関わったすべての紅軍に着地点を提供し、のちの八路軍が抗日戦争の前線に赴くための出発点を提供し、土地革命戦争後期に唯一残った完全な革命根拠地となった。この熱い大地が革命を育み、中国革命に歴史的な貢献を果たした。

習近平

生涯にわたって嫉妬《しっと》心から、習仲勲らが築き上げた西北革命根拠地の価値を薄めようとした鄧小平への怨念《おんねん》がにじみ出ているような文言だ。

右下にある習近平政権の訓示のようなスローガン「歴史を明記し、革命烈士を偲び、初心を忘れない」という文言は、これまで陳腐にしか思えなかったが、「習近平の鄧小平に対する復讐」という視点から見たとき、これもまた「怨念」がにじみ出ていて興味深い。

劉志丹と謝子長の戦に関する真相の記述に当たり、一つ一つ文献を引用したのでは学術論文のようになってしまい、また引用文献により思考が中断されるので、それはしない。できるだけ多くの方に大きな歴史の真相を通して、今私たちの隣りにいて日本人の生活にも影響を及ぼしている習近平政権とは何ぞや、という理解を深めるために必要な軸となる部分だけを抽出し、私なりに解釈し分析したものを示す。

それでも大まかに依拠した資料を挙げれば、「西北革命歴史網」以外に、たとえば『党史縦横』という定期刊行物の2011年第03期に魏徳平《ぎとくへい》という陝西師範大学教員で法学博士の党史研究者が「習仲勳と〝陝北粛反〟」というタイトルで詳細な論考（中国共産党機関紙「人民日報」の姉妹版である「環球時報」電子版「環球網」が2013年9月4日に転載）を書いているし、また同じく陝西師範大学歴史文化学院の黄正林《こうしょうりん》教授の数多くの論文などは参考にしたと明示することができる。

では何が起きたのかを考察してみよう。

【1】1932年1月：三甲塬《さんこうげん》事件
――カギを握っていたのは山西省に行っていた閻紅彦

2017年10月12日付けの人民政治協商報に載っている謝子長の長男・謝紹明《しゃしょうめい》（当時92歳）

の回顧録によると、謝子長は1930年末、天津に行き中共中央北方局会議に参加している。会議が終わると山西省に行き、古巣の太原で山西特委書記に会い、第47軍の蜂起および呂梁山区における紅い武装の設置関連の問題について意見交換し、「平定視察報告書」を北方局の軍事委員会に提出した。

前述した「謝子長に関して」の項目で、「山西省太原と天津・北京に行ったことを頭に入れておいていただきたい」という趣旨のことを書いたが、謝子長は陝西省以外に、山西省と天津・北京に地盤がある。

当時中国共産党は全国に「地方局」を設立しており、「中共中央北方局」は1924年に設立されたときには北京に本部を置き（北方区委と呼んでいた時期もある）、1927年になると本部を天津に移している。謝子長が北方局の会議に出席した1930年のときには本部は天津にあったことになる。北方局はこのとき、山西省も管轄していた。そこで謝子長に山西省の革命活動に関する任務を命じた。

陝北に戻ると、謝子長は閻紅彦ら十数名の地下党員を山西省に派遣して、山西省における紅軍晋西《しんせい》ゲリラ隊を設立せよと命じた。

閻紅彦は1909年に謝子長とぴったり同じ陝西省安定県で生まれている。中国は国土が広いので、どの土地で生まれたかによって「何国人」と認識するほど「同郷」の念が強い。謝子長にとって12歳も年下の閻紅彦は、さぞかし同郷の可愛い弟分だったことだろう。やがて革命活動に身を投じていくこの二人の仲がどれほど親密であったかは想像に難くない。それが中国という国家の命運を変えていくほど深く恨みを残し、それが今、習近平の心に「鄧小平への復讐心」を静かに煮えたぎらせているとは、これまで誰も思いもしなかったにちがいない。

極貧の農家に生まれた閻紅彦は、糧《かて》を求めて1924年（15歳のとき）に陝北軍閥の一つに入隊するのだが、上官に当たる（李象久）連隊長が共産党に入党したことがきっかけとなり、謝子長と知り合う。謝子長の、革命への燃えるような情熱に感動し、閻紅彦自身も革命活動に参加するようになって、1925年に入党する。

1927年10月に謝子長らが中心となって起こした清澗《せいかん》クーデターに閻紅彦も参加するのだが、そのときに旅部警衛排長（小隊長）に任ぜられ、生まれて初めて自尊心を持つことができるようになった。その結果、謝子長に対して絶対的な尊敬と忠誠心を抱くのである。これが習仲勲の歴史を変えていき、やがては習近平の執念を心深くに生んでいくことにつながる。

この清澗クーデターが失敗に終わると、謝子長は自分の地盤がある山西省に閻紅彦を逃がしてあげた。そんなわけで上述した中国共産党山西省委員会（山西省党委）が結成した「中国工農紅軍晋西ゲリラ隊」の中に閻紅彦がいた、という流れにつながっていく。

1931年3月、山西省党委は20人ほどの党員を骨幹として山西省の孝義《こうぎ》県で「中国工農紅軍晋西ゲリラ隊」を結成し、9月に黄河を渡り陝北に着いた。10月、山西省の（煙草やアヘンなどを扱っている）行商人部隊と合流したあと、陝西省党委はこのゲリラ隊を「陝北ゲリラ隊」と命名した。

一方、1927年、第一次国共合作が崩壊すると、中共中央では共産党軍に関する大きな編制が成されていた。1928年までは朱徳《しゅとく》を指揮官とする共産党軍を「鉄軍」と呼び、1928年に毛沢東が井岡山《せいこうざん》で指揮した軍隊と合流改編して「中国工農革命軍第四軍」が出来上がり、1930年からはそれを「中国工農**紅軍**第一方面軍」と称するようになる。これ以降「紅軍」は第26軍や第28軍など、30種類ほどの軍系列に分かれていく。

事件の発端は、この「紅軍」という名称に関係する。

というのは、劉志丹は1931年8月にまた別のクーデターを起こして失敗するのだが、その失敗をバネとして、周り中の「有志」を掻き集めて陝甘辺（陝西省と甘粛省の境目をまたぐ辺境）組織である「南梁《なんりょう》ゲリラ隊」を結成していた。その数300人強、銃は200挺ほど持っていた。

本章の一で書いたように、中国共産党の第一回党大会における党員数は全国でわずか30人か多くて50人。その内、実際に銃を持って戦える人など数名もいなかっただろう。

したがって全国各地で共産党側に賛同して武装蜂起してくれる人など、ほんのわずかしかいなかった。だから南梁部隊のメンバーの中に、同じく本章一で触れた土着の匪賊「土匪」や「哥老会」あるいは「大刀会」などの民団や流れ者が入っているのは、ほとんど当然の結果なのである。革命の熱意に燃えた者だけを誘い込んでゲリラ隊を結成するという理想的な「夢」を語っている場合ではない。利益で戦い、勝てばボスについていくが、負け戦になると他のボスを求めて離れていくというのは普通に見られた現象である。

そのような中、中共中央は軍隊の再編制を全国に呼び掛けていったのだが、陝西省では、はたしてその部隊の名称に「紅軍」という2文字を使うか否かということに関して激しい論議が行われた。

中国語では「是否打出〝紅旗〟」と言うが、これは決して「共産党の紅旗（紅い旗）を掲げるか否か」ということではなくて、革命部隊に「紅軍」という2文字を用いるか否かという意味である。事件は、この「紅軍」を部隊名に入れるか否かに関して起きた。

陝西省党委は1931年10月に陝北ゲリラ隊と南梁ゲリラ隊を合流させたが、その際、陝西省党委は謝子長を伴う形で高崗《こうこう》（ガオ・ガーン）（1932年1月に陝甘工農紅軍ゲリラ隊委員会書記）を派遣して現地の状況を視察させた。高崗に関しては説明が長くなるので後回しにさせていただいて、事件の推移を追うことにする。

11月に入ると高崗は南梁にたどり着いて、現地部隊に陝西省党委の指示を伝えた。

この時期は厳冬期に入っており、合流部隊を誰が責任を持って食べさせるのか、暖を取らせるのか（冬用の軍服をどこの経費で調達するのか）などの問題があったので、とりあえず陳珪《ちんけい》璋《しょう》という地方軍閥の部隊に預けることとし、軍隊名として「十一旅」という番号を与えることにした。暫時、謝子長を旅団長、劉志丹を副旅団長に任命し、かつ陝北ゲリラ隊支隊を第一団、南梁ゲリラ隊支隊を第二団とした上で、陳珪璋部が陣地と供給問題を解決することにした。

しかし劉志丹は賛同できないと不満をもらした。

なぜなら陳珪璋という人は、たしかにこのときは共産党に接近してはいたが、あくまでも他の軍閥との縄張り争いに勝つために、共産党系列の力を利用した方が賢明だと思っているだけの人物であることを劉志丹は知っていたからだ。

事実、陳珪璋はこのとき甘粛省各地に小規模の軍閥が群雄割拠し、隴東《ろうとう》周辺14県を統治するに当たり四面楚歌《しめんそか》の状況に陥っていた。そこで劉志丹にはかなりの人数の部隊メンバーがいることを知ると劉志丹を勧誘してきて軍費を支払って、劉志丹を十一旅団の旅団長にする代わりに、陳珪璋系列の軍隊として戦ってくれと頼んできていたのである。

だから劉志丹は陳珪璋を信用してはならないと反対意見を申し出ていた。劉志丹は危うく陳珪璋の傘下から逃れてきたばかりだ。だというのに謝子長グループまでが一緒になって陳珪璋部隊の傘下に入ったとしたら、共産党軍系列のゲリラ部隊すべてが崩壊してしまう可能性があると主張した。

「今、私には1000人の部隊がある。自分たちの力で独立して戦うべきだ」と譲らなかった。そこで高崗を再び西安（の陝西省党委）に戻して再検討をしてほしいと劉志丹は申し出た。この申し出には謝子長も同意した。

同年12月、陝西省党委は「陝甘辺境ゲリラ隊に関する陝西省党委の指示書」という有名な指示を出す。長文なので逐一の説明はしないが、全体的として明らかに王明《おうめい》の影響を受けているということが言える。

王明は毛沢東が延安に着いて根拠地を堅固にしたあとで倒す「毛沢東最大のライバル」で、1925年に中国共産党に入党したあとモスクワ中山《ちゅうざん》大学に留学して、初期においては中国共産党のモスクワ支部を担当し、1931年からはコミンテルンの中国代表として帰国し中国共産党を牛耳った人物だ。

都市労働者を中心に革命を成功させたソ連のスターリンは、農民を中心に革命を遂行しようとしている毛沢東を「田舎者」として軽蔑《けいべつ》していた。スターリンは毛沢東ごとき農民が西洋のマルクス主義などの理論を理解できるはずがないとして、毛沢東のことを「人造バター」とさえ称していたほどだ。「偽物のマルクス主義者」という意味である。コミンテルンのエリート意識は、そうでなくとも学歴コンプレックスを抱いている毛沢東に猛烈な復讐心を焚《た》きつけていた。

王明は毛沢東が最も嫌っていたモスクワ返りのエリート層であるボルシェビキの代表格で、1931年6月には中共中央総書記代理に就任している。1945年6月には中共中央総書記の名称は「中共中央主席」に改称され、毛沢東が就任する。

1931年12月に陝西省党委が「陝甘辺境ゲリラ隊に関する陝西省党委の指示書」という指示を出したころというのは、まさに王明の全盛時代で、その指示に王明のボルシェビキ路線が色濃く出ていたのは当然のことだろう。王明が完全に叩きのめされるのは、このあと説明する「1942年から起きた延安整風運動」のときで、途中から徐々に勢いを失うものの、一連の事件が起きた30年代前半は王明が君臨していたから、陝西省党委はその威光を借りて基本的には王明路線に沿った指示を出している。その中で「教育程度が低く革命意識の低い〝ゴロツキ〟どもを排除せよ、叩きのめせ」といった主旨のことが書いてある。

前に謝子長が北方局などの、当時の中共中央が張り巡らしていた地方局にいたことが、ここで深く関係してくるのである。大きく分ければ謝子長らはソ連のエリート意識に満ちた王明路線を引き継いでいたということが言える。

謝子長はこの指示書を根拠に劉志丹グループへの非難を激化させ、「不純分子によって出来上がった、ろくでもないゴロツキ集団だ」と非難した。

しかし第一回党大会のときに全国で30人ほどの党員しかいなかった当時の共産党の状況から考えると、ゲリラ隊の中に「土匪」や流れ者、良くて「哥老会」や「大刀会」などが混ざっている状況は、全国至るところで散見されていた。毛沢東が築いたとされる井岡山革命根拠地でさえ、結局は山賊以外に「馬刀会」なども巻き込んでいる。

劉志丹の場合も例外ではなく、たとえば心情的に劉志丹に惚《ほ》れた、あるいは共鳴した者が集まっているにすぎないというケースが少なくない。勝つ方に付くという利害的な損得勘定もあるが、劉志丹のためなら「一肌脱いでもいいいぜ」というような任侠心のある者が多く、そこに「共産党軍」という意味での「紅軍」という文字を入れると「なら、やめた！」と言って離れていく者が少なくないことを劉志丹は分かっていた。

それでも同じ目的を達成するために戦ってくれるのなら、「部隊」としての力を持ち得るので、「思想的には徐々に教育していけば、それでいい」と劉志丹は考えていたのである。

何としても劉志丹グループを倒して自分のグループだけが「お山の大将」になりたいと思っていたのだろうか、謝子長はついに、劉志丹グループの主要メンバーを殺害した上、同グループが持っている銃をすべて奪い、劉志丹たちを監禁し殺害しようとする事件を起こした。

1932年1月、劉志丹と謝子長は、南梁ゲリラ隊と陝北ゲリラ隊を改編して妥協的に改称した「西北反帝同盟軍」を率いて甘粛省正寧《せいねい》県三甲塬で訓練を始めた。謝子長が総指揮を担当し、劉志丹は副総指揮を担当していた。その下に二つの支隊（分遣隊）と一つの警衛大隊があり、構成員は全体で700人、銃は全体で400挺《ちょう》だった。同盟軍の内、謝子長グループ（元陝北ゲリラ隊）を「第一支隊」と名付け、劉志丹グループ（元南梁ゲリラ隊）を第二支隊と名付けた。第一支隊はさらに第一大隊から第三大隊まで分類され、閻紅彦は第一大隊の隊長だった。兵力（人数や銃の数）は劉志丹グループの方がやや多かったらしい。

以下は粛清を行った謝子長側の幹部の一人であった雷恩俊《らいおんしゅん》が、1979年7月24日に当時を回顧して語った内容を軸に詳細を記す。情報は主として『紅二十六軍と陝甘辺蘇区（ソビエト区）』（劉・任編、蘭州大学出版社、1995年）に基づく。

――訓練の途中だった1932年2月5日（農暦12月27日）午後、謝子長は駐屯地で反帝同盟軍第一支隊の大隊長以上の幹部を呼んで秘密会議を開催した。謝子長以外、閻紅彦や白錫齢《はくようれい》（警衛大隊隊長）や私（雷恩俊）などが参加した。しかし劉志丹らにはいっさい通知を出していない。第一支隊の支隊長であった師儲傑《しちょけつ》にも通知しなかった。彼は秘密を漏《も》らす危険性があったからだ。会議で謝子長は「劉志丹の部下の趙連璧《ちょうれんへき》が率いる部隊は紀律が乱れており、地方財閥をやっつけると言いながら、実際は一般庶民から物を奪い女性を強姦するなどしているので、庶民がわれわれ（同盟軍）を恐れている。これをどう処罰すればいいいか？」と参会者に問いかけてきた。するとみんなは「絶対に許せない。処罰を与えなければならない」と呼応し、最終的に「部隊全体を集めて謝子長がスピーチをする機会を作り、それに乗じて第二支隊の銃をすべて没収し、趙連璧をその場で処刑すること」に話が決まった。

翌日の2月6日（農暦12月28日）早朝、示し合わせた通り三甲塬に同盟軍全員が集まって、謝子長がスピーチをし、スピーチをした瞬間に白錫齢が趙連璧を銃殺した（筆者注：閻紅彦が銃殺したという説もあるが、いずれにせよ続けて数名の劉志丹の部下を射殺しているので、射殺者の中に閻紅彦がいることは確かだろう）。閻紅彦らはすぐさま部下を従えて第二支隊の銃を取り上げ、現場は大変な騒ぎになった。

2月8日（農暦正月初三）の夜、師儲傑は彼の甥っ子を私のところに遣わせて、第七中隊の馬風銀《ばふうぎん》がお腹が痛いと言っているのですぐ来てくれと言ってきた。急いで駆けつけると、いきなり4挺のモーゼル拳銃を突き付けられ銃を奪われた。副隊長も捕らわれていて、師儲傑が言うには、本来（このような残虐非道なことをする）私たち二人を含め謝子長や閻紅彦らをすべて殺して反乱を起こそうと考えていたという。ところが馬風銀が強烈に反対して「お前たち、ここにいたくなければ出ていけばいいじゃないか。しかし一人たりとも殺さずに出ていけ」と師儲傑を諭した。そこで師儲傑は私たち二人を監禁したまま部下を引き連れて（劉志丹たちの陣地である）南梁に行ってしまった。南梁に着くと、馬風銀が私に「彼らと一緒に行かないか」と勧めてきたが、私は「土匪にはなりたくない」と断った。すると私と中隊長を解放してくれたので、私は陝北に戻った

（筆者注：もともと師儲傑ら一族はアヘンなどの行商をする匪賊の一味だった）。聞くところによれば、馬風銀が殺されると、師儲傑が引き連れていた第一支隊のほとんどは西安に逃れて敵軍（国民党軍）の楊虎城《ようこじょう》将軍に投降し、師儲傑自身はもとの行商に戻ったとのことだ。

以下には多くの情報源から確証を得られた部分だけを記すが、こうして700人ほどいた同盟軍は、100人ほどになってしまったという。

劉志丹は一度も謝子長を倒そうとしたことはなく、仲間に対して武力的な抵抗などは試みたことがない。同じ革命を志す者同士だし、ならず者さえ受け入れて、じっくり時間をかけて味方にしていくという「教育」を重んじるタイプだった。

このとき（謝子長のスピーチのために集められたとき）も劉志丹は「二人のリーダー」の一人として少し高くなっている段の上で謝子長の隣りに立っていた。

劉志丹はこのような襲撃に遭っても、声一つ出さず、顔色一つ変えなかったと、当時現場にいた生存者は証言している。閻紅彦の部下が段の上に駆け上がり、劉志丹が持っている銃まで奪おうとしたときに、誰かが「やめろ！」と叫んだ。

このとき劉志丹は笑って「大丈夫だよ、持って行きたければくれてやるさ」と、銃を警衛大隊の兵士に渡した。劉志丹は銃を奪われただけでなく、3日間監禁されていたが、陝西省党委から高崗が戻ってきて、そのときに釈放されたとのことだ。

これらの経緯から、謝子長グループも決して「思想的に紅い」わけではなく、【1】の冒頭で述べたように、山西省から戻った「中国工農紅軍晋西ゲリラ隊」は陝北に戻ったとき、行商人部隊と合流してから謝子長が率いる「陝北ゲリラ隊」になったわけだから、それなりに「無法者」が混ざっていて、少しも「紅くはなかった」ことになる。事実、第一支隊の支隊長の師儲傑はアヘンなどの行商人だったわけで、事件の後にもとの行商人に戻り、他は敵軍に投降しているので、決して謝子長グループは「成分が純粋だった」わけではない。

この事件により、陝西省の革命活動の力は一瞬で弱体化していった。劉志丹が恐れたのはこのことだった。

本来なら、劉志丹と謝子長の兵力のみを比較したら、実は劉志丹グループの方が強かった。だから銃を向けられた瞬間、劉志丹は抵抗して武力的に応戦することもできたはずだったが、その手段を選んでいない。のちに仲間がなぜ応戦しなかったのかと劉志丹に尋ねたとき、劉志丹は「それをやってしまったら、もっと多くの犠牲者が出ていただろう。そうなったら、今日まで命を懸けて創り上げてきた陝甘一帯の革命根拠地が無くなる。革命の大局を考えなければならない」と答えたそうだ。

習仲勲が劉志丹に会うのは、この事件の7カ月あとのことである。

【2】1935年10月：謝子長残存勢力による粛清
――毛沢東に命を救われた劉志丹と高崗と習仲勲

劉志丹グループを潰《つぶ》した謝子長らは三甲塬事件のあと（2月12日に）、「西北反帝同盟軍」を

「中国工農紅軍陝北ゲリラ隊」と改称した。謝子長が総指揮官となり、劉志丹を隊列から追い出した。

しかし成績は振るわず、失敗続きで、1932年12月18日、陝西省党委は「紅軍第26軍」を設立させるべく、杜衡《とこう》という名の委員を革命根拠地に派遣した。杜衡はこのとき劉志丹だけでなく、謝子長も閻紅彦も皆「山岳主義者だ（山に籠《こも》って革命活動を行う）」とか「逃亡主義」とか「右傾機会主義」などと罵倒《ばとう》して、「お前らを紅軍の隊列に入れるわけにはいかない！」と宣言した。

そもそも「西北反帝同盟軍」を結成するとき、劉志丹は陝西省党委から「山に逃げ込んでばかりいないで、もっと敵（国民党軍）の多い所に行って革命根拠地を創り、そこで革命活動を行え」と命令され、強烈に反対していた。「敵は強大な軍事力と戦士の数を擁しているので、そんなことをしたらゲリラ隊などは一瞬で消滅させられてしまう。ゲリラ活動は絶対に敵勢力の最も弱い所に根拠地を築いて、国民党軍の中から離反者を生み出し、敵を内部から崩していく以外にない」というのが劉志丹の主張だった。

これは奇しくも毛沢東の基本戦略「都市から離れたところに根拠地を持ち、農村を以て都市を包囲する」に完全に一致している。

ゲリラ活動の実体験から導いた結論だろう。だから劉志丹は譲らなかった。

陝西省党委は結果的に劉志丹を残し、謝子長と閻紅彦を罰として上海中央局に行かせ教訓を受けさせることとした。こうして1932年12月24日、ついに陝甘ゲリラ隊を改編して「中国工農紅軍第26軍第2団」を誕生させたのである。

杜衡は自ら政治委員を務め、陝甘ゲリラ総隊班長だった王世泰《おうせたい》を団長とし、劉志丹を政治処長に任命した。しかし革命根拠地現場の事情に疎い杜衡は1933年6月に紅軍第26軍に壊滅的被害を与えている。

中国共産党陝西省慶陽《けいよう》市委員会と慶陽市人民政府が主催する「陝甘寧辺区紅色記憶人物庫」に掲載されている資料も参考にすれば、紅26軍誕生以来、劉志丹は水を得た魚のような勢いで、ついに陝甘辺の党組織の支援も得て照金にソビエト区を創設するところまで発展していた。ところが杜衡は依然として山中を根拠地にすることを嫌い、敵の主要軍団がいる所まで南下させたために紅26軍は敵に囲まれて壊滅的打撃を受けた。おまけに杜衡は国民党軍に捕まり、尋問された瞬間にすぐに寝返って、革命根拠地の詳細を国民党側に密告してしまったので、紅26軍はほぼ全滅状態に追い込まれるのである。

ここで力を発揮するのが先述した高崗だ。

高崗は1905年に陝西省楡林市横山県で生まれ、1926年、21歳のときに中国共産党員になっている。1927年から31年までは国民党西北地方部隊に共産党のスパイとして潜り込み、周りを啓蒙《けいもう》していきクーデターを起こし成功している。

そのため陝西省党委は1931年に高崗を現場視察に遣わしたという。紅26軍が壊滅的打撃を受けたあとの1933年8月、高崗は陝甘辺紅軍臨時総指揮部政治委員に、11月以降は紅26軍第42師政治委員や紅26軍政治委員などに任命され、陝甘紅軍と革命根拠地建設の骨幹の一人に加わってくるのである。

この前後の紆余曲折《うよきょくせつ》を書き始めると長くなるので、そろそろ習仲勲の活躍に触れながら、毛沢東が陝西省に着く寸前の状況に話をつなげていきたい。

劉志丹は習仲勲や高崗の協力を得ながら、めげずに前進していく。

1934年11月には南梁に陝甘辺ソビエト政府を樹立するところまで漕《こ》ぎつけた。習仲勲がソビエト政府主席に、劉志丹が軍事委員会主席に就任し、紅26軍の政治委員には高崗が就任した。

一方、謝子長の息子・謝紹明の回想によれば、1932年12月に閻紅彦とともに上海に飛ばされていた謝子長は、1933年5月に「察哈爾（チャハール。現在の内モンゴル・北京・河北にまたがる中華民国時代の地域名）抗日同盟軍」に派遣され、その軍の党代表の任に当たっている。そして「察哈爾抗日同盟軍」が失敗したときに、（杜衡の指示によって）紅26軍南下に失敗したという話を聞きつけて、天津にある中央北方局（代表：孔原《こうげん》）と連携し、北方局の西北軍事特派員の肩書をもらって、1933年11月に再び陝西省に戻るのである。任務は紅26軍を「整頓せよ」だ。

中国語で「整頓」というのは「粛清」に近いニュアンスを持つ。「乱れた組織を糺《ただ》して立て直す」という意味だが、その手段として「粛清」を含んでいる。「整頓」には「きれいにお掃除しましょう」という、恐ろしい響きがある。

閻紅彦の方は1934年7月に上海中央局の指示によりモスクワに派遣されてコミンテルン

第七回大会に参加している。その後、国際レーニン学院と紅軍陸軍大学付設のコミンテルン研究班で学習するよう命じられていたので、帰国したのは1935年4月になってからである。陝西省に戻るのは毛沢東一行が延安に着いたのちのことだ。この詳細は次節で述べる。

できるだけ登場人物の名前を少なくしたいのだが、習仲勲に関する歴史を紐解くには、どうしてももう一人ご紹介しなければならない人物がいる。

その名は郭洪濤《かくこうとう》。

1909年に陝西省の米脂《べいし》県東区で生まれ、謝子長と同じ楡林中学に入学し、1925年、16歳のときに中国共産党に入党した。1927年、第一次国共合作が分裂すると、まるで謝子長の足跡を追うように山西省太原に行き、山西省の国民師範学校に入学し革命活動をするのだが、逮捕されて1933年にようやく革命仲間に助け出されて出獄した。出獄後、北京で休養し、同年12月に中共中央北方局の指示により陝北に戻って謝子長とともに「整頓」に全面協力する。

郭洪濤は陝西省党委も抱き込み、上海臨時中央局と北方局に劉志丹を激しく非難する情報をひたすら刷り込んで、すべての関係者が劉志丹グループが極悪人だと思うように仕込んでいった。当時の北方局などに謝子長がいたことが、ここでも深く関係してくる。

1934年7月の陝西省の南梁で開催された閻洼子《えんあいし》会議で謝子長は上海臨時中央局と北方局から来た（彼らに書かせた）手紙を読み上げ、劉志丹が率いる紅26軍がいかに右傾分子であるかを激しく主張し糾弾した。また高崗を紅26軍42師の政治委員から解任した。

そのような中、1934年8月26日に謝子長が戦いで負傷してしまう。銃弾が胸に当たり入院したのだが、それでも病床の中で北方局代表に劉志丹を激しく批判する手紙を書き（9月5日）、傷が思わしくないので、10月25日には郭洪濤にも同様の手紙を書かせる。

ここまでして劉志丹を倒したいのか、本当に革命の情熱に燃えているのなら革命活動に集中した方がいいのではないのか、そして銃弾の傷跡を治すことに専念した方がいいのではないかと傍目には思われるが、謝子長も郭洪濤も、まるで目がくらんでしまっているかのように、ひたすら劉志丹憎しで突っ走っていった。

こうして北方局や上海臨時政府から代表たちが次々と確認のために陝北に来るのだが、現場で接待する郭洪濤からは、もっと激しい批判が噴出してくるので、代表たちもこれは真実だろうと信じてしまったという。

1935年2月、傷口が悪化して、謝子長は亡くなった。

それを隠しながら、同年9月21日に、まるで「仇討ち」のように、郭洪濤は北方局代表（孔原）や上海臨時中央局代表（朱治理《しゅちり》）らとともに「赤色戒厳令」を発布して粛清を始めるのである。10月6日未明、劉志丹や高崗、習仲勲など60名ほどを逮捕投獄し、同時に紅26軍の「営」以上の幹部および陝甘辺ソビエト政府の「区」以上の幹部や青年知識人たち200人ほどを殺害した。

監禁されたときには手枷足枷《てかせあしかせ》で体の自由を奪われた上に、監禁した牢獄（質屋にしていた横穴式住居）にはトイレはなく、もちろんベッドも布団もない。ときどき水はくれるが、食べ物もほとんど供給されない。この一帯は10月からは冬に入り、真冬は零下20度くらいまでは下がる酷寒の地となる。暖房などあるはずもなく、激しい拷問が続いた。この悲惨さはあまりに凄《せい》惨《さん》を極めるので、文字化するのが憚《はばか》られる。

習仲勲の回顧録によれば、牢屋の近くには、劉志丹や習仲勲たちを生き埋めにするための深い穴が掘ってあったという。

五　毛沢東が西北革命根拠地に聖地「延安」——習仲勲を高く評価

1934年10月に江西省瑞金《ずいきん》にあったソビエト政府（中華ソビエト共和国）が崩壊したあと、毛沢東らは蔣介石・国民党軍の掃討（中国語では囲剿＝悪者を囲み滅ぼす）作戦から逃れるため、国民党軍の力が弱い西北の方向に向かって「逃亡」を始めた。これを「長征」と呼び、中国では「北上抗日」とも称するが、そこには日本軍はいない。

したがって「長征」は国民党軍の追跡から逃れるためであり、そこで力を蓄えて、いつかは蔣介石を打倒し、天下を取ろうという毛沢東の作戦であったということができる。

その作戦を可能ならしめるためには、どこかに「国民党軍が追ってこない」安全な根拠地がなければ発展できない。西北に向かったのは、万一の場合はソ連に逃げようという選択もなくはなかったと分析されているが、何と言っても蔣介石が率いる国民政府の首都は南京にあったからだということができよう。

長征の途中では何度か根拠地に関する候補が上がったが、すべて国民党軍によって潰されていた。運命の日は1935年9月20日にやって来た。

毛沢東率いる中央紅軍が（現在は甘粛省に所属する当時の陝西省の）ハダホに着いたときだった。国民党の古い新聞を見た毛沢東は、そこに「劉志丹率いる紅軍根拠地が陝北にあり、国民党軍が劉志丹の紅軍を殲滅すべく、やっきになっている」という情報が載っていたのを発見したのである。

この瞬間に中国の運命が決まるのだが、その経緯には諸説あり、誰もが「この私こそがこの古い新聞を毛沢東に渡したのだ」と、運命の瞬間を主張したがる。

しかし、『毛沢東年譜』（修訂版、上）の474頁には9月18日の20時から22時の間の記録として、「毛沢東が一縦隊偵察連隊連隊長（梁興初《りょうきょうしょ》）と指導員（曹徳連《そうとくれん》）に引見したときに、毛沢東は彼らにハダホで〝精神糧食〟を探して来いと指示し、最近の新聞とか雑誌などを持ってくるように頼んだ」と書いてあるので、それを基準に考えよう。

同書475頁には9月20日の記録として「ハダホにいる間、毛沢東は国民党の新聞を読んで陝北にはかなりの広範囲においてソビエト区ができており、相当数の紅軍がいるということを知った」とある。

また同日、毛沢東は幹部を集め「民族の危機は日一日と深まっており、われわれは行動を継続していかなければならない。計画通り北上抗日は完成させる。ともかくわれわれはまず陝北に行く。あそこには劉志丹の紅軍がいる。われわれの現在位置から劉志丹が創建した陝北革命根拠地までは七～八百里（約40キロ）程度だ。あと一頑張りだ。さあ、諸君、奮起して北上を続けよう！」と激励した。

最初は10万人ほどいた共産党軍の兵士の数は、このとき7000人ほどまでに減っていた。途中で戦死したり飢餓で命尽きたり、中には逃亡する者もいて戦力は弱っていた。また徒歩で歩いた距離は1万2500キロ。体力も兵力も尽き果てようとしていた。

そのようなときに、実は目の前に味方の革命根拠地があり、しかも7000人もの紅軍を擁していると知ったときの毛沢東の喜びようはなかったと、数多くの周辺記録が記している。

その後、劉志丹らが逮捕され、まもなく殺されようとしていることを知ると、毛沢東は烈火のごとく怒った。ようやく最後の光を見出して、劉志丹が築いた革命根拠地に運命を託しているというのに、その劉志丹を殺すとは何ごとか！

毛沢東はすぐさま「劉志丹らを即刻釈放せよ！　殺してはならぬ！　すべて中央の指示通りに行動せよ！」と緊急命令を発した。

このことが『毛沢東年譜』で記録されているのは11月3日で、「少し前に緊急命令を出した」と書いてある。ようやく長きにわたる長征を終えて、広範な領域をカバーする陝西省の革命根拠を次々と移動する記録に追われ、緊急命令の記録が後回しになったものと考えられる。毛沢東率いる中央紅軍第一方面軍は10月には延安近くにたどり着いている。他のすべての紅軍が延安にたどり着くのは1936年10月だが、もし毛沢東が着くのが少しでも遅かったら習仲勲等の命はなかった。

習仲勲がのちに述べた以下の言葉は有名だ。

――毛主席が陝北に来ていなければ、私たちの革命根拠地は終わっていた。毛主席があと4日遅かったら劉志丹と私はもうこの世にいない。毛主席が殺してはならないと言わなければ、私たちは生き埋めにされていたのだから。

生き埋めにするための穴に関して、劉志丹の6歳になる女の子（劉力貞《りゅうりきてい》）が当時を振り返って言った言葉が『習仲勲画傳』に書いてある。母親に連れられて監禁されている父親・劉志丹を訪ねていったところ、「ダメだ！　墓の穴まで掘ってあるのだから」と周りの人が言ったそうだ。墓穴まで行くとその穴の深さがあまりに深くて母親が泣きだしたと、娘は言っている。この「深さ」は「生き埋め」にするために十分な深さで、浅いと呼吸できるので、生き埋めのときは穴を深く掘る。

ここに埋められていたら、もちろんのちの「習近平」はこの世に存在しない。

習近平が父親の習仲勲同様に、いかに毛沢東を救世主のごとく崇めるか、その心理を読み解くことができるだろう。今、習近平に関して「毛沢東に先祖返りしている」という批判が多く聞かれるが、その根源と「復讐の恨み」は、この「生き埋めにするための墓の深さ」に象徴されていると表現することもできよう。

命拾いをした習仲勲は、1936年1月、本章冒頭に書いた関中特区のソビエト政府副主席兼党団書記に任命され、5月になると彭徳懐《ほうとくかい》（1898～1974）を司令員とする紅軍西方野戦軍に従って征西した。

ほぼ同時期の1936年4月14日、紅28軍を率いた劉志丹は敵（国民党軍）の弾が胸に当たって戦死している。しかし弾は背中から打たれていたという説もあり、味方が劉志丹を殺したのではないかという噂《うわさ》は今も消えてはいない。

原因は毛沢東が延安に到着したあと、謝子長残党による粛清運動に関する審査委員会である五人委員会が設けられたのだが、その中の一人に首謀者の郭洪濤が入っており、郭洪濤は過ちを認めはしたものの、粛清の首謀者は北方局代表や上海臨時政府代表であって自分ではないと主張したり、いずれにしても五人委員会はまるで「喧嘩《けんか》両成敗」的な結論でまとめていることにある。

毛沢東としては、これ以上兵士の数を失いたくないという思惑はあったかもしれないが、劉志丹に対する「右傾主義者」というレッテルは完全には剝《は》がれないままになっていた。そのため劉志丹は「自分は右傾主義者ではない」ということを証明するために自ら戦場の最前線に行き敵陣偵察を行ったのだと、当時の一部の関係者は記している。

くり返すが、毛沢東が陝西省延安を革命根拠地に選んだのは国民党の新聞に「劉志丹が創った」革命根拠地があると書いているのを発見したからだ。ということは、劉志丹は国民党が「倒さなければならない敵」とマークするほど、共産党のために戦っていたということになる。それを「右傾分子」として、あたかも反革命的であるかのように攻撃し続けた謝子長派が間違っていたことを劉志丹に明示すべきだっただろう。

しかし五人委員会の結論は「喧嘩両成敗」に等しく、劉志丹系列側には「成敗」に対する不満があり、それでいながら謝子長派側から見ると、「劉志丹たちを殺してはならぬ」という、自分たちが毛沢東に非難された側に立たされたという恨みが残り、かつ「そこまで強く罰せられなかったのだから、俺たちは悪くない」という捻《ねじ》れた自負心と歪《ゆが》んだ復讐心がいつまでも続く結果を招いたのではないだろうか。

のちに、その恨みを最も強く爆発させるのは閻紅彦だ。

閻紅彦は前にも少し触れたように１９３４年10月にモスクワに行くのだが、上海中央局が国民党にやられてコミンテルンとの無線交信ができなくなってしまった。そこで本来ならコミンテルンの第七回代表大会に参加するためにモスクワに行ったはずだった閻紅彦には、「無線電信の暗号」を持ち帰るという重要な任務が課せられることになった。暗号は英文字で構成されているため、英語が分からない閻紅彦は必死になって暗号を暗記し、１９３５年４月に中国に戻っていた。入国ルートは、まず新疆（ウイグル地区）に入ったあと、富商を装ってラクダに乗り、毛布などを運ぶ行商人の振りをしてウルムチや蘭州《らんしゅう》、寧夏《ねいか》などを経て中央紅軍がいる所に戻ろうとした。しかし国民党の封鎖線が厳しく、また中央紅軍がどこにいるのかに関する情報がつかめず、西安に着いたときに初めて自分の根拠地であった陝北に中央紅軍が行ったことを知る。

ようやく陝北革命根拠地に着いたのは１９３５年12月25日のことであった。閻紅彦はその足で毛沢東と周恩来《しゅうおんらい》に会い、持ち帰った暗号を知らせるのである。大任を果たし、毛沢東にも褒められた閻紅彦は、きっと大きな自負心を抱いたことだろう。そのためもあり、１９４２年から延安で始まる整風運動（政治思想的粛清運動）で劉志丹の仲間として戦った高崗に厳しく詰め寄られて自尊心を激しく傷つけられ、その恨みは骨髄に達して、新中国誕生後に高崗が自殺したあとは、小説『劉志丹』が高崗の名誉回復につながるとして、鄧小平と連携していくことになるのである。

ところで、その習仲勲――。

1936年6月には中共環《かん》県委員会の書記になり、9月15日には保安で開催された中共中央政治局拡大会議に出席した。毛沢東は会議場に入ってきた習仲勲を見て、「えっ？　こんなに若いのか！」と驚き、劉志丹とともに革命根拠地を築いてきた弱冠22歳の習仲勲の手をしっかり握って、彼のこれまでの働きを讃えるのだった。

『習仲勲画傳』や『習仲勲傳』には毛沢東と初めて会ったのは1935年12月27日に中共中央党校で開催された会議のときで、このときは一参加者（聴衆）としてだったという記録がある。そのときには毛沢東はまだ習仲勲とは特別に会話をしていないようだ。毛沢東も、この人が習仲勲なのかと認識したのは1936年9月15日の中共中央拡大会議のときだったのだろう。

この拡大会議において毛沢東は習仲勲を「関中特区委員会書記」に任命した。

「関中特区」というのは1935年9月に陝甘辺南区革命委員会を「関中特区ソビエト政府」と改称したことから始まった呼称で、正式には1936年1月に中共中央が「中共関中特区委員会と関中特区ソビエト政府」を合併させて立ち上げた組織である。習仲勲はその副主席および書記を務めた。今では陝西省にある習仲勲の旧宅に「関中ソビエト政府記念館」が建てられている。

第五章で述べる深圳《しんせん》などの広東省《カントン》のいくつかの都市を「経済特区」と位置づけて改革開放をいち早く実施したのは習仲勲で、その功績は鄧小平時代にすべて鄧小平のものとなっているため、習近平は「意地でも」改革開放を手放さず、それを「この自分（習仲勲の息子）」が「深化」させるとして、そのワーキンググループである「深化改革開放領導小組」を中共中央の下に立ち上げ、組長を習近平が務めている。その「意地」の原因はここにある。

ところで、関中は延安と紅軍前敵総指揮部駐屯地を往来する線上にあったため、紅一軍政治部主任の鄧小平や楊尚昆《ようしょうこん》らがよく立ち寄り、数カ月にわたって駐屯することもあった。そのときに接待に当たったのはもちろん習仲勲である。

１９４２年８月に習仲勲は西北党校の校長になるが、それまでの間に関中特区（のちに分区）に堅固な社会基盤を作っていた。

たとえば穀物生産や紡績工場、輸送部隊、商業部などの生産活動を行うと同時に、病院や機械修理工場を建てるなどして庶民の生活を支えている。また初等小学校を２００校以上作り全在校生は７０００人に達し、高等小学校は９校設立させ、１９４０年時点で在校生が４００人以上になっている。さらに師範学校まで建てて、習仲勲自らが校長を務めた。

最も驚くべきは、このコミュニティで「普通選挙」を実施していたことだ。

第１回目の選挙は１９３７年７月と８月に行われ、２回目は１９４１年春に行われた。選挙の方法が面白い。

たとえば、さまざまなレベルの（村のお役所などの）職位に立候補した候補者が何人か後ろ向きに立っていて、その背中の所に豆粒を入れるお椀が置いてある。投票者は自分が選びたい人の後ろにあるお椀に豆粒を一粒入れて、その豆の数で当選者を選ぶというやり方だ。

その一方で、延安には恐怖の風が吹き始めていた。

前述の整風運動が1942年2月1日の毛沢東のスピーチにより火ぶたを切ったのである。三風整頓運動とも呼ばれるこの運動は、「学風（思想的な学習態度）・党風（党活動への態度）・文風（イデオロギーなど文書・言語活動に対する姿勢）」の三風について「整頓する」という意味だ。つまりは、粛清運動である。

何のことはない、謝子長派らが劉志丹や習仲勲に対して行ったのと類似の性格を帯びながら比較にならないほどの規模と激しさによる運動を始めたわけだ。

背後で焚きつけていたのは康生《こうせい》（1898～1975）である。

康生は現在の山東省青島市で富裕な地主の家に生まれ、1918年から小学校の教師となったが、その生徒の中にのちの毛沢東の妻となる江青《こうせい》（ジャン・チン）がいた。この偶然の出会いが中国という国家を大きく狂わせていく。

その後康生は故郷を離れて上海に行き中国共産党に入党し（1925年）、うまく立ち回ってコミンテルンの代表で1931年には中共中央総書記代理になっていた王明に近づいて保身を図った。信念で党員になったのではなく、時勢の風を嗅《か》ぎ分けて巧みに振る舞ったといった方が正確だろう。1933年7月に王明が団長を務める中国共産党中央コミンテルン代表団の副団長としてモスクワに行き4年間ほどモスクワに滞在した。

滞在中にスターリンが始めた大粛清を体験し、残虐非道で知られる大粛清の執行人であったベリヤ（1899〜1953）の拷問方法を学ぶ。1937年11月に上海に戻り、女優としてスキャンダルにまみれ「腐ったリンゴ」という綽名《あだな》が付いていた江青を伴って延安へ行く。延安には王明もいたが、毛沢東の力の方が圧倒的に強いと感じ取り、上司の王明をサッサと捨てて毛沢東側に付き、江青を毛沢東に紹介することによって毛沢東の心を鷲《わし》づかみにするのである。

毛沢東がこのとき整風運動を巻き起こした動機は「王明を倒すこと」だった。

毛沢東は留学などしたことがない。若いころ留学のために北京大学の留学予備コースに入ろうと湖南省長沙《ちょうさ》から北京に行ったのだが、専科学校しか出ていないことが理由で学歴が足らず北京大学の図書館の事務職員になって屈辱を味わった。北京大学の学生を中心として1919年5月4日に起きる愛国反帝国主義の「五四運動」を目前に控えながら、屈辱に耐えられなかった毛沢東は故郷長沙に戻り小学校の教員を務めるのだ。

あのとき図書館の入館受付係として毛沢東が差し出す入館表に名前を書いていた北京大学の教授連は、やがて中国共産党のトップに立った毛沢東の前にひれ伏すことになるのである。

延安で毛沢東が整風運動を起こしたころにはまだ、モスクワ帰りの「28人のボルシェビキ」というエリート集団の一部が残っていた。その代表格である王明を完膚《かんぷ》なきまでに叩きのめすために整風運動はあった。のちに説明する1966年からの文化大革命（以後、文革）は19

58年からの大躍進で失敗した毛沢東に代わり国家主席となった劉少奇《りゅうしょうき》を倒すために起こしたものであり、ここでもエリート、知識人を僻地《へきち》や山地に下放《かほう》し、高等教育機関をすべて閉鎖している。

毛沢東の知識人や留学エリートに対する憎しみがどれだけ深いかが想像できよう。中国共産党の歴史は怨念と復讐をくり返してきた歴史なのである。

あれほど王明に近づき、王明とともにモスクワに行ったりなどしていた康生は、節操もなく王明を敵に回して毛沢東とともに激しく王明を叩きのめすのである。

その大粛清で辣腕《らつわん》を振るったもう一人の人物が高崗だった。

毛沢東は劉志丹亡きあとの陝北を高崗に任せ、1936年から中共陝北省書記、1937年には中共陝甘寧辺区書記、1940年には中共陝甘寧辺区中央局書記に任命するなど重用してきた。さらには1941年5月になると中共西北局書記にまで昇進させるなど、絶大な権限を高崗に与えている。

1940年代に入って、毛沢東が全中国の中で最初に指名した地方局の書記は高崗であったことに注目しなければならない（82ページ、図表2-1参照）。これがのちに鄧小平のライバル心を刺激し、新中国誕生後の「高崗事件」へと発展する素地を形成していくのである。

1942年10月に高崗が主催した88日間にわたる西北局高級幹部会議に毛沢東自らが姿を現して、いわゆる「陝北歴史問題（謝子長グループによる劉志丹グループへの粛清問題）」に関して「高崗を正しい路線の代表とみなして進まなければならない」と結論付け、中央から来たものを批判して、「高崗を尊重しなければならない」と言ったことがある。また毛沢東は陳雲《ちんうん》などの功績は、「とても高崗に及ぶものではない」とさえ言っている。

この名指しの比較と批判は、新中国誕生後に発生する「高崗事件」において、鄧小平の甘言に乗って陰謀を謀る方向に動きやすい心理を陳雲の中に芽生えさせていたにちがいない。

さらに驚くべきは「白区（国民党支配地域での地下活動）では劉少奇が模範となるが、辺区における群衆活動では高崗が模範となる」とまで断言し、延安の整風運動に関して「私は陝北に来てもう5、6年になるが、陝北の情勢や陝北人民との関係において高崗以上に優れた同志はいない」と持ち上げたのである。

このとき毛沢東が認めた「党の核心となる指導者13人」の名前は以下の通りだ。

毛沢東、朱徳、劉少奇、周恩来、高崗、任弼時《じんひつじ》、陳雲、康生、彭真《ほうしん》、董必武《とうひつぶ》、林伯渠《りんはくきょ》、張聞天《ちょうぶんてん》、彭徳懐

この中に鄧小平の名前はない。

まるで飛ぶ鳥を落とす勢いだった高崗は、したがって整風運動のときに遠慮はなかった。第三章で述べるように、のちに高崗事件が起き高崗が自殺に追い込まれたあと、閻紅彦は鄧小平にそそのかされて高崗系列の習仲勲を陥れようとするのだが、それは高崗に対して以下のような恨みがあったということを鄧小平が知っていたため、それを利用したものとみなすことができる。これは「あなたが知らない開国上将（大将）閻紅彦の風雨（困苦）人生」（雑誌『世紀風彩』2012年第Ⅱ期）（中国共産党新聞網に転載）に王樹恩《おうじゅおん》という人が、閻紅彦が打ち明けたと

する主張として書いたものである。

――高崗は閻紅彦に偽証せよと要求してきた。高崗がかつて紅軍陝甘ゲリラ隊の隊委員だったと言えというのだ。閻紅彦はそれを聞いた途端、厳しく高崗を糺《ただ》した。

「何を言っているんだ。まるで自分が陝甘ゲリラ隊のリーダーだったみたいなことを言うじゃないか。俺はお前の歴史を知ってるんだよ。晋西ゲリラ隊を作ったときお前はいなかった。反帝同盟軍を作ったときさえ、お前はいなかったじゃないか。陝甘ゲリラ隊が出来上がったときに、お前は初めて三支隊二大隊の政治委員になっただけだ。決して陝甘ゲリラ隊の隊委員ではなかった。あのときお前は責任者じゃなかった。おまけに戦闘中に逃亡しただろう。みんながどれだけ怒っていたか知ってるのか。だから隊委員会はお前の党籍を除籍にし、逮捕を命じたくらいだ。あのときのゲリラ隊の紀律に従えば、本来なら逃亡者は射殺することになっている。あのあとお前は戻ってきて、嘘八百を並べたよな。当時、この俺はゲリラ隊の総指揮を担当していた。お前が自分から戻ってきたので党に留めておくことにして、すぐには処分せずに観察することにした。劉志丹はお前に罪を償わせるためにゲリラ小組に行って一兵卒として戦えと命じた」

高崗は閻紅彦が偽証をしないのだということが分かると、激怒して、中共西北局書記の職権を利用して西北高級幹部会議で「閻紅彦は高崗を誹謗《ひぼう》中傷している」と言って閻紅彦に揺さぶりをかけてきた。おまけに「閻紅彦には野心があり、陝北師団を組織して中央の権限を奪おうとしている」と事実無根のことを捏造《ねつぞう》した。

これはあくまでも閻紅彦の主張なので、高崗が裏でどのように言ったのかに関してその信《しん》憑性《ぴょうせい》を確かめることは今となってはできない。まえがきで触れ、第二章で詳述する高崗の秘書・趙家梁《ちょうかりょう》の回顧録があるが、彼は1952年以降に秘書になっているので書かれていない。ただ、閻紅彦が高崗に対して激しい怒りを覚えていたという事実は、あちこちで確認できる。それを軍の上官で特別親しくしていた鄧小平が知らないはずがない。

閻紅彦が1962年に出版された小説『劉志丹』に関して、これは高崗の名誉回復を狙《ねら》った陰謀であるとして習仲勲を告発し始めるのだが、これに関しては第三章で考察する。

六　毛沢東、習仲勲に「西北はあなたに任せる」
——毛沢東から9通の手紙と98通の電報を受け取った習仲勲

1943年2月、習仲勲は綏徳《すいとく》地方委員会の書記になり、綏徳警備司令部の政治委員を兼任した。関中から綏徳に異動するときに、毛沢東は習仲勲を楊家嶺《ようかりょう》のヤオトン（窰洞）に呼んで「同じ場所に長くいると感覚が鈍るので、新しい土地に行くのも鍛錬の一つだ」と激励した。

綏徳に行った習仲勲は驚いた。

康生が整風運動の「救済運動（治病救人）」を強化していたために、子供までが「自分はスパイだ」と自白する習慣を身につけてしまっていることを発見したからだ。

「救済運動」というのは文字だけ見れば良いことのように思われるが、これは粛清対象となった者が「事実を告白すれば救済される」という意味で、拷問形態の一つだ。

あるいは「あの人は反党精神を持っている」ということを当局（康生）に密告すれば、少なくとも密告者は逮捕されたり尋問の対象となったりしないということから、実際上、「救済運動」とは「スパイ・密告奨励運動」であるということができよう。

康生が思いついたこの「救済運動」ほど悪質なものはなく、中国を密告社会に創り上げていった根源の一つだと断言することができる。以来、この精神土壌は中国共産党が統治する社会から消えたことはなく、罪深い災禍を長く残してしまった。

『習仲勲傳』や『習仲勲画傳』などによれば、習仲勲は綏徳で「偽の自白」が流行しており、10歳くらいの子供が「自分はスパイだ」と「自白」するようになっているのを知って衝撃を受けている。綏徳には全辺区の3分の1ほどの人口50万人がいたが、ほぼ半分が何らかの形で疑われたり査問を受けたりしているのでほぼ半分の人が自ら進んで「自白」していたという。たとえば抗日軍政大学総校（本校）の排長以上の幹部の57・2％が「自白」している。

そこで習仲勲は講話や座談会などの機会をとらえて**「本当のことを言わなければならない」**と説いて回った。また教師や学生代表などに対しても「共産党はただの一人の善人に対しても濡《ぬ》れ衣《ぎぬ》を着せることはなく、一人の悪人に対しても許すことはない」と必死で強調したという。習仲勲はこのとき本気でそう信じていたのだろう。さらに冤罪で逮捕されている人たちの名誉回復に奔走し、釈放してあげた。

劉志丹グループに対する粛清に懲りており、毛沢東が粛清をやめさせてくれたことに感動していたからだろうが、整風運動はその粛清の大規模な運動であり、その後の中国共産党の世界は、この「濡れ衣と密告と粛清」の連続でしかなかったことを習仲勲は新中国が誕生してから自ら体験することになる。

しかし新中国誕生前後の習仲勲は毛沢東から厚い信頼を寄せられて、西北地域に関しては毛沢東との間で「二人三脚」の瞬発的戦略を練り、呼応し、毛沢東との共同戦略に全身全霊を注ぎ、新中国誕生のために全力を尽くしている。

１９４５年8月15日に日本が降伏した。中国ではミズーリー船上で降伏書面に調印した9月2日の調印書が蒋介石の手元に届いた日である9月３日をもって抗日戦争の勝利記念日としている。

さあ、ここからが毛沢東の本領発揮だ。

「大日本帝国」は「中華民国」と戦っていたので、日本軍は国民党軍をやっつければいいわけで、毛沢東が倒したいのは蒋介石だ。だから毛沢東は日本軍が蒋介石率いる国民党軍を倒してくれることを喜び、日本に感謝していた。

当時はまだ圧倒的な軍事力を持っていた国民党軍が共産党軍をやっつけないように、毛沢東は周恩来傘下のスパイ班のやり手であった藩漢年《はんかんねん》を使って蒋介石の秘蔵っ子である張学良《ちょうがくりょう》を勧誘して寝返らせ、１９３６年12月12日に西安で蒋介石を拉致監禁するという「西安事件」を起こしていた。「第二次国共合作」に応じるなら釈放するが拒否すれば射殺すると脅して承諾させ、共産党軍の体力を温存していた。

国共合作を承諾させられた蒋介石は、やむを得ず共産党軍の戦費も支払わなければならない羽目になってしまった。このときに共産党の紅軍に対して付けられた名称が「国民革命軍第八路軍」で、庶民は一般に共産党軍のことを「八路軍」とか「八路（バールー）」と呼ぶようになった。

毛沢東の方は蒋介石による「掃討作戦」がなくなったので、蒋介石による禄《ろく》を食《は》みながら、一方では「70％はわが党の発展のために使い、20％は（国民党との）妥協のために使い、残りの10％だけを抗日戦争に使え」という戦略（俗称「七二一戦略」）を秘かに命令して、日本が敗戦するまでの間に何としても共産党軍の兵力を増強させようとした。

それだけではない。国民党軍の勢力を積極的に削ぐために、毛沢東は藩漢年を日本の外務省所轄の上海にあった岩井公館（岩井英一主宰）に派遣し、国共合作によって知り得た国民党軍側の軍事情報を日本側に売り渡していた（藩漢年のスパイ根拠地は香港と上海）。それによって手にした報酬を武器購入だけではなく印刷費などに回し、プロパガンダにより多くの人民の心を毛沢東側に惹《ひ》きつけていた。

岩井英一の回想録には「藩漢年が中共軍と日本軍との間の停戦を岩井英一に申し出てきた」とある（詳細は『毛沢東　日本と共謀した男』）。

その日本が降伏したとき毛沢東は「日本軍がもうあと1年くらい頑張ってくれていれば、わが軍はもっと兵力を高めることができたのに」と残念がったことは、その後少なからぬ周辺者が漏らしている。

ともあれ、これで「国共合作」を装っている必要はなくなった。

その間に蓄えてきた体力、兵力を一気に発揮するときが来たのだ。

これからは裏も表もなく徹底的に国民党軍を倒して蔣介石に代わって毛沢東が天下を取るための戦いを展開することができる。

途中で何度か名称が変わるが、最終的に「中国人民解放軍」と改称した共産党の軍隊が全中国を「解放」していくことになる。「解放」という意味は「蔣介石・国民党軍の独裁的な圧政から人民を解放して、自由と民主を勝ち取るのだ」ということを意味する。現在の日本人が「共産党が自由と民主を勝ち取るために戦った」と聞くと「なに?」と思うだろうし、「国民党の独裁的な圧政から人民を解放するって、それはないでしょ? あなたこそが独裁的な圧政を布いているんじゃないの?」と反論したくなるだろう。

しかし中国共産党というのは最初から偽善と虚偽に満ちて人民を騙《だま》しながら勢力を拡大してきた組織なので、中国の正体を知るためにも、ここはグッと堪えて先に進ませていただくこととする。

そんなわけで、ここからの国共内戦を中国では「解放戦争」あるいは「革命戦争」と称した。その解放戦争を断行するに当たって、毛沢東は習仲勲に9通の手書きの手紙を送り、96通の電報を打っている。それは毛沢東と習仲勲の緊密な仲と、毛沢東がいかに習仲勲を重視していたかを知る上で重要である。

これもまた新中国誕生後に鄧小平が習仲勲を警戒し、習仲勲が出世しないようにあらかじめ失脚へと布石を打つ動機の一つになっていると見ることができるので、しっかり押さえておこう。1945年10月になると、毛沢東は日本軍が去っていった東北（元満州国一帯）を林彪《りんぴょう》や高崗などに任せ、中共中央西北局を習仲勲に任せて1946年6月に習仲勲を中共中央西北局書記に任じた。毛沢東はこのとき党中央の幹部らに「若い同志に西北局の書記を任せる。習仲勲同志だ。群衆の中から出てきた、群衆のリーダーだ」と言っている。このとき習仲勲は32歳。各中共中央地方局の書記の中で最も年少の書記だった。

実は1945年8月28日にアメリカの仲介により（毛沢東がどうしても嫌だと言って拒絶し続けたのでアメリカが何とか毛沢東を説得して当時蒋介石の国民政府があった重慶に向かわせ）、国民政府と中国共産党との間で協議し、「内戦をせず、ともに平和的な国家建設に向けて努力すること」に合意した。毛沢東と蒋介石が実際に会うのは8月30日で（重慶会談）、交渉がまとまるのは10月10日のことだ。それを「二つの十」がある日付から「双十協定」と称する。

1946年1月10日、双十協定に基づき、政治協商会議が重慶で開催された。各党派の代表構成は、国民党が8、共産党が7、その他の政党・無党派が23であった。こうして毛沢東が蒋介石政権を「一党独裁だ」と非難していた状況は表面上打破されて、国民党は共産党をはじめとする諸党派に対して一定の譲歩を示した。このとき国共代表とアメリカ代表マーシャルによる軍事調停執行部が成立し、「国共停戦協定」が調印されている。

しかし、国民党は同年3月の党大会において、共産党が提唱する「民主連合政府」の拒否と国民党の指導権の強化を決議した。なぜなら毛沢東が国民党に対する攻撃をやめていないからだ。毛沢東はともかく日本軍が降参したことによって放棄した武器を、何としても一つでも多くわが物にしたいと、ありとあらゆる戦いに挑んでいた。

学術論文的には1946年6月に蔣介石が中国共産党への攻撃を命じたため、国共内戦が再発したとみなしているものが多いが、それは事実とは相当かけ離れていると言っていいだろう（あとがき参照。長春は1946年4月に共産党軍が攻撃してきた市街戦があり、私は負傷した）。

そもそも毛沢東も蔣介石も、どちらも休戦などするつもりはなかった。

重慶会談で毛沢東に会った蔣介石は、毛沢東のことを「悪行の限りを尽くし、死んでもなお償い切れないほど、その罪は重い」と日記に記しているし、また双十協定の3日後には蔣介石は各戦区司令官に「剿匪《そうひ》密令」を出している。この「匪」は中国共産党のことを指す。1946年1月4日には「共産党軍が根拠地を固める前に、必ず一挙に殲滅せよ」という命令も出している。

習仲勲が毛沢東から相談を受けたのは国民党の「西北王」と言われた軍人・胡宗南が30万の兵力を引き連れて中原《ちゅうげん》の解放区に大攻撃を行う前後のときだった。胡宗南の部隊が陝甘寧辺区を襲撃してきた場合、どう対応するかに関して毛沢東は習仲勲に直接会い、習仲勲に意見を求めた。

以下、毛沢東が習仲勲に言った言葉も含めて、手紙や電報の一部を列挙する（これらの情報の多くは2014年12月23の中国共産党新聞網に掲載されているが、そこにある記事は『習仲勳傳』や『習仲勳画傳』に依拠している。人名が多すぎ、細かな部隊名などもあるので、それらは省略して概略のみを書く。また以下に示すのはすべて1946年の出来事なので、「1946年」は省く）。
●7月26日：毛沢東、習仲勲に手紙「誰か一人か二人、頼りになる者を派遣して李・王の2部隊を助けてやってほしい。汪鋒《おうほう》とかその他の人などはどうか？」
●8月10日：毛沢東、習仲勲に手紙二通。一通目「（武工隊のような）ゲリラ隊を数部隊、李《り》先念《せんねん》、王震《おうしん》が根拠地を創るために貸してやってくれ」。二通目「（国民党の）十七軍八十四師（師団）が陝南仏坪でわが王震の部隊を堰《せ》き止めている。八十四師の中に、わが党の同志または同情者がいないか調べてくれ」。それに呼応して習仲勲はすぐさまゲリラ隊と武工隊を派遣し、胡宗南部隊を牽制《けんせい》した。武工隊というのは武装工作隊のことで、敵（国民党）の占領区に潜り込んでスパイ活動やプロパガンダなどをして国民党軍を内部から潰していく部隊のことである。
●8月19日：毛沢東が習仲勲に手紙：「三つの強力な団（部隊）を準備せよ」、「迅速に辺境付近に出動させ、必要なときに瞬時に対応できるよう待機せよ」

19日夜10時、習仲勲らは戦闘準備を整え命令の発布を待ってから突撃し、敵を麻痺《まひ》させ弱体化させた。22日、習仲勲は部下に打電して9月に入ったら王震らがすぐに出動するよう指示した。なかなか眠れずにいた毛沢東は習仲勲が管轄する各地の敵軍の兵力とわが軍の防衛布陣状況に関して尋ねてきた。

23日、習仲勲が組織した南方戦線が出撃を開始し、八路軍第359旅団は迂回《うかい》して北に疾走した。習仲勲は南方戦線出撃と敵軍に対する防衛布陣を毛沢東に打電。

●8月23日、毛沢東、習仲勲に「よく分かった。布陣は実にいい。王震にはすでに伝えた」と打電してきた。
●8月24日、習仲勲は部隊に打電し、「このたびの主要な任務は王震部隊を安全に辺区に迎え入れ、追撃してくる敵を何としても排除して消滅させることにある。王震部隊が無事に通過したら、その後は敵を深追いせず、辺区に撤退すべし」と命令した。
●8月29日、第359旅団は勝利の内に警3旅団と会合した。この日、毛沢東は喜びを隠しきれず、再び習仲勲に手紙を出し、「王震部隊の主力はすでに辺区に到着した。隴東で休憩中。隴東の党政軍は歓迎と幇助《ほうじょ》を頼む」と書いた。
●9月1日：毛沢東、習仲勲に手紙「胡宗南には隴東に進攻する計画があるようだ。われわれはいかに対応すべきか、計画を立て報告するように」
●9月2日、毛沢東は習仲勲から「敵陣とわが軍の形勢と作戦案に関する報告」を受け取ると、再び習仲勲に手紙を出した。曰く「書信落手。書信にある戦略通りの作戦方針に沿って行動すべし。作戦を実行するときに必ず優秀な兵力を集中させて敵を殲滅せよ。6から7旅団を一気に集中させて敵の一旅団を必ず殲滅せよ」

これら9通の往復書簡や打電を通じて作戦を練り実行した結果、毛沢東は習仲勲を呼んで「どう行ったらいいか、謂河はどこから越えるのが一番安全か」などを聞いた。

かくして毛沢東と習仲勲の二人三脚により、国民党軍の胡宗南による延安突撃、陝甘寧辺区に向けての進攻は困難を極め、最終的には失敗に終わった（途中経過は非常に複雑で内容が膨大なので省略した）。これは中原と西北局の戦いを決する解放戦争の大きな分岐点となり、新中国誕生に対する習仲勲の貢献は計り知れない。

習仲勲は何度も毛沢東が主宰する中共中央拡大会議に出席しているが、１９４７年12月25日に開かれた中共中央拡大会議（十二月会議）は特に大きな意義を持っている。

このころの中国の人口比率を見ると、全人口の85％ほどが農民だった。したがって共産党についてくる人数を増やすには農民を味方に付けなければならない。そのため地方の地主を吊し上げて批判大会を開き、できるだけ地主に激しい罵声《ばせい》を浴びせ殴打するだけでなく、棒で殴る、石を投げるなど凶暴な暴力を振るった者が「より革命的である」として共産党側に優遇されていた。それがどんどん過激化していって中農や、極端な場合は貧農をまで批判の対象とするという現象が広がっていって「共産党は恐ろしい」あるいは「共匪」という言葉が出てきて逆効果になりつつあった。それは共産党に対する小作農の反乱まで招き、国民党がそれを利用して「共産党から離れるよう」働きかける力を強化することにつながるので、「極端な左傾化」を抑えなければならないというのが習仲勲の主たる主張であった。

おまけに当時の地主には金銭的余裕があるために知識があり、数少ない知識人であったという側面もある。地主が必ずしもすべて悪辣な搾取階級であったわけではなく、むしろ中農、貧農を含めて面倒を見ていてあげた地主たちもいた。それらを根こそぎ殺戮《さつりく》してしまうのは、新中国建設のときに人材不足に見舞われる危険性を孕《はら》んでいた。

12月会議の準備会において習仲勲はそのことに触れ、土地改革の改善も含めて延々と3時間にわたって主張した。出席者は習仲勲が言い過ぎるのではないか、毛沢東の逆鱗《げきりん》に触れるのではないかと冷や冷やしたそうだ。

すると毛沢東は徐々に自分の椅子を動かして習仲勲の真正面まで移動して食い入るように耳を傾け続け、ついに立ち上がって大声で次のように言い放ったのである。

――西北は君に任せよう！　そうすれば私も安心だ！

こうして新中国誕生への道が開けていった。

第二章

五馬進京と高崗失脚

——鄧小平の権勢欲と陰謀

本章では毛沢東《もうたくとう》に絶賛され絶大な信頼を受け、毛沢東に次ぐ権力を手にしていた高崗《こうこう》（ガオ・ガーン）が、鄧小平《とうしょうへい》や陳雲《ちんうん》の告発を受け突然糾弾され失脚した末に自殺した「高崗事件」に関して考察する。事件には疑問が多過ぎて今もなお矛盾点を突く論考や冤罪《えんざい》だとする抗議が絶えない。その「謎」を解明すべく、ここでは鄧小平と陳雲に焦点を当てて追跡し、事件の真相に迫る。

一　毛沢東の信頼で絶大な権力を握っていた高崗

「五馬」の第1位

１９４９年10月1日に新中国、すなわち中華人民共和国が誕生した。それが現在の「中国」である。毛沢東が北京、天安門の楼閣の上から高らかに「今日、中華人民共和国中国人民政府が成立した——！」と宣言したとき、習仲勲《しゅうちゅうくん》はまだ陝西省《せんせい》にいた。

国共内戦の初期においては国民党が優勢で一時延安《えんあん》を占拠したことがあったが、そのときには毛沢東はすでに延安を脱出しており、彭徳懐《ほうとくかい》（１８９８〜１９７４）が派遣されて習仲勲らとともに戦い、１９４７年4月21日には延安を奪還した。「西北局の書記は習仲勲」だったので、習仲勲は毛沢東が使っていた執務室（王家坪）で敏腕を振るっていた。

そのとき中国の統治はいくつかの新たな「地方局」によって遂行されていた。地方局のトップには書記がいて中共中央・毛沢東からの指示に基づいて動く。

地方局の配置に関しては名称から始まって区画に至るまでさまざまな変遷があったが、日中戦争が終わったあとの布陣を示すと、図表2-1のようになる。トップリーダーである「書記」の名称も、最初は「書記」一人だったのが「第一書記、第二書記、第三書記」に変わっていったりなど相当に複雑なので、何とか工夫して図表を作成してみた。それでもなお記録によってはまちまちで、必ずしも統一的情報を残しているとは限らない場合もあり、あえて「?」マークを付けたママにしてあるものもあることをお許し頂きたい。

この布陣こそが「中国」という国家を形成する基礎の一つになっており、やがて習近平《しゅうきんぺい》の「怨念《おんねん》と復讐《ふくしゅう》」の根幹にもつながっていくので、これをしっかり読み解いていきたい。

図表2-1をご覧いただければ分かるように、建国前の最終的な形で残った地方局の中で何よりも目立つのは「西北局」だ。なぜなら毛沢東が革命の根拠地としたのが陝西省延安であり、長征の終着点として選んだのが「西北革命根拠地」だったからだ。名称は当初は「中共西北中央局」だったが、1949年6月から「中共中央西北局」となっている。

そのトップに立ったのが高崗である。1941年5月から1945年10月まで書記を務めた。

日本の敗戦により満州国が崩壊すると、高崗は11月から北満軍区司令員に任命され、習仲勲が西北局書記に昇進した。高崗は1946年6月に東北局副書記に就任して、1949年3月からは東北局書記に昇進した。

何よりも注目すべきは、高崗は地方局の書記を務めながら、同時に新中国誕生前夜に「中央

リーダーの布陣(遠藤誉作成)

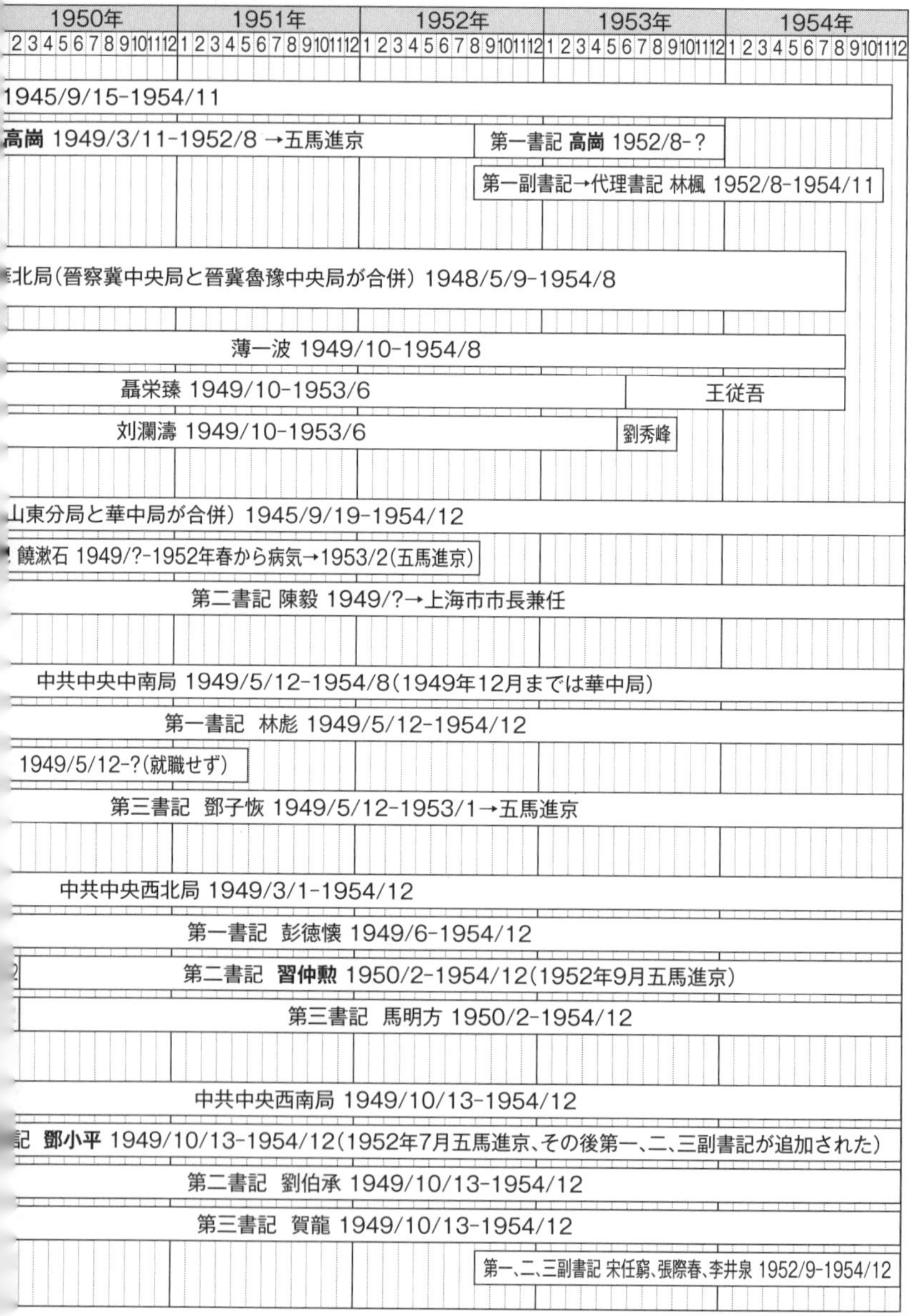
1950年
1951年
1952年
1953年
1954年
2 3 4 5 6 7 8 9 10 11 12 1 2 3 4 5 6 7 8 9 10 11 12 1 2 3 4 5 6 7 8 9 10 11 12 1 2 3 4 5 6 7 8 9 10 11 12 1 2 3 4 5 6 7 8 9 10 11 12
1945/9/15-1954/11
高崗 1949/3/11-1952/8 →五馬進京
第一書記 高崗 1952/8-？
第一副書記→代理書記 林楓 1952/8-1954/11
北局(晋察冀中央局と晋冀魯豫中央局が合併) 1948/5/9-1954/8
薄一波 1949/10-1954/8
聶栄臻 1949/10-1953/6
王従吾
刘瀾濤 1949/10-1953/6
劉秀峰
山東分局と華中局が合併) 1945/9/19-1954/12
饒漱石 1949/?-1952年春から病気→1953/2(五馬進京)
第二書記 陳毅 1949/?→上海市市長兼任
中共中央中南局 1949/5/12-1954/8(1949年12月までは華中局)
第一書記 林彪 1949/5/12-1954/12
1949/5/12-?(就職せず)
第三書記 鄧子恢 1949/5/12-1953/1→五馬進京
中共中央西北局 1949/3/1-1954/12
第一書記 彭徳懐 1949/6-1954/12
第二書記 習仲勲 1950/2-1954/12(1952年9月五馬進京)
第三書記 馬明方 1950/2-1954/12
中共中央西南局 1949/10/13-1954/12
記 鄧小平 1949/10/13-1954/12(1952年7月五馬進京、その後第一、二、三副書記が追加された)
第二書記 劉伯承 1949/10/13-1954/12
第三書記 賀龍 1949/10/13-1954/12
第一、二、三副書記 宋任窮、張際春、李井泉 1952/9-1954/12

図表2-1　建国前後の地方局

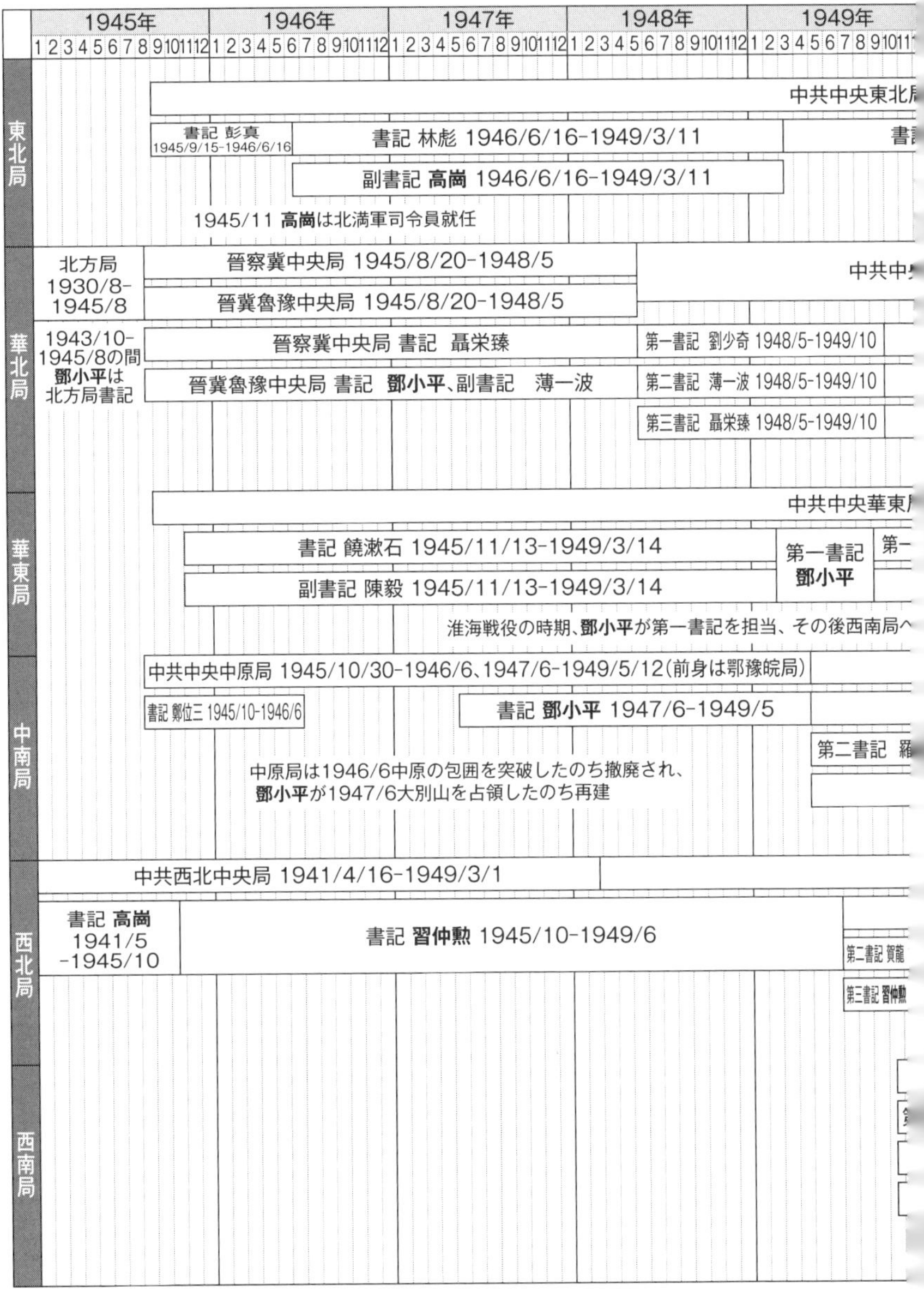

1945年
1946年
1947年
1948年
1949年
1 2 3 4 5 6 7 8 9 10 11 12
東北局
中共中央東北局
書記 彭真 1945/9/15-1946/6/16
書記 林彪 1946/6/16-1949/3/11
副書記 高崗 1946/6/16-1949/3/11
1945/11 高崗は北満軍司令員就任
華北局
北方局 1930/8-1945/8
晋察冀中央局 1945/8/20-1948/5
晋冀魯豫中央局 1945/8/20-1948/5
1943/10-1945/8の間 鄧小平は北方局書記
晋察冀中央局 書記 聶栄臻
晋冀魯豫中央局 書記 鄧小平、副書記 薄一波
第一書記 劉少奇 1948/5-1949/10
第二書記 薄一波 1948/5-1949/10
第三書記 聶栄臻 1948/5-1949/10
華東局
中共中央華東局
書記 饒漱石 1945/11/13-1949/3/14
副書記 陳毅 1945/11/13-1949/3/14
第一書記 鄧小平
淮海戦役の時期、鄧小平が第一書記を担当、その後西南局へ
中南局
中共中央中原局 1945/10/30-1946/6、1947/6-1949/5/12(前身は鄂豫皖局)
書記 鄭位三 1945/10-1946/6
書記 鄧小平 1947/6-1949/5
第二書記
中原局は1946/6中原の包囲を突破したのち撤廃され、
鄧小平が1947/6大別山を占領したのち再建
西北局
中共西北中央局 1941/4/16-1949/3/1
書記 高崗 1941/5-1945/10
書記 習仲勲 1945/10-1949/6
第二書記 賀龍
第三書記 習仲勲
西南局

人民政府副主席」になっていることである。このとき副主席は数名いたが、毛沢東主席を除けば、高崗だけは地方局の書記も兼ねた中央の副主席なので、まるで毛沢東の次の職位にあるような印象を、このときから与えていた。

「書記」の名称は時期によって異なり、習仲勲は1949年6月まで「書記」だったが、1949年6月になると延安奪還で武功を高めた彭徳懐が第一書記になり、習仲勲は第二書記になった。

ではこのとき鄧小平はどうしていただろうか？

1947年6月に中共中央中原局書記になり、野戦軍を率いて国民党軍と戦ったあと、1948年5月に中原局の第一書記に任命されている。1949年2月に中原野戦軍を第二野戦軍に改称し、1949年5月27日に上海を解放すると、中共中央は華東局を創設し、鄧小平が第一書記に任命された。

1949年10月1日に新中国建国が宣言されたあとも南の方ではまだ国民党軍の残存勢力があったので1949年10月13日になって、新たに「中共中央西南局」を創建し、鄧小平はそちらに移って第一書記に就任した。

こうした地方局の布陣の中で、地方分散的な大行政区に「建国の将」たちを配置しておくと北京・中央での業務効率あるいは中央の指導力が落ちると毛沢東は考えて、1952年、「5人の将」を北京に呼んだ。

これを「**五馬進京**」と称する。「五馬」は「5人の将」の意味で「進京」は「北京に入った」

という意味だ。またの名を「五馬進京、一馬当先」とも称する。この「一馬」こそは高崗のことで、進京後、凄《すさ》まじい勢いで出世していく。それが「高崗事件」を招く原因となる。

1952年7月、劉少奇《りゅうしょうき》（中央人民政府副主席）は「党中央の業務機構を強化することに関する意見」という批准書を受けて、関連する各地方局の書記に上京するように知らせを出した。その「五馬」の名前と「進京」の時期を図表の順番に沿って以下に記す。

- 高崗（東北局）：1952年10月8日（47歳）
  （1949年9月30日に中央人民政府副主席）
- 饒漱石《じょうそうせき》（華東局）：1953年2月（49歳）
- 鄧子恢《とうしかい》（中南局）：1953年1月（56歳）
- 習仲勲（西北局）：1952年9月（38歳）
- 鄧小平（西南局）：1952年7月（47歳）

このように「五馬」のうち、地方局の書記でありながら新中国誕生前夜に中央人民政府の副主席に就任している人物は高崗だけである。そのことがまず目立つ。

鄧小平と周恩来の関係

次に目立つのは、中央の呼びかけにすぐに応じて一番早く北京入りしたのが鄧小平だということである。鄧小平だけは「二つ返事」で中央の要請に応じたという記録がある。なぜなら「その代わりにあなたには政務院副総理の職位をあげる」と中央は鄧小平に通知したからだ。

その言葉に食らいつくようにすぐさま北京に向かったという。7月13日に劉少奇からの通知を受けて、7月末には一家全員で北京に引っ越してきている。それくらい「一刻も早く中央で出世したかった」ということができるが、ここにはもう少し深い事情が潜んでいる。

実は周恩来《しゅうおんらい》総理（1898年3月〜1976年1月）と鄧小平はフランス留学時代（1922年）から非常に仲が良い。異郷の地パリで5歳ほど年上の周恩来を鄧小平は兄のように慕っていた。周恩来は鄧小平の能力をそのころからすでに高く評価していた。

しかし毛沢東は鄧小平を警戒していた。そもそも劉少奇と同じようにモスクワの中山《ちゅうざん》大学で学んだ、毛沢東が最も嫌う留学エリート層であり、しかもモスクワだ。そこで信頼はしていないもののギリギリ周恩来は殺さずにいて、その事務能力を毛沢東の傍で発揮してもらっていたのだが、鄧小平に関しては心を許していなかった。そこで周恩来は鄧小平を中央に呼ぶために一計を案じている。

ちょうど毛沢東が五馬進京構想を練っていたときに、周恩来はソ連を訪問して五カ年計画を前に進めるための交渉をしなければならない状態になり、このモスクワ訪問に当たって周恩来は陳雲（政務院副総理）を同行させることにした。他の同行者は李富春《りふしゅん》（当時、中央人民政府政務院政務委員、財政経済委員会副主任兼工業部部長）、張聞天《ちょうぶんてん》（当時、ソ連大使）、粟裕《ぞくゆう》（当時、人民革命軍事委員会副総参謀長）などだ。周恩来は留守中の国務が希薄になるとして、「五馬進京」で北京入りすることになっていた鄧小平を政務院副総理にして、早めに北京入りしてもらってはどうかと毛沢東に打診したのだ。どっちみち五馬進京の中に鄧小平の名前はあるので、毛沢東は「渋々ながら」承諾した。

というのは、毛沢東は高崗をもっと上の職位に就けようと狙っていたので、好きではない鄧小平の昇進に反対するわけにもいかない事情があった。高崗の昇進を全員に承諾させるには、ここでは周恩来に譲歩しておいた方が得策になる。

それを知っている周恩来は、毛沢東の弱みに乗じて、もう一歩先に進んだ要求を毛沢東に突き付けている。それはすなわち、ただ単に鄧小平を副総理に据えるだけでなく、周恩来一行が訪ソしている間だけではあるが、なんと、鄧小平を「総理代理」に暫定的に就けたいと毛沢東に申し出たのである。

ソ連訪問日程は1952年8月17日から9月24日までなので、その1カ月強の期間内だけの「総理代理」だ。それでも「総理代理」になるということは、周恩来に何かあったときに「総理」になるということを意味し、「次の総理候補はお前だ」というシグナルを発したに等しい。

だというのに、ともかく高崗を中央で昇進させたいということばかりに気を奪われていた毛沢東は、周恩来の申し出を承諾してしまうのである。

それを見越した上でこのタイミングを狙ったとすれば、周恩来もまた相当なものではないか。しかし、その周恩来でさえ、よもやこの「総理代理」が鄧小平の限りない野心を刺激し、中国の歴史をとんでもない方向に歪めていくとは思ってもみなかったにちがいない。1952年8月7日に鄧小平は副総理に正式に選ばれている。

建国当初は「新民主主義体制」

政務院は1949年10月1日に中央人民政府委員会第一回会議を開催して、周恩来を「中央人民政府政務院総理」に選出し、10月19日に第三回会議を開催して「董必武《とうひつぶ》、陳雲、郭沫若《かくまつじゃく》、黄炎培《こうえんばい》」の4人を副総理に選出している。しかし郭沫若は文学者なので教育や文化を担当し、黄炎培などは中国共産党員ではなく民主党派の一つである中国民主建国会中央委員会の主任だ。したがって、この二人に「総理代理」を頼んで国の運営を委託するわけにはいかない。また董必武（1886～1975）は第一回党大会に代表として出席しており、中国共産党の創設者の一人だ。彼の場合は資格があり過ぎて、副総理にしただけでも何とも格好がつかないのだが、彼は日本留学者で（法政大学）、毛沢東が嫌うソ連留学のエリート層とは違う。その意味では郭沫若も日本留学者で、九州（帝国）大学で医学を学んでいる。副総理の中に二人も日本留学者がいて、おまけに非共産党員までいるというのは何とも興味深いことだ。

そのような中、なぜ陳雲が副総理に選ばれているかというと、少々複雑な事情がある。彼は家が貧乏だったので高等小学校しか出ておらず、上海の商務印書館の学徒や店員になったりしている。しかし1935年10月、35歳になってから11人の中共代表の一人としてモスクワに行きレーニン学校で政治経済と英語を学んだ。このときソ連の経済学者たちと衣食をともにし、いつでも質問していいような形式を取り、政治経済に関して相当な知識を付けた。それもあり、帰国後に延安では西北経済弁事処の副主任になったり、陝甘寧辺区《せんかんねいへん》の財政活動に従事したりしている。新中国誕生後の経済発展を保証しなければならないので、副総理を担当するとともに財政経済委員会主任を務めていたわけだ。

片や「主席」や「副主席」は国家を統治する最高権威を持っている職位で、1949年9月30日に第一回の政治協商会議が開かれて、「毛沢東が主席」に選出され、「朱徳《しゅとく》、劉少奇、宋慶齢《そうけいれい》、李済深《りさいしん》、張瀾《ちょうらん》、高崗」が副主席に選出された。

この内、宋慶齢（1893〜1981年。孫文夫人）、李済深（1885〜1959年。元黄埔軍校副校長、元国民党軍将軍。中国国民党革命委員会創設者）、張瀾（1872〜1955年。民主主義革命家、教育者、中国民主同盟の創設者）などは中国共産党員ではない。

というのは、毛沢東が建国当初に掲げていたのは「社会主義体制」ではなく、「新民主主義体制」だったからだ。なぜなら毛沢東は国共内戦時代、中華民国が国民党による一党支配体制であることを強く非難し、「多党制」であるべきで、それが「民主主義」というものだと蔣介石を非難してきた。中国共産党を「野党」として、国家を司る政党の中の一つに入れろと要求していたのである。その要求が通らなかったので、現在ある「中華民国の国民政府を倒す」という意味で、「国共内戦」を「革命戦争（政権を転覆させる戦争）」と位置付けた。

そのため建国当初は「新民主主義」を掲げて、非共産党員も含めた「連合政府」を形成していたのである。つまり、「中国共産党による一党支配体制」ではなかった。これが「社会主義体制」に移行し、中国共産党による一党支配体制へと移行するのは、のちに述べる朝鮮戦争が起きたからである。アメリカという西洋的民主主義に対抗して、やはりソ連と同じような社会主義体制でなければ国家が揺らぐと考えたのだ。

新中国が誕生したときの暫定憲法とみなされた「政治協商会議共同綱領」（１９４９年）にも新中国の体制は「新民主主義体制」と明記されているが、それも朝鮮戦争以降に制定された憲法では消えていく。

毛沢東が建国当初に「新民主主義体制」を採用したのには、別の深刻な事情もあった。

中国共産党は農民を中心に発展してきた党で、国共内戦のときに土地革命などで多くの知識人が惨殺されていたから人材がいなかったし、また中国共産党は非常に貧乏で国民党統治時代の民族資本家を重視しなければならなかったという背景もある。そのため新中国建国時には、現在の全国政治協商会議に相当する政治協商会議だけがあり、そこには元国民党系列だが共産党に心酔し協力的である「愛国人士」たちを集めた機構を創設したのである。まだ現在の国会に相当する全国人民代表会議（全人代）は存在していない。

建国に貢献した革命活動家はほかにも大勢いるが、毛沢東は彼らがいつかは自分に反逆して政権を奪取するかもしれないという警戒心から、あまり昇進させていない。ところが、朝鮮戦争参戦により、それまで存在を許していた元国民党系の残存勢力がうごめき始めた。解放戦争（＝革命戦争）は終わったばかりで、台湾に逃げた国民党が統治する「中華民国」の勢いはまだ意気盛んで大陸奪還を豪語していた。その危険性を察知した毛沢東は、第二章で述べるように中国共産党員以外を含める多党制政府を廃止し、中国共産党による一党支配体制を軸とする「社会主義体制」へと変換していくことになるのである。

五馬進京のときの鄧小平に話を戻すと、当時の政務院は現在の国務院よりも権限が小さかったものの、それでも政務院副総理になれるというのは鄧小平にとって大きな魅力だったにちがいないし、ましてや総理代理などということは夢にも思っていなかっただろう。ようやく中央に近づけただけでなく、ひょっとしたら国家のトップリーダーの後継者の隊列に並べるかもしれないのだ。高崗を倒すチャンスを狙っていたとしても不自然ではない。

中央への出世を嫌がった習仲勲や高崗

さて残りの五馬に関して見てみると、最年少の習仲勲は鄧小平の次に進京している。このとき妻の斉心（チーシン）が習近平を懐妊し、北京はその当時「北平《ベイピン》」と呼ばれていたので、「いよいよ北平に近づいた」という意味で「近平」と名付けられた。生まれたのは１９５３年６月だ。習仲勲は進京後、中国人民政府宣伝部長に任命されるが、実は中央に行くことを躊《ちゅう》躇《ちょ》している。習仲勲の物語は次節で詳述するので、ここでは省く。

最年長の鄧子恢も中央に行くのを嫌がった。だから翌年になってようやく進京している。地方の農業政策に長《た》けていたので、中央でも農村工作部の部長に任命された。

最も遅れて進京したのは饒漱石だ。

彼は１９５２年春に激しい顔面痙攣《けいれん》という病気に罹っており、北京で治療に当たっていた。当時、三反《さんはん》五反《ごはん》運動*が進行しており、中央から「進京せよ」という命令が来たときには、「ひょっとしたら自分は取り調べを受けるのではないか」と不安になったと記録にある。のちの楊《よう》尚昆《しょうこん》による回顧によれば、5月のある日の真夜中に饒漱石はすでに眠っていた毛沢東に連絡して無理矢理に面会して3時間にわたって話をしたことがあるという。精神失調状態にあったのではないかと言われている。1952年秋には劉少奇のお供でソ連に行きソビエト共産党第十九回党大会に出席したりなどしているので、結果的に最後に進京した一人になった。

このように進京時期が遅くなった一人に高崗がいる。劉少奇から「進京せよ」という通知が来てから2カ月遅れの10月になってようやく東北局を離れた。

遅くなったのは、実は**高崗もまた「中央に行くのを嫌がった」**からなのである。

高崗が中央に行くのを渋った理由にはいくつかある。

一つは東北局書記の仕事が面白くてならなかったので東北局を離れたくなかったという理由を挙げることができる。東北局の書記であるだけでなく中央人民政府の副主席の職位や東北人民政府主席および東北軍区司令員の肩書まで持っているので、その権勢たるや凄まじかった。

おまけに仕事の内容が面白くてならない。

なんと言っても東北には「元満州国」に日本が残していった鉄路や発電などのインフラ、あるいは重工業を中心とした工業資産や金融機構なども豊富なので、経済建設が実行しやすかった。建国当初はソ連の援助もあったので、資金も技術も潤沢にあり、高崗が実行したことがそのまま中央に対する「模範」となって、毛沢東や周恩来が全国に「高崗の実績に学べ」と指示を出してくれる。

こんな痛快な毎日はなかった。寝る時間も惜しんで必死で業務を遂行した。

二つ目の理由は学歴が低いことによる中央へのコンプレックスだ。陝西省の極貧農家に生まれ、貧乏であったが故に学歴がひどく低いのだ。おまけに1922年、17歳のときに初めて小学校に上がったものの、すぐに革命活動に刺激を受けて没頭し始めたために除籍になっている。のちに楡林《ゆりん》中学校の校長に拾われてその中学で勉学してもいいよと言われたが、1926年に中国共産党に入党。以来革命活動にひたすら邁進《まいしん》してきた。北京などという都会の中心で、しかも「中央の指導層」がいるところに行って仕事をするなど自信がないし、自分には似合わない。高崗は中央に行くことを躊躇していた。

そんなことで遅々として返事を出さずにいると、毛沢東から3回にもわたって「早く北京に来てくれ！」という催促を受けた。

毛沢東がそのとき最も気に入っていた人物は高崗だった。すべての指導層の中で最も高崗が気に入り、期待していた。田舎生まれの高崗の、やや粗雑ながらも大胆なところも好きだったし、学歴が低いというのも大いに気に入っていた。それに高崗は何でもストレートに物を言い、開けっぴろげで朗らかだった。そういう、エリート然としてないところも気に入っていたようだ。

ようやく高崗が「分かりました。では行きます」と回答したのは2カ月後の10月で、高崗が

＊1951年末から52年にかけて、中国共産党の指導のもとに行われた社会改革運動。三反とは国家公務員の汚職・浪費・官僚主義に反対することで、五反とは資本家の贈賄、脱税、国家資財の窃取、手間抜きと材料のごまかし、国家の経済情報の窃取に反対することをいう。

「進京」するのを知ると、毛沢東はわざわざ迎えのための使者まで出したというから、その意気込みようが窺《うかが》われる。

北京で高崗に会った毛沢東の喜びは尋常ではなかった。

すぐさま（11月15日には）「中央人民政府・国家計画委員会」を設立させ、高崗をその主席に任命した。そしてそんなに東北の仕事に未練があるのならと、「東北行政委員会主席」のポジションも残してあげたのである。

というのは当時のソ連からの援助を得て始める最初の五カ年計画は、まさにソ連に隣接する「元満州国」の生産体制の遺産や東北の資源をそのまま受け継ぐので、東北と関係しながら中央で最初の五カ年計画を練るのは悪くないという側面もあった。

そもそも毛沢東が建国後初めてスターリンに会うためにソ連を訪問したとき、スターリンは毛沢東をモスクワ郊外に2カ月近くも待たせるという失礼なことをしている。

毛沢東は1947年から何度もソ連を訪問してスターリンに会いたいと言ったが、スターリンは「何の代表として会いに来るのか、国際社会に対する名目が立たない」などとさまざまな理由を付けて毛沢東に会おうとはしなかった。スターリンは一つには「農民を中心とした革命など成功するはずがない」と毛沢東を蔑《さげす》んできたのと、もう一つには「世界に二人のスターリンは要らない」として毛沢東の成功を必ずしも歓迎してはいなかったという気持ちを持っていたからだ。

だから新中国が誕生すると非常に驚き、10月2日には「中華人民共和国」を国家として承認したのだが、それでも毛沢東のモスクワ訪問を歓迎しなかった。ソ連の国家承認を得て大喜びした毛沢東は、さあ、今度こそは自分のモスクワ訪問とスターリンとの会談を歓迎するだろうと、すぐさまモスクワに連絡した。中央の指導層の中でモスクワに行ったことがない（そもそも海外に行ったことがない）のは毛沢東一人だ。それもあり、今度こそはと勇んで中ソ首脳会談を申し出たが、歓迎するような返事はすぐには来なかった。

せめてスターリンの誕生日（12月18日だが記録では毛沢東は12月21日と認識）までには祝賀の意味を込めてお会いしたいと頼んだところ、ようやく訪ソしても良いという返事が来た。

舞い上がるほど大喜びした毛沢東は、妻の江青《こうせい》（山東省生まれ）の言うことを聞いたせいだろうか、「スターリン大元帥」へのお土産に、なんと、山東省特産の「芯が黄色い白菜、中が真っ赤な大根、太いネギ、大きな梨」などを2万斤（約10トン）も揃えて列車に積みモスクワへと向かったのである。だというのに郊外に2カ月間も据え置かれた上に用意された別荘の地下には盗聴器が仕込んであったことを知った。野菜は傷んでしまうし、不機嫌になった毛沢東は「私には三つの義務がある！　一つ、飯を食うこと！　二つ、寝ること！　三つ、排泄すること！」と革命根拠地の「義務」を用いて自嘲し、忍耐の限界を超えていた。

このような屈辱的な目に遭いながらも、１９５０年2月14日にようやく「中ソ友好同盟互助条約」を結ぶことができた。

条約では、中国にとって初めての「五カ年計画」を実施するためにソ連は１９５０年に50項目の事業に関して技術と資金を提供することが約束されている。その中の一つを例にとるなら、たとえば中国に「近代的な貨物用自動車工場を設置する」ことなどがある。その場所を選定するに当たり、ソ連から当該工場まで物資が運びやすいように「長春《ちょうしゅん》」を選んでいる。なぜなら長春南站《なんたん》（站＝駅）は、中長鉄路（元東清鉄路）を南北に貫く拠点の一つで、ソ連から物資を運ぶのに便利だからだ。

そもそも「中ソ友好同盟互助条約」を結んだときに、同時に「長春鉄路、旅順および大連に関する中ソ協定」を締結している。不凍港を求めて日露戦争まで起こしたソ連（ロシア）としては東北の不凍港確保は絶対だったし、長春鉄路は不可欠の、「元満州国」の「満鉄」が残した大きな遺産だったのである。

こうしてのちに出来上がったのが「第一汽車（自動車）」である。

当時の政務院財経（財政経済）委員会は中央行政省庁の一つであった重工業部などと連携しながら日夜会議を開いていた。より実りのある会議とするには東北局に現状を教えてもらい、意見も聞かなければならない。だから、五カ年計画の実態と手触りを実感している東北局書記に中央に来てもらい国家計画委員会で全体をまとめてもらう方がいいのである。毛沢東はじりじりしながら高崗の到来を待っていたのだ。

この国家計画委員会のスケールがまたすごい。

政務院財経委員会や重工業部、第一機械工業部など13の中央行政省庁をすべて国家計画委員会の管轄下に置いたのである。

まさに国家経済を動かすためのすべての政府機能を国家計画委員会に持たせたのだから、その主席である高崗の権威は否応もなく高まっていく。

中央関係者はは高崗が管轄する国家計画委員会を「経済内閣」と称した。

高崗は東北局で使っていた7000人から成るチームを5000人に減らして、残り2000人のスタッフを中央および指示を出す地方各地に分散させて国家計画委員会の法案に沿って地方が（ということは全国が）動きやすい体制まで創り上げていた。

注目すべきは国家計画委員会の委員の中に陳雲や鄧小平といった政務院副総理が入っていたということである。高崗が委員会主席で、彼らは単なる「委員」として高崗の指示の下にいたのである。

周恩来は本来、経済や外交などを指揮していたが、経済に関してはすべて高崗の指揮下に入ったので、やることがなくなり、もっぱら外交ばかりをやるようになっていた。劉少奇にしても、いたとしても特に役には立っていないという状況だった。

毛沢東はそんな高崗を、スターリンへの恨みを晴らしてくれる存在として頼もしく思っていたのだろう。高崗の住居を毛沢東のすぐ近くに移させて、いつでも会えるように工夫したり、何かと言えば高崗に相談したり意見を求めたりしていた。そのせいもあってか、二人の仲はますます緊密になっていくのである。

高崗の秘書が回想録で真相を暴露

結果、毛沢東は高崗に心の内を打ち明けるようになった。

中国の記録では二人の間の会話を「私房話《スーファンホワ》」と書いているが、これは「誰もいない二人だけの部屋で、こっそり話す内緒話」のようなニュアンスだ。

では毛沢東は、どのような「私房話」を高崗にしたのだろうか。

ここは慎重に追跡していかないと、証拠能力を失うので、高崗の秘書だった趙《ちょう》家《か》梁《りょう》が香港の大風出版社から２００８年７月に出版した『半截墓碑下的往事　高崗在北京』（半壊の墓標の下での出来事　北京における高崗）という記録（以下「趙の記録」）に基づいて事実関係を追っていきたい。この「半壊の墓標」というのは、実は文革のときに高崗の墓標が縦に真っ二つに斬《き》られる形で壊されたことがあるため、中国語で「半截」という文字を用いたものと思われる。「截」という文字は「細長いものを縦に断ち切る」ときに用いることが多い。

趙家梁は10年の月日をかけて当時の資料とも照らし合わせながら、自分の目の前で起きていたことすべてを「一文字も間違いのないように」調査に調査を重ねて書き綴《つづ》っている。ただ、全体を読み終えて感じるのは「鄧小平への忖度《そんたく》」がにじみ出ているということだ。たしかに書いた出来事自体に間違いはないが、目立つのは「書いていないことが多い」ということである。鄧小平に関する事実を避けて描いている。最後には「鄧小平が言っていたことは正しい」とまで書いてあり（出版社が加筆したのかもしれない）、となると「背骨」として因果関係の整合性が見出せない側面がある。

10年の月日を費やして書き２００８年に出版したということは、「鄧小平の死」（１９９７年２月）を待ってから執筆にとりかかったということが考えられる。残念ながら出版される１年前の2007年9月に作者の趙家梁は亡くなっているので、1997年から2007年まで、ちょうど10年をかけたことになる。

毛沢東が他界してからの鄧小平の権勢は尋常ではなかったので、「実は裏で動いていたのは鄧小平で、鄧小平の陰謀によって高崗は自殺に追いやられた」というような事実を書く勇気はなかっただろうし、また、たとえ香港で出版されたとしても、香港は1997年7月1日には中国に返還されていたので、鄧小平の真実を暴くような内容が入っていたら出版は許されなかっただろうことが考えられる。作者の趙家梁は本が出版される一年前に亡くなっているので、最終的には出版社判断だったのかもしれない。

だから鄧小平に関しては「事実に触れない」という回避を試み「嘘は書かなかった」という結果で抑えておきたかったものと推測される。それでも「真相」が見えてくる。

ここではまず、「趙の記録」に沿って、実にリアルに描かれている陳雲との関係における事実を追って行こう。陳雲の言動を詳細に考察することは鄧小平の行動を分析する前提条件として不可欠の要素だ。鄧小平に関しては私自身が拾い出したファクトから、陳雲の分析の後に推論を構築する。

「趙の記録」によれば、毛沢東は高崗に、たとえば以下のような言葉を囁《ささや》いていたという。

「少奇」というのは「劉少奇」のことで、中国では親しくなると「苗字」を省いて「名」だけで呼び合う習慣がある。

――北京に来て以降、劉少奇は何も仕事をやってないよな。あれは役立たずだ……。

――少奇は白区（国民党の支配区）で仕事をしたことがあっても、革命根拠地を建設する仕事をした経験はない。

――少奇は軍隊をやった経験がないんだよね。だから軍隊は彼の言うことなんか聞きやしないさ。つまり全局面を掌握することは彼にはできないってことだ。

――少奇は右に左にと揺れているんだよ。安定的じゃないね……。

さらに毛沢東は、「劉少奇は毛沢東の確認を得ないまま文書を発布する」という不満も漏らしていた。

1953年中旬、高崗は毛沢東がそのことで激怒している場面に遭遇したことがある。またもや劉少奇と楊尚昆が、毛沢東が閲覧してない文書を、毛沢東の承諾なしに発布したのを発見したと、毛沢東は天地を震わすような激しい怒声を発して激怒した。こんな怒号は聞いたこともなかった。5月になると再び同様のことが起き、毛沢東はついに「これは紀律違反だ！」と叫んで「昨年8月から今年5月5日までに発布した中央と軍事委員会名義の文書をすべて提出しろ！」と劉少奇らに命令した。

こんな場面を目撃していた高崗は、「自分が尊敬する、あの偉大な毛沢東が劉少奇らによって骨抜きにされようとしている」と危機感を覚えて、何としても毛沢東を守るために行動しなければならないと自分に言い聞かせたのだった。

ソ連のスターリンが1953年3月5日には亡くなっている。私はそのとき天津の小学校に通っていたが、全中国が逝去を悼み、小学校でも講堂で哀悼集会が開かれた。クラスの担任は拳を振り上げて「斯大林万岁（スターリン、バンザ――イ）！」と叫んだあと、わざとらしく大声を出して号泣した。

このように中国ではスターリンの死は「巨星落つ」という感じで受け止められていた。毛沢東は「ソ連訪問と同時にスターリンに大歓迎され、モスクワ到着と同時にスターリンと会談し、スターリンは中華人民共和国の誕生を熱烈に歓迎し絶賛した」と報道されていた。今でも中国共産党の新聞網の一部にはそのような記述が残っている。

それくらいだったので、「スターリンの死」は全中国に衝撃を与えていた。

中共中央ではなおさらだっただろう。

誰の頭の中にも「もし毛沢東が急逝したら……？」という思いがよぎっていたのは否定できない。「後継者を誰にするか」という問題が頭の中をかすめた。

それは趙の記録にも詳細に書いてある。

それによれば、1953年の春から夏にかけて、毛沢東は高崗に「絶密任務（極秘命令）」を出した。

――1920年代、劉少奇が瀋陽《しんよう》（当時の奉天《ほうてん》）で国民党側に逮捕されたときの自供資料を探し出してきてほしい。

という命令だった。命令を受けた高崗は、毛沢東は本気で劉少奇を後継者候補から外そうと考えていると判断し、また自分を普通ではなく信頼してくれていると感動した。

ここからの高崗の言動が危ない。

なんと、この「絶対的な極秘命令」を、高崗はすぐに陳雲に話して相談してしまうのである。というのは、年齢的には二人とも1905年生まれだが、高崗は陳雲を「聖人」と呼ぶほど尊敬し、この上なく信頼していたからだ。

陳雲と高崗の関係は延安時代まで遡《さかのぼ》り、1938年春、高崗が陝甘寧辺区党委員会書記になっていたとき、陳雲は中央の組織部部長として高崗を助けてくれた。またのちには陳雲は西北財経弁公室の副主任として高崗を助け、東北局に移ったのちも陳雲は北満分局書記あるいは東北局の副書記として高崗を支えてくれた。

高崗は陳雲を「腹を割って何でも相談できる無二の親友」と位置付けていたのである。

中国の政治構造は複雑で、中央人民政府（政務院など）の上に中国共産党がいることは、このときから変わっておらず、中央人民政府に「主席と副主席」がおり、政務院に「総理と副総理」がいた以外に、中共中央には「中共中央書記処」というのがあって、1945年6月19日の中国共産党第七回大会一中全会で毛沢東が主席となり、「朱徳、劉少奇、周恩来、任弼時《じんひつじ》（1950年10月まで）」が書記に選ばれた。しかし1950年に任弼時は疲労がたたって急死したので（46歳）、代わりに陳雲が書記になっている（1950年10月から）。陳雲はその意味で高崗とは別系列の党の要職に就いていた。

趙の記録によれば、陳雲は高崗から相談を受けると、次のように言った。

「これは普通ではない重要な話だ。結論を急がずに、ともかく調査結果を待ってからにしよう。結果が出るまでは、絶対に軽々しく他言してはならないよ」

そして以下のような会話が陳雲と高崗の間に成された。

陳雲：総書記を置くのは良くないよ。もし（中共中央に）複数の副主席を置くというのなら悪くない。たとえばさ、**「你一个、我一个」**（あなたが一つ、私が一つ）というようにして、みんな参加すればいいじゃないか。

高崗：（腿を叩いて）おお！　それはいい！　実にいいアイディアだ！　そうすれば、彼らは毛沢東を骨抜きにできなくなる！

（記録説明文：劉少奇の敵陣での供述ファイル捜査に話が及んだとき、二人は「劉少奇は政治的に不安定で中央で舵《かじ》を取ることはできない（任せられない）。今、現に毛沢東に疑いをかけられているわけだし、劉少奇が後継者になるのは不適切だ」ということで意見が一致した。）

陳雲：思うに、毛主席が後継者の問題を考えているのは党と国家の前途に関わる重大な事柄で、主席の心を悩ませている問題でもある。しかし、だからといって主席自らが言い出すわけにもいかないだろうから、われわれ周囲の者が今、彼に代わって問題解決をするための努力をしなければならない。

　ならば、いったい誰が先にこれに手を着けるかだ。

（記録説明文：陳雲と高崗二人はこの任に当たれる何名かの候補者を挙げて論議した。「朱徳は徳が高く理想的だが、何と言っても年齢が高すぎる。林彪《りんぴょう》はまだ若くて賛同者を集める力もあるのでいいのだが、何と言っても彼は病勝ちだ。抗美援朝（朝鮮戦争時の中国人民志願軍の指揮）でさえ避けてしまった」と陳雲は言った。）

ほかに誰がいると思うかい？

高崗：陳雲同志、まさにあなたがトップに躍り出ることこそが一番適切じゃないのか？

陳雲：（手を横に振って遮り）いやいや、私なんかダメだよ。あなたの方が私よりいいよ。あなたの資本（資格）は私よりも大きい。あなたには陝甘寧があり、何よりも毛沢東からの信任が厚い。毛沢東はあんなにあなたに肩入れしてるじゃないか。あなたは軍隊でも地方でもあれだけ活躍してきたから、彼ら（軍隊と地方）の支持を得ることができる。あなたがトップに躍り出るのが一番良いと思う。何を怖がってるんだい？

（記録説明文：高崗はうつむいて黙ってしまった。）

あなたが先にやったらどうですか？　毛主席にはまだ言わないで。うまくいったら、それから（毛主席に）報告したのでも遅くはない。そのときが来て大旗が倒れたなら（劉少奇が倒れたなら）、あなたが造反しなくても、私が先に造反するよ。

「趙の記録」では、これは1953年の財政会議（6月13日から8月13日）前までの会話である。その後さまざまな経緯があるが、途中を省略して、次に起きた大きな事象を分析することにする。

二　鄧小平が仕組んだ「高崗事件」と高崗自殺

鄧小平と陳雲の共謀

おそらく時期的には11月の後半だと思われるが、毛沢東は高崗に「私はちょっと南方に休養に出かけようと思うが、私のいない間の会議は、（劉）少奇が主宰するのが良いか、それともローテーションで主宰するのが良いか、考えてみてくれないか？　何なら何人かの人に当たってみて意見を聞き、下準備をしておいてくれ」と頼んだ。

そこで高崗は、すぐさま陳雲に相談した。

すると陳雲は「これまでの習慣に従えば、（毛）主席が病気になったり外出したりしていたときには少奇が中央の仕事を主席の代わりにやっていたけど、このたび主席がローテーションということを言い出したのには、何か考えがあってのことなんじゃないだろうか？」と答えた。

そこで高崗は「まさに、そこなんだよ！　主席はすでに少奇のことを信用していない。なんで少奇に主宰させることなどあり得ようか！」と言い放った。

陳雲はしばらく考えてから、次のように言った。

――思うに、ローテーションの方がいいかな……。

こうして運命の日の1953年12月15日がやってきた。

中共中央は小会議（中共中央書記処拡大会議）を開き、この問題に関して討議し合った。まず毛沢東が言った。

——今日の議題は一つだけだ。私はちょっと北京を離れて、しばらくの間休養を取りたい。その間、中央の仕事は少奇同志が主宰するのが良いか、それとも（中共中央）書記処の何人かの同志がローテーションで行うのが良いか、みんなの意見を聞きたい。

すると臨席者から以下のような意見が次々と出された。

周恩来：これまでの習慣に従えば、主席が北京にいないときは、いつも少奇同志がすべての仕事をし切っていた。だから今回も当然、少奇同志が主宰するのがいいでしょう。

劉少奇：いやいや、とんでもない。やっぱりローテーションがいいですよ。

高　崗：私もローテーションに賛成です。ローテーションの方が良いかと。

鄧小平&陳雲：劉少奇が主宰すべき（と表明）。

朱徳&林伯渠《りんはくきょ》&饒漱石：ローテーションが良い（と表明）。

毛沢東：この件に関して今日は結論を出すのを見合わせ、以後再度討議することとする。

「趙の記録」によれば、その後起きた事象は以下のことだけである。

【1】趙の記録

散会後、参会者が会議室から出てきて、三々五々、この問題に関して引き続き互いに喋《しゃべ》りながら駐車場に向かった。高崗は鄧小平に近づいて、「少奇は政治的立場において不安定なので、中央の仕事を彼が主宰していくのは適切だと思わない。やっぱりローテーションが良いのではないか」と話しかけた。また高崗は「周恩来は劉少奇よりも安定的に政策を把握している」とも言った。

すると鄧小平は「少奇の地位は歴史が形成したもので、少奇がやるべきだ」と反駁《はんばく》した。

高崗は陳雲に関しては激怒し、陳雲の車に乗って陳雲の家まで行き、「なぜ私にはローテーションが良いと言いながら、会議では劉少奇が主宰するのが良いと言ったのか！」と激しく責め上げたが、高崗が一方的に怒るだけで、険悪な中、高崗は陳雲の家を引き揚げた。

しかし事態はまったく違う方向に歪められていった。

ここで見落としてならないのは、高崗が陳雲に対して激怒している場面を、駐車場に向かう途中で鄧小平は見ているということだ。

鄧小平はほどなく毛沢東に会い、高崗がいかに「非組織的活動（反党行為）」をしているかを説明するため、以下のように報告した。これは多くの公的記録に書かれており、また第三者の立場で書かれているものが多いため鄧小平のことを「私」と書かずに「鄧小平」と書く。以下は「反高饒闘争中の鄧小平」（宋鳳英著、雑誌『世紀風彩』、2008年第1期）から引用した。なお、「部長」とは「大臣」のことである（当時はソ連に倣ってソビエト連邦閣僚会議のようなものを設置しようとしていた）。

【2】中国共産党新聞

高崗は鄧小平に「部長会議を設立するとすれば誰がやると良いと思うか？」と聞いてきた。そこで鄧小平は困り、「このような重大な人事問題は気軽に討議すべきでない」と答えた。すると高崗が「私たち二人だけではないか。ドアを閉めて二人だけで腹を割って自由に意見交換しようよ」と鄧小平に誘いかけてきた。そこで鄧小平は「部長会議というのは政務院と同じなので周恩来総理がいるじゃないか」と答えた。（中略）

高崗は喋りまくり、「私は（中共中央に）総書記を設けることには反対だ。党の主席（毛沢東）がいるのに、さらに総書記を置いたら共産党は二つのトップを持つことになってしまう。私は副主席を何人か設けることに賛成する」と主張した。

（続けて高崗は、いかに劉少奇には資格がないかを主張しまくり、いかに鄧小平を「反党活動」に誘い込んだかを鄧小平は毛沢東に報告した。中略。）

原則的な問題で鄧小平は一歩も譲らなかった。鄧小平は「少奇同志の党内における地位は歴史が形成したものだ。一年や二年で形成されたものではない。このような歴史が形成した地位を変えるべきではない。それは不適切だ」と高崗に対して主張した。

鄧小平のこの「報告」を聞いて、毛沢東は**「陳雲も非組織的活動だとして、同様の報告をしてきた」**と鄧小平に告げた。

実際は【1】に書いてあることしか起きていないのに、それを鄧小平は【2】のように「粉飾」しているのである。これは「捏造」と言ってもいいだろう。

気になるのは【1】と【2】の事実が異なるのに、**「鄧小平と陳雲の密告内容が一致している」**ことだ。違う事実から、二人が個別に同じような内容を偶然「創り上げる」ことは困難だと言っていいだろう。

となると、二人はどこかで打ち合わせたことが考えられる。それも二人とも秘書や護衛の者がいるので、実際に対面で会ったのでは必ず証拠が残る。したがって電話という手段を使っただろうことが考えられる。日時あるいは時間帯は会議が終わったあとの「12月15日夜から16日にかけて」だと推測される。

理由は二つある。

一つは「趙の記録」には、『陳雲年譜』（中巻、中央文献出版社、2000年。191頁）からの引用として、以下の事象と日時が載っているからだ（いずれも1953年）。

【陳雲年譜】

●12月17日午後5時～8時：毛沢東、鄧小平・陳雲を呼んで話をした。

8時以降：さらに周恩来も呼び、4人で話をした。

● 12月18日夜：毛沢東、鄧小平・陳雲・周恩来・彭徳懐を呼んで談話。

● 12月19日夜：毛沢東、鄧小平・陳雲と談話。

● 12月20日：毛沢東、まず彭徳懐・劉伯承《りゅうはくしょう》・陳毅《ちんき》・賀龍《がりゅう》・葉剣英《ようけんえい》と談話。その後、劉少奇と談話。その後、周恩来と談話。

● 12月21日：毛沢東、まず朱徳と談話。次に陳毅と再び談話。

● 12月22日：毛沢東、再び彭徳懐のみと談話。

ここに出て来るメンバーは、12月15日に毛沢東が召集した中央小会議（中共中央書記処拡大会議）に参加した「高崗を除く」メンバーだ。このメンバーの詳細に関しては必要に応じて説明するとして、まずは鄧小平と陳雲の動きに注目したい。

鄧小平と陳雲は電話で「口裏を合わせ」、あたかも客観的事実であったかのように見せかけるために、「こう言えば毛沢東を信じさせることができるという虚偽の事実」を捏造したのではないのか。この「虚偽の事実」を鄧小平と陳雲がそれぞれ個別に毛沢東の耳に入れたと考えることができる。

なぜなら、もし鄧小平と陳雲が同時に毛沢東に会いに行ったとすれば、非常にまずいことが起きるからだ。

それは毛沢東が「鄧小平も陳雲も、それぞれが、まずは毛沢東に第一報を報告した」というのではなく、「毛沢東に会う前に二人が会っていた」という状況を知ると、毛沢東が不機嫌になるということだ。二人は毛沢東に「いかに忠誠であるか」を示すためにも、「個別に」毛沢東に報告する必要があるのである。

「第一報を、まずは毛沢東に言った」という形にしなければならない。この鉄則（毛沢東気質）を知りつくしている者でないと、この配慮はできない。

それを鄧小平はキチンと計算に入れただろう。

二つ目の理由。

陳雲は自分が毛沢東に嫌われていることを知っている。毛沢東は陳雲が、毛沢東の宿敵・王《おう》明《めい》と一脈通じていると思っており、陳雲自身も、自分がそのように疑われていることを認識している。1935年にモスクワに行った際の帰国の途において、王明と同じ飛行機に乗っていたことから毛沢東が陳雲に対して猜疑《さいぎ》心を抱いていたという事実が随所に記録されている。だから陳雲は直接毛沢東に密告せず、周恩来に密告して、それを毛沢東に伝えてもらった。

鄧小平が毛沢東に密告しに行ったときには、毛沢東はすでに陳雲からの密告内容を、周恩来を通して知っていた。毛沢東は鄧小平に、「同様のこと」をすでに陳雲から聞いていると言っている。

となると、まず陳雲が周恩来に密告して、その内容を毛沢東に告げ、毛沢東に伝わったであろう頃合いを見計らって、その後に鄧小平が毛沢東に直接報告しに行くという、タイトロープを渡るような緻密《ちみつ》な計算が成されたはずだ。その間にはそれなりの時間を必要としたであろう。このやり方は、密告した事実に信憑性《しんぴょうせい》を持たせ、毛沢東を騙すのに最も適切な方法なのである。

一歩進んで穿《うが》った見方をするならば、周恩来が「すでに毛沢東には伝言した」と、鄧小平に電話連絡した可能性も否定できない。しかし本書では周恩来に関する分析までには踏み込まないので、その手前の鄧小平と陳雲の連携に関する分析に留めておきたい。

『陳雲年譜』にある通り、17日の午後5時から、毛沢東が鄧小平と陳雲を同時に呼んだということは、その前までに上記の手順がすべて成功していたことを意味する。したがって鄧小平と陳雲の「事実捏造」のために使った時間帯は「1953年12月15日夜から16日にかけて」で、「12月16日」は確実に念入りに口裏を合わせたと判断して良い。

なぜ、こんなにまでしつこく二人が口裏を合わせた時間を追跡するかというと、この瞬間に中国の運命が決まったからだ。その犯人が鄧小平であることの証拠を手にしたい。これを明確にしてこそ、今、習近平が何をやろうとしているかを分析することができる。その怨念の深さは、次節をご覧になれば、さらにご理解いただけるものと思う。今は、それを理解するための基礎固めをしている作業に相当する。

実は、鄧小平と陳雲が打ち合わせをしたであろうことは、鄧小平自身の言葉からも裏付けられる。

1994年に出版された『鄧小平文選』第2冊（人民出版社）の293頁に「〈建国以来の党の若干の歴史問題の決議〉起草に関する意見」の項目で、鄧小平はうっかり「**这样一来、陈云同志和我才觉得问题严重**（だからこそ、陳雲同志と私は問題が深刻だと感じた）」と、「**自分が陳**

雲と事前に問題の深刻さを共有していた」というニュアンスのことを思わず言ってしまい、「そのため、毛沢東に言ったのだ」となっている。

その部分を抜き出して以下に示す（１９７６年に毛沢東が他界したあとの１９８０年にインタビューに口頭で回答したときの文言である）。

【3】『鄧小平文選』より

> 高崗はまず林彪の支持を得たからこそ、あのような大胆なことをすることができたのだ。あのころ、東北は彼（高崗）自身の物だったし、中南は林彪、華東は饒漱石が支配していた。西南に関しては、彼は私（鄧小平）を引き寄せて、正式に私と談判するに及んだ。そして劉少奇同志は成熟しておらず、私と一緒になって劉少奇同志を倒そうと言ってきた。私は毅然《きぜん》として「劉少奇同志の党内における地位は歴史が形成したものだ。全体的に見れば劉少奇同志は良い人だ。このような歴史が形成してきた地位を変えるのは不適切だ」と言い放った。高崗は陳雲同志にも話をして「複数の副主席を置こう。你一个、我一个（あなたが一つ、私が一つ）」と言ってきた。**だからこそ、陳雲同志と私は問題の深刻さを感じたのだ。そこですぐさま、毛沢東同志に告げて、彼の注意を喚起した。**高崗は劉少奇同志を倒して交渉の手として使い、陰謀の限りを尽くそうとした。それは、非常に不正常なやり方である。

これは口頭で伝えたものを文選として書き綴ったものなので、思わず「陳雲と認識を共有していたような」表現になっている。いや、これは「陳雲も毛沢東に言ったし、私（鄧小平）も毛沢東に言った」という意味だと弁明する方もおられるかもしれないが、それならなぜ、【1】の事実から【2】が出てきて、捏造した内容が二人とも一致するのか。整合性がない。

何よりも注目しなければならないのは、高崗を倒すことによって、いったい誰が得をしたかである。

1954年2月6日から10日まで第七回党大会四中全会が開催され、高崗（と道連れになった饒漱石*）に対する批判大会が開催され、2月15日から25日までは高崗に焦点を当てた座談会形式の糾弾が高まり、高崗に対する批判がヒートアップしていく。

毛沢東はと言えば、休暇を理由にしてすべて欠席して会議を劉少奇に任せたのだから、そのこと自体、高崗にとっては残酷な話である。もっとも、毛沢東としては積極的に高崗を糾弾するつもりはないので、高崗を目の前にして批判的なことを言うのは、さすがに避けたかっただろう。

批判大会は最初の内は名指しを避け、参加者が自己批判までするような形を取っているが、まるで真綿で首を絞めるようにじわじわと高崗を追い詰め、結果として高崗が「政府と党の権利を奪取しようとした」という結論へと導いていった。あまりの責め苦に耐えられなくなり、糾弾座談会の最中の2月17日に高崗は自殺を試みるのだが、このときは未遂に終わっている。自殺未遂をしたというのに、お構いなしに2月25日まで糾弾し続けるのだから冷酷無比も極まっている。

そもそも本章の前半で書いたように、高崗も習仲勲も北京中央に行くのを嫌がっていた。地方で仕事をしている方が安心で充実していたので上京を躊躇したくらいだから、「政権奪取」の野心などあろうはずもない。その野心を持っているのは鄧小平の方だろう。だというのに鄧小平は糾弾の手を緩めなかった。一人で政権奪取という訳にはいかないので、高崗の反党行動を「連盟を結んだ」と位置づけるために、いかなる関係もない饒漱石を巻き添えにしたのである。これで「高崗が陰謀を図り、反党連盟を裏で創り上げていた」という鄧小平による「捏造」がさらに強化されていった。

高崗の自殺

ここで私たちは、ある事実に注目しなければならない。

それは【陳雲年譜】にあるように、毛沢東がこの短期間に3度も彭徳懐と会っていることである。

彭徳懐は解放戦争で大きな武勲を残しただけでなく新中国誕生後は中央人民政府革命軍事委員会の副主席を務め、誰も行きたがらなかった朝鮮戦争を一身に担って、中国人民志願軍総司

＊本書第七章の四で説明するが、毛沢東が日中戦争時代に岩井公館を通して日本軍側に国民党軍の軍事情報を密告するため、藩漢年などの中共スパイを派遣した際に、周恩来などを通すルートと、饒漱石に直接指示を出すルートがあった。饒漱石は中共軍と日本軍との共謀の事実を知っているので、いずれ抹殺しなければならなかった（詳細は拙著『毛沢東　日本軍と共謀した男』）。それを高崗事件に結び付けたのは毛沢東にも都合が良かったものと思われる。

令員兼政治委員として朝鮮戦争を現場で陣頭指揮してきた（林彪などは体調が悪いことを理由に断っている）。

朝鮮戦争では、無敵のはずのアメリカ軍を38度線まで追い返し、1952年4月には凱旋《がいせん》帰国していた。特に1953年7月に南北朝鮮の国境線にある板門店《はんもんてん》で朝鮮戦争の休戦協定に署名すると、まさに中国一の英雄として全盛を誇りながら8月には中国に帰国していた。

形の上では朱徳が軍事委員会のトップに立っているが、朱徳は高齢なので実際上は彭徳懐が軍事的には最高実力者だった。

そこで、【3】『鄧小平文選』の囲みの中にある「高崗はまず林彪の支持を得たからこそ、あのような大胆なことをすることができたのだ。あのころ、東北は彼（高崗）自身の物だったし、中南は林彪、華東は饒漱石が支配していた。西南に関しては、彼は私（鄧小平）を引き寄せて、正式に私と談判するに及んだ」という部分に注目していただきたい。

これはすなわち、図表2-1【地方局布陣】にあるように、新中国誕生時には、

東北局：高崗
西北局：彭徳懐&習仲勲
中南局：林彪
華東局：饒漱石
西南局：鄧小平

という布陣になっており、鄧小平が「高崗・林彪・饒漱石が組んだ」と毛沢東に言ったた

め、鄧小平を除く、「軍を掌握できる人間」を毛沢東は呼んだわけだ。

それが彭徳懐であった。

しかし、これを逆から読めば、鄧小平がいかに毛沢東に脅威を与えるべく事実を捏造していったかが窺《うかが》える。「政権は銃口から生まれる」と言った毛沢東の心理を見事に突いて、「万一にも高崗が軍事クーデターでも起こしたら大変なことになるので、あらかじめ彭徳懐をこちら側に抱き寄せておきましょう」と示唆したことが、この【陳雲年譜】と【3】鄧小平文選から推測できるのである。

「毛沢東が彭徳懐と3回にもわたって話し合っていることの異常さ」は、鄧小平の悪知恵、策略、陰謀を詳細に分析してこそ、「さもありなん」と納得できるのだ。

本来、彭徳懐と高崗は、朝鮮戦争を通して、非常に親密になり、互いを信じあった仲だ。彭徳懐が前線の総司令官なら、高崗は後方の戦略物資を担当して前線を支援する後方担当のトップにいた。

また彭徳懐は西北局で習仲勲と非常に仲良く西北を統治し、習仲勲は心から彭徳懐を尊敬していた。だからこそ彭徳懐を何としても説得し、毛沢東側に付けておかなければならないというのが鄧小平の戦略であり、陰謀であった。その分だけ、鄧小平はこののち、習仲勲を徹底して痛めつけるのである。

一方、あまりに事実無根の冤罪《えんざい》に苦しみ抜いた高崗は、批判大会開催中の2月17日に自殺未遂を図るが果たせず、同年8月に睡眠薬を飲んで自殺した。その後、高崗のポストを継いで昇進していったのは誰かを見てみよう。

高崗自殺により、誰が得をしたのか

高崗を毛沢東に密告してからの鄧小平の昇進ぶりは、目を見張るほど飛躍的だ。

結局のところ「中共中央書記処総書記」の職位を設立させ、その職に自分自身が就くという絶対的な権限を勝ち取ったのである。毛沢東を中心とした第一代革命指導者の核心的人物の一人に上り詰めた。

鄧小平が欲しかったのは、この果実だろう。

陳雲もついでに急速に昇進している。

もともとは経済に強い人物だったので、高崗が主席を務める国家計画委員会の委員の一人として位置づけられていたことに強い不満を抱いていたことが考えられる。東北局時代においても、高崗が書記で、陳雲は財経担当でしかなかった。不満でならなかっただろう。国家計画委員会は第一次五カ年計画を制定するための委員会だったので、陳雲が高崗に代わって第一次五カ年計画を制定した。

こうして鄧小平と陳雲の二人で高崗が就いていた職位と業務を担うようになったのである。しかも高崗が論議した「中共中央書記処総書記」と「中共中央副主席」には、鄧小平と陳雲がちゃっかり、それぞれ就いている。

このように高崗打倒で最も利益を得たのは鄧小平であり、陳雲を引き込んだのは、陳雲にと

図表2-2　高崗のポストを継いで昇進した鄧小平と陳雲

	1952年	1953年	1954年	1955年	1956年
高崗	中央人民政府国家計画委員会主席 東北行政委員会主席	12月24日：毛沢東、中共中央政治局拡大会議で「北京には二つの司令部がある」と暗に高崗を批判	2月：第7回党大会四中全会で「反党行動を目論んだ」と糾弾される 2月17日：自殺未遂 8月17日：自殺		
鄧小平	中央人民政府政務院副総理。財経委員会副主任	4月：政務院交通弁公室主任 8月：財政部部長（12月15日夜〜16日：毛沢東に「高崗が反党陰謀」と密告）	4月：中共中央秘書長、組織部部長 9月：国務院副総理、国防委員会副主席、中共中央軍事委員会委員	3月：党大会で**高崗反党連盟を報告** 4月：第7回党大会五中全会で中共政治局委員	**9月：第8回党大会一中全会で鄧小平昇進！** **●中共中央政治局委員＆常務委員会委員** **●中共中央書記処総書記**[*1]**（核心的人物に）**
陳雲	〜中共中央書記処書記 1952年から政務院副総理	（12月15日夜〜16日：毛沢東に「高崗が反党陰謀」と密告）	国務院副総理。商業部部長。国家基本建設委員会主任（高崗の職位）	7月：第一次5カ年計画制定（高崗の任務を陳雲が果たす）	**第8回党大会一中全会で陳雲昇進！** **●中共中央政治局委員＆常務委員会委員** **●中共中央委員会副主席**[*2]

（注：＊1）表にある「中共中央書記処総書記」は現在の中国の「中共中央総書記」とは違う。「書記処」という文字の有無は大きいので、要注意。

（注：＊2）表にある「中共中央委員会副主席」は、まさに高崗と陳雲の会話の中で、陳雲が高崗に対して言った「你一个、我一个」（あなたが一つ、私が一つ）の「副主席」のことを指す。陳雲は自分が言い出したのに、批判大会では「高崗が言い出した」と嘘を言って高崗攻撃の材料とした。その「副主席」に陳雲は自分のアイディア通り、自分が着任しているのである。高崗攻撃の理由が、いかにデッチアゲであったかが、このことからも分かる。

っても「高崗は面白くない存在」だったことを、鄧小平はよく承知していたものと考えるべきだろう。特に前述した1953年12月15日の小会議が終わったのちに、高崗が激高して陳雲を非難し、「なぜ嘘をついたのか！」となじった末に陳雲の車に飛び乗った場面を鄧小平はキチンと見届けている。だから鄧小平の方から陳雲にモーションをかけたとみなすべきだろう。

二人が毛沢東に個別に「同じこと」を言えば効果は上がり信憑性が高くなる。陳雲が周恩来を通したために、3人もの指導者層が知ったとなれば、毛沢東は高崗を切り捨てるしかなくなる。

高崗はなぜ自殺したのかというと、あれだけ信頼していた毛沢東が自分を捨てたことを知ったからだ。それがいかに辛かったかは秘書の趙家梁がつぶさに記録しているが、実は「自殺までの分刻みの過程の描写」はあまりにリアリティと迫真に満ち、つい吸い込まれて胸が痛むと同時に、自殺への共感を呼び起こしてしまう危険性さえあるので、ここでは省略する。

高崗の妻「鄧小平は毛沢東よりも覇道だ！」

ならば毛沢東はなぜ高崗を切り捨てたのか？

それは一つには、毛沢東が「極秘任務」として指示した劉少奇に関する調査を、高崗がこともあろうに陳雲にペラペラ喋ったのを知ったからだ。陳雲は前にも触れたように、宿敵の王明と気脈を通じていたと毛沢東はずっと疑っていた。極秘任務を他人にばらすだけでも許せないのに、それをいつかは切り捨てようと練っていた陳雲に告げるとは何ごとか！

このことが毛沢東の逆鱗《げきりん》に触れたのだと、趙の記録にある。

そして切り捨てたもう一つの理由は、「鄧小平と陳雲の二人が同じ内容で個別に密告してきた」からだ。そうなると、「高崗が悪い」と決めつけなければ、「本当は毛沢東が劉少奇を嫌っていたのだ」ということがばれてしまう。それはまずいのである。

なぜなら鄧小平が何度も言ってきたように劉少奇の地位は「歴史が形成してきたポスト」だからだ。

この言葉を鄧小平は、実に巧みに使用した。

毛沢東に対して「毛主席、あなた、まさか、歴史が形成してきたポジションを、自分の都合で勝手に変えるなんてことはありませんよね？」と、毛沢東に「阻止」を突き付けているようなものだったからである。

このことは、まもなく証明される。

１９６２年に開催された中共中央拡大会議で毛沢東が失脚し、劉少奇が「国家主席」になる。その劉少奇を倒すために１９６６年に毛沢東は文革を発動するのである。劉少奇は逮捕され獄死するが、この文革は２０００万人ほどの人民の命を犠牲にするという結果を招いた。そのような犠牲を払ってまで「大義名分」を必要とした中国政治の底知れぬ恐ろしさよ……。

もし鄧小平が自らの権勢欲のために、高崗に関してあのような「事実歪曲《わいきょく》と捏造」をしていなかったら、高崗が自殺する必要もなく、毛沢東も劉少奇を倒すためにわざわざ文革まで起こさなくてもすんだはずだ。別の方法が、それまでにあったと考えられる。ということは、ある意味、鄧小平は文革で犠牲になった2000万人の人民の命に責任を負わなければならないことになる。

のちに改革開放を進めることによって、まるで文革から人民を救ったように位置づけられ崇められている鄧小平だが、第四章で述べるように事実はまったくその逆だ。

自分を美しく描かせる演出まで、鄧小平はやってのけているが、鄧小平こそは毛沢東を文革に追いやり、2000万人の人民の命を奪った原因を作った真犯人であると言っても過言ではない。

事実、2020年4月まで生き残った高崗の妻・李力群《りりきぐん》は、何度も多くの取材を受けたり回顧記を残したりしているが、彼女は、

鄧小平は高崗の問題を正しくし審査すれば、自分が暴君であることがばれるのが怖いのだ！　鄧小平は毛沢東よりも暴君だ！　鄧小平は毛沢東よりも覇道（横暴）だ！


とくり返し言っている。彼女は真犯人が鄧小平であることを知っていたのだ。

実は習仲勲は何度か、糾弾されて苦悩している高崗に会いに行こうとしていた。

毛沢東が周辺の者を通して「高崗に会いにいってやれと、習仲勲に伝えろ」と秘かに指示を出していたのだという。

しかし、**「それを阻止したのは鄧小平だ」**と彼女は断言している。

実体験者なので、彼女の言葉には真実性があると考えていいだろう。この言葉はさまざまに形を変え、取材を受けるたびに彼女が言い続けてきた言葉だ。「覇道」という言葉を用いて、

「最も覇道なのは鄧小平だ」と口を極めて鄧小平を酷評している。

さらに彼女はもう一つの事実をも証言している。

それは文革で冤罪を受けた多くの人の名誉回復に努力した胡耀邦《こようほう》が、高崗に関しても名誉回復すべきだと最後まで強く主張していたので、鄧小平は最終的に胡耀邦を切ったのだと言っていることだ。残忍な形での胡耀邦の突然の失脚に関しては多くの背景があるが、これも原因の一つだったのかもしれない。

彼女は「夫は冤罪だ。名誉回復してくれ」という手紙を、どの時代になっても中央の指導者に出し続けてきたという。

「趙の記録」には、「もしあのとき、誰か一人でも高崗に会いに来てくれていたなら、高崗は自殺しなかっただろう」とある。

毛沢東は高崗の自殺にはショックを受けていたようだ。しかし、それを表に出すわけにはいかない。そこで高崗の妻の李力群を全国政治協商会議の代表に指名したり、彼女と3人の子供たちの住処や生活費の面倒を裏からそっと手を回して看ていてあげたりしていた。罪滅ぼしの表現の一つと受け止めていいだろう。それもあってか、李力群は毛沢東を恨んでいない。恨んでいる相手は鄧小平なのだ。

高崗を陥れた犯人は鄧小平であることが、この事実からも推測できよう。

文革後、多くの人たちが冤罪を晴らして名誉回復（平反）されたが、高崗だけは最後まで名誉回復されていない。なぜなら鄧小平と陳雲の二人が、「高崗だけは、絶対に名誉回復させてはならない」と言い続けたからである。二人は死ぬまで高崗事件に関して「絶対に名誉回復してはならない」と主張し続けた。

なぜ、この二人だけが反対したのか？

それは真犯人がこの二人だったからではないだろうか？　名誉回復すれば真実がばれてしまうのを恐れたのだろう。

とりわけ積極的に動いたのは鄧小平だった。

次節で述べる習仲勲失脚に関しても、水面下で動きまくったのは鄧小平であったことからも、確信犯は鄧小平であったことが理解できるだろう。

第三章

小説『劉志丹』と習仲勲の失脚

――陥れたのは鄧小平

一　西北閥最後の雄・習仲勲

毛沢東が「諸葛孔明よりもすごい！」と絶賛

中央が「五馬進京」の指示を出す少し前の1952年6月18日、習仲勲《しゅうちゅうくん》は毛沢東《もうたくとう》に呼ばれて北京に来ていた。少数民族の問題に関してだ。

陝西《せんせい》省は周り中を少数民族に囲まれている。第一章の冒頭にも書いたように、そもそも習仲勲の生地でかつて「回民《かい》（イスラム教徒）蜂起《ほうき》」があったからこそ、人口が少なくなった陝西省に祖父母が移り住んできたくらいだから、習仲勲自身も甘粛《かんしゅく》省や新疆《しんきょう》（ウイグル）、チベットあるいは寧夏《ねいか》などの少数民族に囲まれて育っている。

それもあってか、習仲勲は少数民族に対して非常に温かな気持ちを持っていて、多くの少数民族に慕われていた。

毛沢東に呼ばれたのは、少数民族に対して強硬策を取る、西北区の管轄下にある新疆分局の第一書記・王震《おうしん》との間の論争があったからだ。習仲勲は西北局書記として、西北局全体に対して少数民族融和策に関する指示を出していた。しかし王震はその指示を無視して強硬策を断行したのである。

少しでも共産党に反抗する者がいたら、王震は周辺を巻き添えにしながらすべてを「反革命分子」として鎮圧し、皆殺しにした。その残虐を極める殺戮《さつりく》の仕方にウイグル人は恐れおのののいたという。

「こうやってこそ、少数民族を統治することができるのだ」と王震は豪語していた。

それを知った習仲勲は激怒し、そのような強硬策を勝手に実行してはならないと厳しく王震に指示した。西北局の書記からの指示であり、西北局全体をカバーする規定なので、それに違反する行動を西北局の一部局である新疆分局が断行するのは、一般的に考えてもルール違反になるだろう。

それでも王震は習仲勲の言葉を無視して殺戮をくり返した。

少数民族融和策に関する規定は中央の批准を受けている内容なので、習仲勲はやむなく中央にお伺いを立てた。すると毛沢東から、習仲勲と王震に対して二人とも北京に来て毛沢東に会うようにという指示があった。

毛沢東は二人に会うと、「習仲勲の言い分の方が正しい」と言い、王震に反省を求めた。王震は不満だったが、まさか「毛主席」からそう言われて反抗するわけにもいかない。

毛沢東はのちに王震を呼び寄せて「君の間違いは10本の指の1本のみが間違っただけで、そう大きな間違いじゃない。しかも小指半分くらいの間違いで、路線問題ではないし、政策問題でもなく、ただちょっとやり方が粗暴だっただけで、少数民族地区での業務には、そういうやり方は、今は適さない」と慰めた。

しかし結果的に王震は新疆分局の第一書記の肩書も新疆軍区政治委員も新疆財政委員主任の肩書もすべて失ったので、習仲勲を恨みぬいた。

パンチェン・ラマ10世（右）を温かく迎える習仲勲（1951年4月22日。「人民日報」1989年2月20日付）

これは文革後、成人した習近平《しゅうきんぺい》が父親の政治復帰を当時の指導層にお願いして廻るときに、王震が拒絶するという形で跳ね返ってくる。そのとき王震は国務院副総理にまでのし上がっていた。さらに鄧小平《とうしょうへい》の後押しにより国家副主席にまで昇進していく。

そのことは第五章で触れるとして、ここではまず建国初期の習仲勲の少数民族に対する姿勢を考察し、現在の習近平の少数民族政策を分析する際の一助にしたい。

1951年4月22日、チベットの「生き神」と崇められていたパンチェン・ラマ10世が北京に行く途中に西安《せいあん》に立ち寄ったとき、習仲勲は西安の空港まで行って温かくパンチェン・ラマ10世を歓迎した。このときパンチェン・ラマ10世はまだ13歳だった。それでも習仲勲はパンチェン・ラマ10世を尊重して鄭重《ていちょう》に接待している。

パンチェン・ラマとは、チベット仏教ゲルク派においてダライ・ラマに次ぐ高位の化身ラマへの称号で、「転生」によって後継者が定められる。チベットのシガツェ市のタシルンポ寺の座主である。1642年、ダライ・ラマ5世がゲルク派を強化するために、偉大な学者を意味するパンチェン・ラマの称号を師のタシルンポ僧院院長に与えたことから始まった。1949年、国民党の蒋介石《しょうかいせき》はラサの中国大使館廃止を受け、この転生候補をパンチェン・ラマ10世として承認し、6月11日に「中華民国」が認可した。しかしすぐに共産党軍に占領され、「中華人民共和国」（新中国）はパンチェン・ラマ10世をダライ・ラマの権威失墜に利用しようとしていた。

1951年5月23日に調印された「チベットの平和的解放に関する17カ条協定」により、中央人民政府とチベット地区のカシャック政府との間で合意がなされ、パンチェン・ラマ10世の正統性が認められて、パンチェン・ラマ10世はチベットに戻ることができた。

西安で習仲勲に会ったのは、その立ち合いのためだった。二人はたちまち意気投合し、互いに、のちに投獄されていた十数年間を除けば毎年必ず会い、パンチェン・ラマは死ぬまで習仲勲を慕い続けた。

少数民族の扱いに関しては、毛沢東は習仲勲を「諸葛孔明《しょかつこうめい》よりもすごい！」と絶賛したこともある。

1950年初期から1952年7月にいたる2年7カ月をかけて、習仲勲は青海省《せいかい》貴徳《きとく》県に住むクンラ部落の「千戸」（モンゴル帝国以来、歴代王朝が少数民族の支配者に「万戸」、「千戸」、

「百戸」などの官位を与えて統治した制度の官位の一つ）である項謙《こうけん》という人物を従わせるために忍耐強く交渉をし続けた。

青海省政府が武力で鎮圧したいと言っても習仲勲は「絶対だめだ！」と禁止し、ともかく何度相手が攻め込んできても捕まえて説得したのちに放ち、裏切られてはまた捉え、説得しては放つということを10回もくり返した。こうして1952年7月11日に第12代クンラ千戸の項謙はついに人民政府に投降するのである。8月11日、習仲勲は青海省の蘭州《らんしゅう》に赴き、祝宴を設けて人民政府に帰順した「最後の千戸」となった項謙に会い励まし合って祝賀した。

この吉報を聞いた毛沢東は、「諸葛孔明も異民族を7回捕まえて7回放している。習仲勲はそれより多い10回捕まえて10回放した」と言って喜び、その後、習仲勲に会ったときに「仲勲、諸葛孔明は7回目にようやく異民族を帰属させたが、君は孔明より辛抱強い！　すごいぞ！」と習仲勲を礼賛したのだった。

周恩来の大番頭

1952年8月7日、北京では中央人民政府委員会第十七回会議が開催され、習仲勲は政務院文教委員会副主席兼文教委員会党組織書記に選ばれた。しかし会議場に習仲勲がいたわけではない。彼はまだ延安《えんあん》にいた。

9月3日には全区林業工作会議を開き、9月14日には西北軍政委員会第八十四回行政会議を主宰しているので、まだ北京入りしていないようだ。しかし記録では9月22日には中央宣伝部

（中宣部）部長に就任しているので、それまでには「進京」したものと思われる。

習仲勲は高崗《こうこう》（ガオ・ガーン）と同じように、中央で仕事をし、ましていわんや中宣部の部長になるなどということには躊躇《ちゅうちょ》があったようだ。何度も書くが「部長」というのは日本で言うならば「大臣」のこと。「部」は日本の中央行政省庁の「省」に相当する。

中央で仕事をするというだけでも自信がないのに、もともと中宣部の部長だった陸定一《りくていいち》が副部長として自分の部下になるという居心地の悪さがあった。陸定一は1905年生まれで習仲勲より8歳も年上だ。おまけに交通大学を出た、当時としてはエリート。宣伝工作に関する超ベテランでもある。

だというのに毛沢東は、習仲勲が中宣部部長に就任する前から「さあ、中宣部にはやり手の部長が来るぞ！」と褒めちぎっていたことを小耳にはさんだ。とても恥ずかしくて、おこがましい。そこで毛沢東に随行して汽車に乗る機会があったときに習仲勲は胸の内を正直に訴えたことがある。

すると毛沢東は習仲勲に蛇使いの話をして聞かせたという（『習仲勲画傳』などより）。

「蛇は一見恐ろしいが、実は非常におとなしく、蛇使いの言うことをよく聞く。それは蛇使いが蛇の習性をよく知ってるからなんだよ。仲勲はまだ中宣部で働いたことがないから、そんなに怖がっているが、しばらく働いて業務の規律を把握しさえすれば、何も怖がることはないさ。必ず立派にできるようになる」

事実、中宣部のスタッフたちは、陸定一を含めて習仲勲を歓迎し協力的に支えた。

中国共産党の戦い方は、長春解放以降は実際に火力的武力を使って国民党軍を破っていったが、それまでは「イデオロギー的宣伝」が「武器」だったので、中宣部の仕事というのは非常に大きなウェイトを占めている。

1952年秋になると、毛沢東は「社会主義体制」移行への国家構想を練り始めていた。第一章でも触れたように、朝鮮戦争により「西洋的民主主義」陣営の砦《とりで》であるようなアメリカが朝鮮半島に上陸してきて中国を脅かし始めたと毛沢東は考えたからだ。

これまではソ連を敬遠し、ソ連とは異なり、西洋的民主主義とも異なる、毛沢東独自の「新民主主義」路線で国家運営をしていたが、それでは国家安全において危険だと国際情勢を捉えるようになった。そこで社会主義工業化を皮切りに、農業・手工業・(国民党時だから残存している)資本主義工商業の社会主義改造を実現せよと、毛沢東は指示した。

それを受けて習仲勲は「すべての力を動員して偉大なる社会主義国家を建設するための闘争」を起草し、毛沢東の修正批准を得て全国に徹底させ実行することになった。

このころ私は天津の小学校にいたが、学校では講堂に全員が集められて「わが国はついに社会主義国家の段階に入った」と、非常な高揚感をもって教えられた。

「へぇー、すごいね！　中国はついに社会主義国家の段階に入ったんだ！」

「そうだよ、ソ連とおんなじようになるんだよ！」

物知り顔の生徒が、まるで自分の手柄のように「中国」を、そして「毛主席」を自慢した。映画館で上映される「石の花」などソ連の色彩映画が憧れを誘ったものだ。映画に色が付いているなどということは想像もできなかったことで、夢のような美しい未来が待っているんだという憧憬と期待と、それを実現させてくれている「毛主席」への尊敬の念を掻《か》き立てていた。

本当は「社会主義国家とは何か」など何も分からなくても、「気分」として「すごいことが起き始めているんだ」というイメージを小学生にまで植え付けたのだから、「宣伝力」というのは大したものである。それを中央で指揮しているのが「習近平の父・習仲勲であった」などということは知る由もない。

その年の11月15日になると高崗を主席とする「中央人民政府・国家計画委員会」が誕生し、習仲勲はその委員の一人に選ばれた。

すると毛沢東は習仲勲に「文教工作をしっかりやるように」と励まし、「20億石の粟《あわ》」を投資すると言ったのだから、時代が推測できるだろう。「粟」だ。

文教委員会主任で副総理でもあった郭沫若《かくまつじゃく》の助言を得ながら、習仲勲が推進していった「文教工作」の効果はてき面で、小学校では今度は、「すごいよ！　中国はついに第一次五カ年に入ったんだよ！」と、これも興奮気味に、まるで自分がすごいことをしたかのような高揚感を小学生にまで惹起《じゃっき》していた。

1953年3月13日、習仲勲は第一回映画芸術工作会議で2時間にわたるスピーチをしている。当時は映画や音楽などが一般人民への思想宣伝の大きな力になっていたので、中宣部部長の仕事はたしかに全国統治の大きな柱の一つになっていたということができよう。

まだ教科書も普遍的ではなかったので、小学校でも授業は教員の話と歌の時間が多く、歌を通して社会や政治事情などを教えていた。50年代初期に出てきた「歌唱祖国」などは今でも中国の国歌の次に神聖な歌として正式行事などで歌われるが、小学校では毛沢東を讃える「東方紅」や「歌唱祖国」などを毎日歌わされ、極悪地主の横暴と闘う「白毛女《はくもうじょ》」という映画が社会現象になるほど熱烈に歓迎された。こういった指揮を習仲勲が中央で行っていたことを知ると、何とも奇妙な気持ちになる。現在の、あの習近平の父親の指導の下で動いていたプロパガンダの中で、本当は何も分かってない小学生たちが、自分の「革命度の高さ」を競いあって、批判されるのを避けていた、とでも言おうか……。

１９５３年1月、習仲勲は「中華人民共和国憲法起草委員会」の委員に任命され、9月になると政務院秘書長に任命された。

政務院の総理は周恩来《しゅうおんらい》なので、習仲勲は「周恩来の大番頭」と呼ばれるようになり、秘書長は政務院の中枢的な役割を果たしていた。周恩来から「外交部長（外務大臣）」にならないかと持ち掛けられたが、習仲勲は強く断り、「私は内交部長に専念します」と冗談を言い、政務院秘書長としてすべての中央行政省庁との調整役を担った。

１９５４年に「社会主義体制」への移行を謳《うた》った中華人民共和国憲法が制定され、政務院は国務院と改名されたので、改めて国務院秘書長になる。

不穏な風雲

習仲勲は１９５５年1月に国務院機関党組書記を兼任し、１９５９年4月には「国務院副総理」兼「国務院秘書長」になって昇りつめていくのだが、事態はすでに違う方向に動いていた。

のちに習仲勲が回想した内容あるいは監禁されていたときの自供書などから、鄧小平がジメジメと何をやっていたかなどが明らかになっている。

たとえば1955年になると、鄧小平は、習仲勲が高崗との関係を完全には断ち切っていないということを理由に、中共中央会議で習仲勲を追及し始めた（中国語では「検査」という文字で表現している）。3回にわたり追及を受け、3回目になってようやく曖昧《あいまい》な感じで許してもらったのだが、毎回、許そうとしなかったのは鄧小平だったと習仲勲は自供している。

それは1956年9月における第八回党大会で、習仲勲の功績を認めさせず、「中共中央委員会委員」の身分に留め置かせるための布陣だったのであろう。

不穏な風雲はソ連からもやってきていた。

スターリンの死後、集団指導体制を採用してソ連の最高指導者（ソ連共産党第一書記）に就任していたフルシチョフが、1956年2月になるとスターリン批判を始めたのだ。スターリンの独裁と個人崇拝と恐怖政治を暴露し、世界をアッと驚かせた。

最も驚き、かつ恐怖を抱いたのは毛沢東だろう。もし自分が死んだら、スターリンと同じように「独裁、個人崇拝、恐怖政治」として批判されるのかもしれない。そこで同年6月から、毛沢東は「百花斉放《ひゃっかせいほう》・百家争鳴《ひゃっかそうめい》」運動を始めた。「さあ、誰でも何でも自由に言いなさい。自分が思っていることを何でも言っていいんですよ。共産党を批判してもいいし、私を批判しても歓迎する」という趣旨のことを言って、人民に自由な発言を呼び掛けた。

一方では同年9月に開催された（前掲の）第八回党大会で、なんと、党規約から「毛沢東思想」という言葉を削除してしまったのだ。自分も「独裁者だ」「個人崇拝をさせた」と批判されないようにするためである。

こういう現象を見ると、あの老獪《ろうかい》な毛沢東でも「人民の声」に怯《おび》えていたということもできよう。あるいは、自分の評判を案外気にしていたとでも言おうか。

人民は最初の内は三反五反《さんはんごはん》運動で何百万人もの「反革命分子」が逮捕されたのを知っているので、「騙《だま》されないぞ」と声を潜めていたが、それを見た毛沢東が1957年2月に民主諸党派の代表者や共産党幹部を呼び集めて最高国務院会議を開き、さらに「何でも言うように」と呼び掛けたものだから、知識人たちが勢いづいて、激しく中国共産党を批判し、中には毛沢東批判する者までが現れた。

その勢いに毛沢東は危機を覚えたが、それでも「もう少し待て。まだ釣り上げてはならない」と秘かに命じて、ぎりぎりまで知識人に言いたいことを言わせておいた後に、1957年6月、いきなり意見を述べた知識人たちを一網打尽のごとく逮捕してしまうのである。これが「反右派闘争」だ。

公的には逮捕されたり牢獄で死亡したりした犠牲者の数は50数万人とされているが、つい最近までご存命だった生存者の一人は、私に350万人の者が犠牲になったと告げている。

もう一つの災いがやはりソ連からやってきた。

1957年11月、ソ連のフルシチョフが「ソ連の工業生産および農業生産は、15年以内にアメリカを追い越せる」と言ったのである。その向こうを張った毛沢東は、1958年5月の第八回党大会二中全会で「社会主義建設の総路線」を発表し第二次五カ年計画を打ち出した。これはソ連型の社会主義建設ではなく、中国独自の「土法《どほう》」という伝統技術に基づく工業と、人民公社を中心とした農業に基づく建設で、それにより「中国の農工業は15年でイギリスを追い抜く」と宣言したのだ。

これを「大躍進政策」と言う。

ソビエト革命が都市の労働者階級を中心に行われたのに対して、中国革命は農民の不満を毛沢東側に引き寄せて成功した「農民革命」である。くり返しになるが、そのことをスターリンはバカにして、生まれて初めての外遊であったモスクワ訪問においてスターリンは毛沢東を2カ月間もモスクワ郊外で待たせるという屈辱的なことをしている。

そのソ連に負けてなるものかという闘志と、中国は農民革命で成功したという自負心が毛沢東を「大躍進」へと駆り立てたものと思われる。

しかし1959年から61年にかけて起きた自然災害とも相まって、結果は惨憺《さんたん》たるもので、全国各地に餓死者が続出した。その数は、のちに最も抑制的に計算した中国社会科学院でさえ1500万人だったと算出し、海外の人口統計学者の中には3500万人から（本来生まれたであろうはずの新生児を含めて）1億人とするデータまであり、人類史上最悪の結果を招いている。

一般的に、毛沢東はこの責任を取って国家主席を辞任したと解釈されることが多いが、辞任したのは1959年4月29日で、毛沢東が辞任を自ら持ち出したのは1958年1月11日から22日まで開催された南寧《なんねい》会議においてなので、実態は少し違うようだ。

そもそも毛沢東は「外交の場」に出るのが大嫌いで、いわゆる背広を着るという儀礼的な行動を極端に嫌がった。それは一つには若き日に学歴が低かったために留学できず、北京大学の図書館員として「エリート教授」の入館受付しかできなかったことへの屈辱から来ていると解釈できる。もう一つには根っからの「農民」であったために、社交的なものが大嫌いで「土」に根差した行動しか取らないという特徴がある。

その結果トップに上り詰め、実際上、職位が多すぎて体がもたないと毛沢東は考えたのだと、「中国共産党新聞網」などにはある。

客観的事実から見ると、新中国が誕生したとき、中国全土はまだ「解放」されていなかったので、中国では国家主席を置かず「中央人民政府委員会主席」のみを置いて毛沢東がその職位に就いたが、憲法制定によって1954年9月に「国家主席」という職位を制定し、毛沢東が国家主席になっていた。

しかし毛沢東は政府ではなく党の側である中共中央の主席であり、中央軍事委員会の主席でもあるので、この「国家主席」という職位をそもそも重要視していなかった。

ならば誰にその職位を譲るかに関して何名かの候補があったが、第一候補であった朱徳《しゅとく》は「自分は毛沢東より7歳も年上なので劉少奇《りゅうしょうき》を推薦する」と言って固辞した。大会では、それを受けて鄧小平が「劉少奇がいい」と立ち上がって発言し、劉少奇が国家主席になったという次第だ。

したがって、現実的には毛沢東が最高権威であることに変わりはなかった。

このような状況の中で、江西省《こうせいしょう》の廬山《ろざん》で1959年7月2日から8月1日まで中共中央政治局拡大会議が開催され、続けて8月2日から16日まで第八回党大会八中全会が開催された。これを「廬山会議」という。この会議は大躍進に関する討議を行うはずだったが、7月14日に彭《ほう》徳懐《とくかい》が毛沢東宛てに出した私信がきっかけとなって会議の雰囲気は一転し、彭徳懐攻撃へと展開して彭徳懐が失脚する。手紙の内容があまりに出席者の同感を得たことが気に入らなく、毛沢東が矛先を彭徳懐に向けたからだ。

鄧小平にしてみれば、これで西北閥の二人は追い落とした結果となっている。西北閥のトップは高崗ですでに自殺。彭徳懐も「反党分子」としてすべての職を失った。残るは習仲勲のみだ。

しかし毛沢東の習仲勲に対する評価は相変わらず高く、習仲勲を追い落とすのは容易ではなかった。

たしかに毛沢東の権威は1962年1月11日から2月7日まで開催された中共中央拡大会議（通称「七千人大会」）で、失墜した。国家主席となった劉少奇は大躍進と自然災害を含めた惨事を「3割は自然災害、7割は人災」と断言し、事実上、毛沢東を指弾している。毛沢東もまたこの大会で初めて自己反省をしているが、毛沢東は依然として「毛沢東」であり、毛沢東が高く評価する人間を放置しておくのは鄧小平にとって良いことではなかっただろう。

二　悲劇の小説『劉志丹』事件

『劉志丹』の出版に反対していた習仲勲

そこで起きたのが小説『劉志丹《りゅうしたん》』事件である。

1962年8月、工人出版社から『劉志丹』という本が小説スタイルで出版されると、西北革命根拠地で高崗と対立していた閻紅彦《えんこうげん》（謝子長《しゃしちょう》の部下）が「これは高崗の名誉回復を謀る反党小説だ」として訴え始め、外部からは「一見」、康生《こうせい》が「影の著者は習仲勲で、彼が反党集団の真犯人だ」と糾弾する形を取って、あたかも毛沢東が「積極的に賛同したかのように見せかけて」、ついに習仲勲を失脚させたという事件だ。

「一見」という意味は、高崗事件と同じように主体的に水面下で動いたのは鄧小平だが、歴史的事実としてはあたかも康生が閻紅彦の告発を受けて動いたかのように位置づけられていることを指す。

本書の目的の一つは、陰でうごめいていた鄧小平の陰謀を暴くためにあるようなものなので、ここからはじっくりと水面下の謀《はかりごと》を浮上させて真相を明らかにしていきたい。

毛沢東がのちに「習仲勲は良い同志だ。彼の何が間違っていたのかい?」という言葉を周恩来に言っていることも後半で考察する。

これは現在の習近平が、何を考え、何を目指しながら国家戦略を練っているのかを知る上で非常に重要な事実である。中国人の知識層の間では、習近平は「厚毛薄鄧」だ（毛沢東を厚く扱い、鄧小平を薄く扱う＝毛沢東の功績を大きく扱い、鄧小平の功績を淡白化しようとしている）という言葉が囁《ささや》かれており、「なぜなのか？」というのが必ずしも明らかになっていない。それを本書で今から明らかにしていくので、複雑に絡みあっている謎解きに、辛抱強くお付き合いをお願いしたい。

ではまず、定説になっている事実から順を追ってご紹介する。

小説『劉志丹』の作者は劉志丹の弟・劉景範《りゅうけいはん》の妻・李建彤《りけんとう》である。

2007年に香港の星克爾出版有限公司から出版された李建彤の回顧録『反党小説〈劉志丹〉案実録』によれば、この本は1956年に中央宣伝部から複数の革命烈士伝の一つとして書くようにという指示があって、工人出版社が執筆してくれる人を探していたという。当時の中央宣伝部の部長は陸定一（部長期間：1954〜1966年）で、副部長は周楊《しゅうよう》（作家、文芸活動家。副部長期間：1954〜1967年）だ。習仲勲が部長をしていたのは「1953〜1954年」なので、すでに中央宣伝部にはいない。つまり、1956年ということは、この計画に関して習仲勲は関係ないということになる。

工人出版社としては劉志丹に関してなかなか執筆者が見つからず、紆余曲折《うよきょくせつ》の結果、劉志丹の弟の妻である李建彤に頼んだらどうかというアドバイスを受けて、李建彤に白羽の矢が当たった。当初、とても自分になど書く資格はないと言って断ったのだが、ならば小説にしてはどうかということになり引き受けた。

そこで李建彤は当時の関係者をさまざま取材したりして書き始めたのだが、その中の一人に習仲勲がいた。しかし習仲勲は取り合おうとしなかった。

1958年に、かつて習仲勲が劉志丹とともに築きあげた照金革命根拠地に関する部分のみの初稿を李建彤は書きあげたので、それを習仲勲に送った。ただ単にデータを確認してもらうためだったが、習仲勲は「出版を支持しない」と言って読もうとしなかった。

習仲勲がなかなか取り合おうとしないので、1959年の冬に、出版社から出版社用の正式の書信として第3稿を習仲勲に送ってもらった。1960年になって、習仲勲からようやく返事が来たが「良くない」と言う。

「うまく書けてはいないし、そもそも私は出版には反対だ」

というのだ。

それから何度も習仲勲にお願いして、彼はやっと李建彤の要求に応えて1回だけ会ってくれた。当時、最高裁判所の副裁判長を務めていた馬錫五《ましゃくご》という、かつての劉志丹の戦友と出版社の主任も同伴してくれた。最高裁判所の副裁判長まで同伴したのだから、「いかなる陰謀もない」と李建彤は書いている。

ともかく習仲勲は出版に反対だった。特に高崗に関しては、あんな事件があったので、絶対に触れてはならないと主張したし、また高崗に触れずに西北革命根拠地を描くことはできないので、結果的に「書くな」というのが習仲勲の強い意見だった。

そうでなくとも鄧小平から「高崗と一線を画せ」と1955年から脅されている。鄧小平はその問題を党中央の会議にまで持ち込み、習仲勲は3回にわたって糾弾されたばかりだ。最初の2回はどうしても鄧小平が認めなかったので、糾弾は3回に及んだという経緯がある。

鄧小平が恐れたのは、高崗に関し無根の事実を捏造しているので、西北閥がそれを暴露する危険性があり、また復讐しないとも限らないので、根こそぎ断絶させてしまわなければ危ないと思っただろうし、何といっても毛沢東に信頼されていた高崗と習仲勲を反党分子としてでっち上げて倒しておかないと、自分が出世できないという野心を燃やしていただろう。

だから1956年の党大会で習仲勲を普通の中共中央委員会委員にしかしなかった。鄧小平は中共中央政治局常務委員という最高の党の核心的指導者の戦列に並びながら中共中央書記処総書記にまで昇進して絶大な権力を持っているので、人事に関して決定権を持っている。

高崗が自殺する前に、習仲勲は高崗に会いに行こうとしたけれど、鄧小平によって阻止されたことを習仲勲自身が経験したのだから、習仲勲はそれを知っている。

だから習仲勲は、

高崗に関して書くな！　出版には賛成できない！

と主張し続けたのである。

しかし「私は習仲勲の『高崗に関して書くな！』という言葉を曖昧にしてしまった」と、李建彤は後悔し、それを回想録に残している。

結局、西北革命根拠地の元の仲間に、「あなたが出版を応援しなくて誰が応援するんだ」と諭され、また最初は反対していた劉景範が妻の熱意に負けて賛同するようになったことを知った習仲勲は、最後には黙認してしまうのである。

そこで工人出版社と李建彤は、中宣部副部長の周楊に「出版しても良いだろうか?」と最後の念押しをするために最終稿を送った。周楊は「問題ない」と許可した。

こうして小説『劉志丹』の一部分が工人日報や光明日報あるいは中国青年報などに試行的に掲載され始めたのである。

習仲勲が「反党分子」に

ちょうど北戴河《ほくたいが》で毛沢東を中心とした中央の主要な指導層が会議を開いているときだった。

それを見つけた閻紅彦はすぐさま康生に「これは高崗の名誉回復を狙《ねら》った反党小説だ」と密告した、という筋書きになっている。その密告を受けて、康生はすぐに楊尚昆《ようしょうこん》に手紙を書いて、この問題を中共中央書記処（総書記：鄧小平）で処理するようにと言ったという。

以下、胡錦濤《こきんとう》政権で重慶市の書記をしていた薄熙来《はくきらい》の父親・薄一波《はくいっぱ》の回顧録『いくつかの重要決定と事件に関する回顧』（下巻、1095～1096頁）や陳伯達《ちんはくたつ》の『最後口述回憶（最後の口述回顧録）』、習仲勲自身による『永遠に忘れられない思い出』、『習仲勲文選』あるいは中国共産党新聞網や党史など、多角的な視点からの記述をまとめると、事件の流れは「表面上」以下のようになる。

①雲南省第一書記の閻紅彦は、新聞に掲載され始めたのを見て、「これは高崗の名誉回復を

しようという陰謀だ」として発表を止めようとし、康生に通知した。康生はすぐさま中宣部に通知して発表しないように指示した。

②1962年8月24日、康生は楊尚昆に手紙を書いて、「この小説は政治的目的を帯びているので、ただちに中共中央書記処で処理するよう」に依頼した。

③1962年9月8日、第八回党大会十中全会予備会議においては彭徳懐批判に関する総括が成されるはずだったが、閻紅彦が西南組（分科）会で小説『劉志丹』に関する問題提起をしたので、一気に会議の風向きが習仲勲批判へと転換していった。閻紅彦は「小説『劉志丹』は習仲勲同志が主導して書かれたものだ。本当の第一作者は習仲勲である」、「劉志丹を宣伝して高崗の名誉回復を狙うものだ」と言った。

④続いて康生が、「なぜこの時期に、高崗を宣伝する必要があるのか」と発言し「總75号」速報を全員に配ったので、それは爆弾が破裂したような旋風を巻き起こし、「彭徳懐・高崗・習仲勲」反党集団という言葉が飛び交うようになった。小説『劉志丹』は「西北反党集団の「反党綱領」だというところまで事態が急変していった。

⑤1962年9月24日、毛沢東が第八回党大会十中全会で話を始めると、康生が1枚のメモを毛沢東に渡した。そこには、

小説を利用して反党活動を展開させるのは一大発明だ。

と書いてあった。

そこで毛沢東はそのメモをそのまま読み上げたあと、次のように補足した。

「近来、どうやら、文芸作品を利用して反革命活動を進める傾向にあるようだ。小説を使って反党・反人民を進めるのは一大発明だ。およそ（おしなべて）、一つの政権を転覆させるには、まず世論を形成しなければならない。意識形態の仕事をまずやらなければならないということだ。革命であろうと反革命であろうと、みな同じだ」

毛沢東はその後、

「小説を利用して反党活動を行うという言葉は、康生が発見したものだ」

と言った。

9月27日に、十中全会は「習仲勲を審査する専案組（特別捜査本部）」を設立することを決議し、習仲勲は失脚した。このあと16年間の長きにわたる軟禁・投獄・監視生活が続く。その間には「反党分子」のレッテルを貼られて、市中引き回しをされ罵声《ばせい》を浴びせられ、批判闘争大会が続いた。

1966年に文革が始まると、河南省洛陽《らくよう》にある鉱山機械工場で監視される日々を送っていた習仲勲を、河南省の紅衛兵*たちが批判大会に引きずり出し、大衆の面前で反革命分子として激しく罵倒し、町中を引き回したり暴力を振るったりした。首には「反党分子　習仲勲」と大書した大きな看板をぶら下げられることもあれば、批判大会で両腕を後ろにグッと引っ張られて髪の毛をつかんで天を向くように頭を反らせる。文革用語で「飛行機」という姿勢で罵倒し侮辱し、殴り続けた。それでも飽き足らず、67年になると、今度は西北大学を根拠地としていた紅衛兵たちが洛陽まで突撃してきて、習仲勲の革命根拠地があった陝西省にまで連れて行っ

1962年、「反党分子」にされ糾弾される習仲勲（勋は勲の異形簡体字）

て西安の町中を引き回し、習仲勲の生家である陝西省富平県にまで引きずり回して、そこで侮辱の限りを与えて、生き恥をかかせたのである。

三　鄧小平の陰謀解明への挑戦

さて、以上の出来事から実際には何が起きていたのかという分析に斬り込んでいきたい。

これは鄧小平が「封印された陰謀」を隠し通せるのか、それとも私の推理が勝つのか、言うならば私と鄧小平との知恵比べであり、私の執念でもある「中国の虚偽の歴史への闘い」の挑戦状でもある。

＊紅衛兵とは、毛沢東の呼びかけに熱狂的に応じた青少年たちで、『毛沢東語録』を手に「毛主席万歳！」を叫びながら街中に繰り出し、破壊と暴力の限りを尽くした。

【状況証拠1】閻紅彦は鄧小平の部下だった

まず、「ん? 何かおかしいぞ……」と思われる項目に注目してみよう。

①に関する多くの情報を知ったときに、大いなる疑問が湧いた。

なぜなら、図表3-1にある相関図をご覧いただきたい。

これは鄧小平とその周辺でうごめく者たちとの人間関係の親密度を表したものである。陳雲《ちんうん》との関係は高崗事件に関して十分に述べたので省くが、「閻紅彦と康生との距離」および「閻紅彦と鄧小平の関係」を見てみよう。

図からも明らかなように、閻紅彦と康生は直接連絡し合うような関係にはない。

たしかに謝子長グループは王明《おうめい》路線の延長線上にあったから、陝北《せんほく》時代の行動は、王明と組んでいた康生の流れを引く線上にはあった。しかしそれは大きく分けて「左傾主義」という路線の全国的な動きであって、閻紅彦が「気軽に」、「いきなり」、「直接」、まず康生に連絡するような関係にはない。すなわち、「閻紅彦と康生の距離」はかなり「遠い」のである。

したがって、閻紅彦がいきなり康生と連絡するということは、あり得ないと言っていいだろう。

片や、「閻紅彦と鄧小平の距離」は「非常に近い」どころか、むしろ「この上なく緊密な上下関係」にある。何でも気軽に話し合える仲で、閻紅彦が最も尊敬し親しくしていた指導層の人間は、鄧小平しかいない。

図表3-1　習仲勲を陥れる鄧小平の人脈相関図（遠藤誉作成）

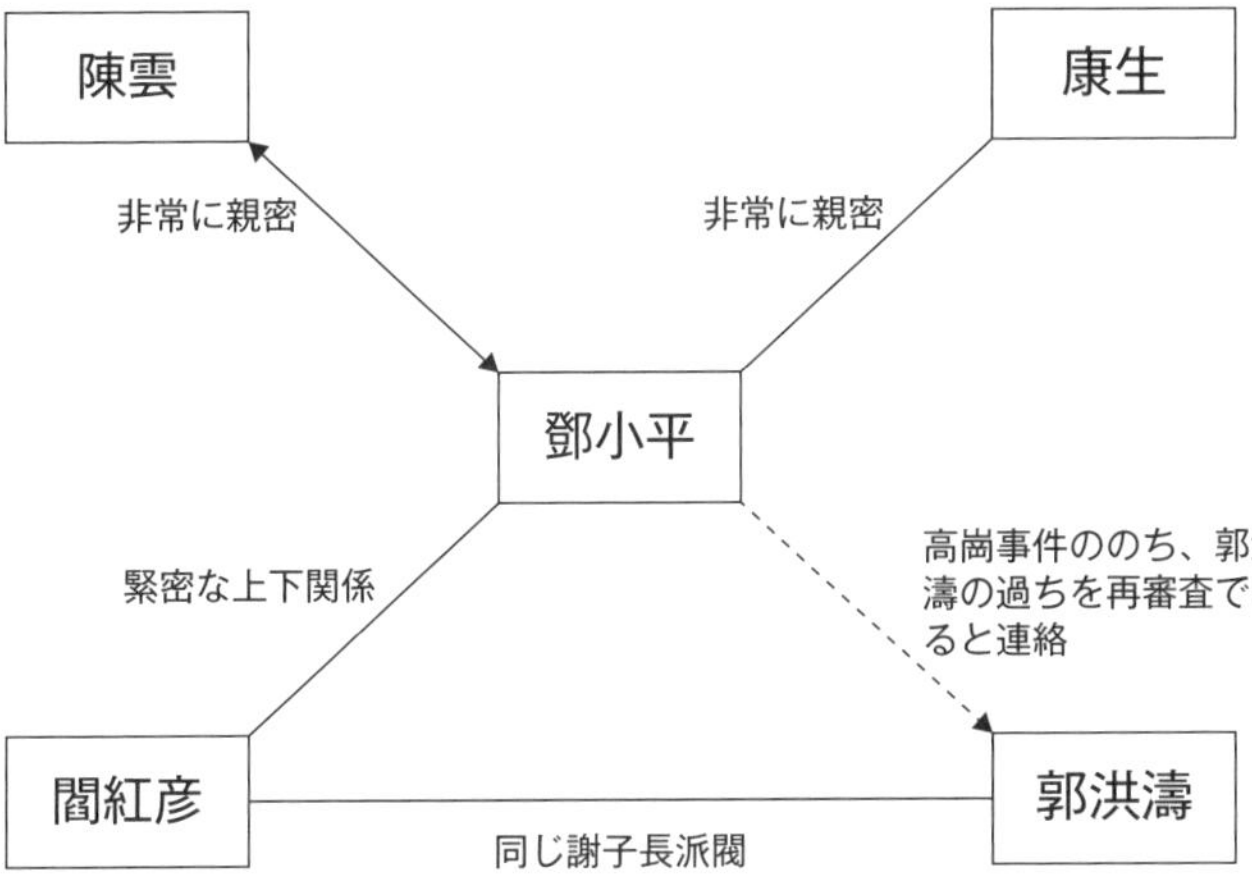

もし万一にも、その「大恩ある鄧小平」を飛び越えて、いきなり康生に告げ口したことを鄧小平が知ったら、きっと鄧小平は烈火のごとく怒って、師弟関係はその時点で崩壊しただろう。だから閻紅彦は、イの一番に鄧小平に言ったであろうことが考えられる。

なぜなら、閻紅彦は鄧小平が西南局の書記として最後の解放戦争を戦っていたときに、鄧小平傘下の軍隊に派遣されて、鄧小平の指揮下で戦っていたからだ。鄧小平を指揮官と仰いで全面的に信頼して戦ったことから、閻紅彦は可愛がられ、鄧小平は北京、中央に移ってからも、閻紅彦の職位を次から次へと昇進させていった。

たとえば当初まだ西南局の書記だった鄧小平は、１９５０年に閻紅彦を四川省の川東行政公署の主任に任命したが、１９５２年に四川省人民政府が成立すると閻紅彦は四川省人民政府副

1965年12月、鄧小平（左）に昆明の製鉄工場を案内する閻紅彦（右）

主席になっている。その後、鄧小平の生まれ故郷でもある四川省で、四川省副書記、四川省書記、四川省副省長兼重慶市第一書記、中共中央西南局書記処書記と、トントン拍子に昇進していった。そして1959年からは雲南省第一書記兼昆明軍区第一政治委員と、異例の出世を遂げさせている。したがって、

閻紅彦は小説『劉志丹』の記事をまず鄧小平に見せて事情を説明し、鄧小平が康生に渡して慇懃《いんぎん》に含みおき、それを心得た上で康生が毛沢東に言い、大騒動に仕立て上げたものと推測することができる。

なお、康生と鄧小平の関係に関しては【状況証拠5】で述べる。

習仲勲失脚に成功した鄧小平と閻紅彦は、これまでよりも一層親しくなり、写真にあるように、1965年12月に鄧小平が雲南省の昆明《こんめい》にある製鉄工場を視察に行ったときは、閻紅彦が

案内している。そのとき閻紅彦はタバコを吸いながら鄧小平と喋《しゃべ》っている。この和気あいあいとした「気楽さ」からも二人の関係と距離が窺えるだろう。

【状況証拠2】閻紅彦が憎いのは高崗だが、鄧小平が倒したいのは習仲勲

次に③に注目してみよう。どうも不自然だ。

第一章でも述べたように、閻紅彦が強い憎しみを抱いているのは「高崗」である。そもそも高崗はかつて閻紅彦の部下で敵前逃亡したこともあるのに、閻紅彦は本来なら銃殺するはずの高崗を許した経験もあれば、延安整風運動のときに高崗から「偽証しろ」と脅迫されたこともある。それが国家計画委員会主席にまで上りつめ毛沢東と並んでいたことに、はらわたが煮えくり返るほどの憎しみを抱いていたにちがいない。

閻紅彦の心には「あの高崗の名誉回復などさせてなるものか」という強烈な思いがある。また謝子長は劉志丹を打倒しようと必死だったので、謝子長の部下だった閻紅彦は、劉志丹を礼賛するような本が出ることには絶対に反対するだろう。

しかし、だからこそ閻紅彦にとっては小説『劉志丹』の作者が誰であるかは問題ではなく、「第一作者は習仲勲だ」などと言って、恨みの対象を習仲勲に持って行く動機は見つからない。

特に閻紅彦は1955年に大将（上将）の軍位を授与され、一級の八一勲章（8月1日は建軍記念日）および解放勲章などを授与されている。この受勲式で受勲令を読み上げたのは、当時国務院秘書長だった習仲勲だ。栄誉ある式典で自分に名誉を与えてくれた習仲勲を閻紅彦が

悪く思っている可能性は低い。西北革命根拠地でも習仲勲との直接の衝突はない。

それなのに閻紅彦は至るところで「小説『劉志丹』の第一著者は習仲勲である」ばかりでなく、「習仲勲の最終的目標は毛沢東の権限を奪って自分が毛沢東に取って代わりたいことだ」と言っている。

この言葉はまさに、鄧小平が高崗をやっつけるために使った言葉ではないか。

なぜ一致しているのか。

閻紅彦自らの口から、このような言葉が出たということは考えられない。彼が嫌だったのは、劉志丹を礼賛することによって、高崗が再評価される可能性があることだけだった。

閻紅彦には特別の事情もあった。

実は、1954年に高崗事件が起きてから4年後のこと、毛沢東が閻紅彦に謝罪している。延安における整風運動で、高崗と閻紅彦が衝突したとき、毛沢東は全面的に高崗を支持し、閻紅彦を叱責した。そのことを毛沢東が覚えていて、1958年3月、成都《せいと》で開催された中共中央会議において、毛沢東は出席者の面前で閻紅彦に「閻紅彦同志、本当に申し訳なかった。私は君に10年以上もの冤罪を科してしまったことになる。あのとき私は人を見誤ってしまった」と言っていたのである。おまけに、そのためにわざわざ中央会議を開催して周恩来や劉少奇などに「歴史は閻紅彦の高崗に対する見方が正しかったことを証明した」と宣言させたのである（「あなたの知らない開国上将」〈王樹恩著、雑誌『世紀風彩』2012年第Ⅱ期〉より）。

こんな誇らしいことがあり得るだろうか！

1955年、受勲式で受勲令を読み上げる習仲勲(写真:中国共産党新聞網)

閻紅彦の胸にはこのことがあり、その高崗が名誉回復されるようなことだけは絶対に許されないことだった。小説『劉志丹』の作者が誰であるかなどは、閻紅彦にとっては問題ではないはずだ。高崗を肯定するようなものは絶対に許さないという強烈な気持ちがあっただけだろう。

一方、鄧小平は違う。

彼の目的は毛沢東に気に入られている習仲勲を倒すことである。

なんと言っても長征の終着点は西北革命根拠地であり、五馬進京の中には二人も西北局系列の者が入っている。しかも当時、毛沢東が最も重んじたのは元西北局だった高崗で、最も高く評価していたのは習仲勲である。「諸葛孔明よりもすごい」とさえ言っていた。

この二人だけは消しておかないと、自分が「いずれは政権を奪取する」という夢は実現できない。鄧小平はそう考えていただろう。だからどんなことがあっても習仲勲を倒しておかなければならない。また、高崗が自殺する前に習仲勲が高崗に会おうとしたのを鄧小平が阻止したことを習仲勲は知っているし、ひょっとしたらそういった糸口から、鄧小平が陳雲と相談して事実を歪曲捏造したのではないかということも、習仲勲は勘づいているかもしれない。だとすれば早く消すに越したことはない。

したがって閻紅彦は鄧小平に「習仲勲の悪口を言うように」と命ぜられて、あるいは「習仲勲を悪く言えば鄧小平が喜ぶ」のを閻紅彦が感じ取って、鄧小平の喜ぶ方向に扇動したのではないかということも考えられるのである。

【状況証拠3】十中全会閉幕直後、閻紅彦は鄧小平の家で祝杯

その証拠に、十中全会が閉幕した夜、閻紅彦は鄧小平の家に行って祝杯の宴を催しているのだ。よもや日本人が執拗《しつよう》に証拠を追い求めてこの事実から傍証を得ようとするとは思わなかっただろう。2012年11月23日の中国共産党新聞網は隠すこともなく、さらりと以下の事実を書いている。

> 1962年9月、第八回党大会十中全会が閉幕すると、閻紅彦は雲南省の省長を伴って鄧小平の家に行った。

どこからどう見ても、習仲勲を失脚させたので「うまく行ったー！」と喜び、祝杯を交わしたとしか思えない。

もし仮に閻紅彦が康生に直接言ったのだとすれば、閉幕後、康生の所に馳せ参じて、「うまく行きましたね！　ありがとうございました！」とお礼を言いに行かなければならないところだろう。しかし、そもそも閻紅彦は康生とそのような仲ではないので、そういった形跡はもちろんない。

【状況証拠4】閻紅彦の仲間・郭洪濤に鄧小平が救いの手

第一章で書いた郭洪濤《かくこうとう》を覚えておられるだろうか。劉志丹・高崗・習仲勲等を監禁して生き埋めにしようとした首謀者だ。彼は延安における整風運動で裁きを受け、罰せられたままだった。建国後、『毛沢東文選』にまで罪人として名前が記録されている。

延安で郭洪濤は冤罪だとして反抗したが、絶対的権限を持っていた高崗が許さず、無念の思いを抱き続けてきた。

そこで閻紅彦は鄧小平にお願いして郭洪濤の名誉回復をしてあげてほしいと頼んだものと推測される。

外から見れば「突如」、鄧小平は郭洪濤に手紙を書き、１９５７年から審査のやり直しを許可し、最終的には１９６０年４月にすべての手続きを終わらせて正式に郭洪濤の名誉回復をさせている。何の関係もない郭洪濤に鄧小平が「突如」手を差し延べるのは不自然だ。閻紅彦が頼んだと見るのが自然だろう。

つまり、閻紅彦と鄧小平の仲というのは「何でも頼めば実現してくれる間柄」であり、「何でも指示すれば指示通りに動く間柄」だということができよう。二人は互いに補完し合い（利用し合い？）、相互に利益を得てきた。

【状況証拠5】康生の秘書が「鄧小平と康生は非常に仲が良かった」と回顧

他方、鄧小平と康生はこの上なく仲良しだと、康生の秘書が書いている。

建国当初、康生は精神的な病（統合失調症）に罹り、しばらく故郷の山東省で療養をしていた。50年代半ばになってようやく復帰したのだが、そのときには鄧小平の力が絶大になっていた。したがって、あのうまく立ち回る康生のこと、当然鄧小平にへつらうことになろう。

康生の秘書・黄宗漢《こうそうかん》は康生の死後、以下のように語っている（2013年2期『炎黄春秋』に閻長貴が掲載した「康生の秘書、康生を語る――黄宗漢が語る瑣末な思い出」より）。

――康生と鄧小平は非常に仲が良かったです。康生は1950年代の初めごろ、中央から冷たく扱われていた時期がありました。しかし、一つには毛沢東に頼り、もう一つには鄧小平に頼り切って、再び立ち上がることができました。60年代に入ると、鄧小平と康生は「反修正主義」を掲げて、二人で協力し合いながら闘うようになりました。

だいぶのちのことになりますが、文革中の1973年に鄧小平が下放されていた江西省から戻ってきたときですが、鄧小平は北京に着くなり、その足で一家全員を引き連れて康生が入院している病院にやってきたのです。門衛が入ってはならないと言ったのですが、私が迎えに出て入っていただきました。鄧小平は康生に会うと、深々と頭を下げて「康老（老：目上の人に対する敬称）、私はまだまだ若造ですので、どうかやるべき仕事がありましたら、何なりと私にお命じください」と、へりくだって言いました。それくらい、鄧小平と康生は親密な仲でした。

康生が死んだ後も、康生の葬儀委員長を鄧小平が務め、しかも周囲の人の強い反対を押し切って、康生に共産党員としての名誉ある冠の言葉（偉大なる無産階級の革命家、光栄ある反修正主義者の戦士）を贈ったのです。これには、鄧小平と仲が良い、あの陳雲までが反対し、最終的に康生は党籍を剥奪されていますが。

このように鄧小平と康生は非常に緊密な仲なのに、なぜ②にあるように、わざわざ楊尚昆に手紙を書いて「中央書記処」に処置するようになどと命じる必要があるのだろうか？　中央書記処の総書記は鄧小平だ。遠回りをせず、直接鄧小平に言えばいいではないか。ここには隠されたシグナルがある。それは、

> 中央書記処に処理しろと「人に見える形で」言ったので、これを受けて書記処総書記の鄧小平が、その後、前面に出ても、鄧小平が先に動いたということが見破られない。そのように指示してくれと、水面下で鄧小平が康生に頼んだ可能性が考えられる。
> この時点の力関係は圧倒的に鄧小平が上だった。

ということである。それまで中央文教組副組長とか中央教育工作委員会副主任といった、パッとしない肩書だった康生は、この一連の動きの中で一気に「中共中央書記処書記」に昇進する。総書記は鄧小平だから「ご褒美」ということだろう。もちろん康生の秘書が語っているよ

うに、鄧小平と康生は一緒にソ連に行ったりして「反修正主義」に関する活動を共にしているので、そのことへの評価もあろうが、習仲勲の失脚が決まった同じ会議で、同時に康生の昇進が決議されたのである。このような「偶然の一致」など、あり得ないと考えるのが自然だ。

なお、康生の秘書は最後に非常に意味深いことを吐露している。

康生は毛沢東が康生を見舞いに来たときに、毛沢東が最初から心配していた「自分も死後に、スターリンのように批判されるのではないか」ということに関して、康生は毛沢東に「あなたの死後、あなたを否定し批判するのは鄧小平だと思いますよ」と言ったそうだ。

これを告げたのちに康生は亡くなり、その1年後に毛沢東もこの世を去った。毛沢東は憎むべき相手、倒すべき相手を間違えてしまったのではないだろうか。

その間違いをさせたのは、ほかならぬ鄧小平だ。鄧小平が天下を取るために、次々と捏造していった無根の事実に毛沢東は惑わされ、あるいは惑わされた振りをして無駄な時間を使い、犠牲にならなくていい人たちを犠牲にしてきた。

鄧小平の罪は重い。

自分が善人として歴史に残るように「細工」した分だけ、その罪はさらに重い。

【傍証】毛沢東は習仲勲失脚を本当はどう見ていたのか？

それでは最後に、その肝心の毛沢東は習仲勲の失脚を、本当はどう見ていたのかを考察したい。

前述したように1962年9月27日に十中全会は習仲勲案を捜査する専案委員会を立ち上げ、康生がその委員長になったが、毛沢東は実はこの専案委員会の設立に不満で、習仲勲の職位は剝奪したものの、習仲勲を逮捕投獄するようなことをせず、中央党校に行って学習するように手配している。周恩来を派遣して習仲勲に会わせ、「毛沢東はあなたを信じているから、気落ちしないように」とこっそり伝えさせてもいる。

その後文革が起きて紅衛兵らが習仲勲に対する批判大会を大々的に開催し、西安に移送して激しい辱めと暴行をくり返していたことを知ると、毛沢東は習仲勲が暴行を受けないようにするために北京郊外にある解放軍の駐屯地のような場所に移して、外界から遮断した。

のちに解放軍の駐屯地で狭い部屋（実質上の独房）に閉じ込められ厳しい監視の下に置かれていることを知った毛沢東は、1974年12月27日、「もう小説『劉志丹』に関しての審査は終わったはずだ。習仲勲を釈放すべきだ。もう、これ以上、小説『劉志丹』問題を追及すべきでない。これ以上延長させるな」と明言した。

年が明け、1975年になると、専案組は習仲勲の監視を解除し、独房から出して洛陽の耐火材料工場の宿舎に移し、療養するように命じた。

このとき（記録によれば1975年初春）、毛沢東はさらに以下のように言っている。

> 習仲勲はとても良い同志だ。党のために実に多くのことをしてきた。彼にいったい、いかなる問題があるって言うんだ！　あの小説だって出版されたわけではないし、私があのとき言ったあの言葉（注：小説を利用して反党活動を展開させるのは一大発明だ）が問題を大

きくさせてしまったのかもしれない。しかし、あれは（習仲勲のことを指しているのではなく）一般的な広い意味での話をしただけだ。

周恩来は毛沢東の「習仲勲の監視を解くように」という一連の言葉を受けて、すぐにその旨を専案組に通知したのだという。

ちょうどこのとき、延安地区延川県に下放され肉体労働に従事しながら生産大隊支部の書記になっていた習仲勲の長男・習近平が清華大学に推薦入学されようとしていた。そこで洛陽耐火材料工場は習近平のために「習仲勲同志（の問題）は人民内部の矛盾であり、子女の進学就職には影響しない」という証明書を発行した。

こうして習近平は1975年9月に清華大学に入学したと記録にある（詳細は第五章で述べる）。

以上が「習仲勲失脚に関する鄧小平の陰謀」を証明するために追いかけた「状況証拠」と「傍証」である。

高崗の場合も習仲勲の場合も、積極的に動いたのは鄧小平であって毛沢東でないことは明らかであり、かつ、ここまでの状況証拠と傍証が示せたので、「首謀者は鄧小平だ」と結論づけていいのではないかと思っている。

習近平はもちろん、このことを熟知しているだろう。鄧小平の「栄光」が内外に定着している以上、口には出せないが、父・習仲勲から真相は聞いているものと推測する。

実は2008年2月、習近平が国家副主席に選出されるのが明確になったころ、ウェブサイト「博訊」が林和立《りんわりつ》という香港中文大学の教授が書いた「習近平は党内の冤罪を果敢に晴らすべきだ」という記事を掲載した。

それによると、87歳になる高崗の妻・李力群は広東《カントン》に住む習仲勲の妻・斉心（チーシン）を訪ねて、「高崗と関係のあった多くの西北局の老革命らは、毛沢東が他界し四人組も捕まったというのに、誰も高崗の冤罪に関して多くを語ろうとはしない」という趣旨の不満を漏らした。斉心はそれに関しては直接何も言わなかったが、少なくとも「息子（習近平）には歴史の事実を伝えておく」と約束した。それからほどなく、習近平が「未だ時に非ず」と回答したという情報が人づてに李力群の耳に入ってきた。

驚くべきは、林和立氏が、「鄧小平が80年代初頭にわざわざ〈建国以来の党の若干の問題に関する決議〉とやらを発表して、改めて高崗事件に関してデッチアゲを堂々と行っている」と書いていることだ。だとすれば知る人は知っていて、高崗事件に関して犯人は鄧小平であると認識している人がいるということになる。

アメリカ在住の中国人で切れ味のいい中国分析を行っている高新氏（米メディアのRFA＝Radio Free Asia評論員）も、高崗事件に関しては、首謀者は鄧小平だという見解をRFAのコラムで発表しておられる。こういう「同志」がいるということは、何とも頼もしい限りだ。心強く、嬉《うれ》しくてならない。

高新氏をはじめ、何名かの精鋭的な理論を展開する人たちの中においては、小説『劉志丹』

事件に関してさえも、裏で動いていたのは鄧小平ではないかという短文の分析をしている観察者がいる。本書で追跡してきたことが、決して突飛な視点ではなく、断片的には少なからぬ知識人が私と類似の視点を持っておられることになる。なかなか系統だって浮き彫りにするところまでは至ってないだけなのかもしれない。

なお、本書は鄧小平の虚偽を暴き真相を明るみに出そうというのが主目的なので、文革に関しては他で数多く書かれていることもあり、ここでは詳述しない。ただ、前にも少し触れたように文革は、実権派にのし上がっていった劉少奇（と鄧小平）を倒すために毛沢東が起こした運動だ。文革の号砲を鳴らすに当たり、毛沢東は「敵は司令部にあり！」と上海から叫んでいる。

歴史に「もし〜ならば」というのはないとしても、あえてもし、鄧小平があのとき高崗を打倒するために事実無根の捏造をして陳雲と示し合わせ毛沢東に密告するようなことをしていなければ、毛沢東は劉少奇を倒すために文革を起こす必要もなかったわけで、文革による2000万人の犠牲者（中国政府発表）を招くこともなかっただろうと思われる。

その意味で、あたかも「善人」として位置づけられている鄧小平の実像を浮かび上がらせることは、中国共産党政権とは何ぞや、そして現在の習近平政権は何を目指しているのかを理解する上で不可欠の作業の一つだろうと信じる。

劉少奇は文革で投獄され、独房の中で糞尿にまみれながら獄死した。

彭徳懐も窓をすべて塞《ふさ》がれた牢屋の中で「空が見たい！　どうか窓の板を外してくれ！」と

叫びながら息絶えた。

毛沢東の死に伴い、文革中に横暴を極めた江青《こうせい》（毛沢東の妻）を中心とした「四人組」を、毛沢東に後事を託された華国鋒《かこくほう》らが武力を用いて逮捕することによって文革は収束した。以来、多くの冤罪で逮捕されていた人々が釈放されて名誉回復したが、習仲勲の釈放は手付かずだった。

習仲勲がようやく釈放されて政治に復帰するのは文革が終わってから約2年後の1978年2月で、名誉回復されるのはさらに2年後の1980年になってからのことである。

この状況を理解するには、文革後、中央で何が起きていたかを正確に理解しなければならない。そこで、習仲勲の政治復帰とその後の活躍を考察する前に、まずは中共中央で起きていた壮絶な権力闘争の真相を分析しておきたい。

第四章

文革後の中央における激しい権力闘争

——華国鋒を失脚させた鄧小平の陰謀

毛沢東亡き後、華国鋒《かこくほう》は間髪《かんはつ》を入れずに四人組を倒して文革を終わらせ、中共中央主席・中央軍事委員会主席・国務院総理と、「党・軍・政」の三大権力を一身に担った。その華国鋒を鄧小平《とうしょうへい》は、「文革に戻ろうとした」とか「個人崇拝を煽《あお》った」、あるいは「経済活動が不適切だ」などと罵倒《ばとう》して権力の座から引きずり降ろした。その結果、改革開放は鄧小平が切り拓いたものとして「鄧小平神話」が出来上がっている。

まるで華国鋒など「存在しなかった」かのように、鄧小平は中国社会から「華国鋒の存在を消し」、礼賛どころか名前をどこかに書くことさえも許さなかった。

ところが2008年になると、その「鄧小平神話」が崩れ始めた。

2008年8月20日に華国鋒が逝去すると、中国政府の通信社である「新華社」の電子版「新華網」が華国鋒を礼賛する弔辞を載せたのだ。弔辞なので社交辞令的なものだろうという解釈もあるかもしれないが、そうではない。

時の胡錦濤《こきんとう》政権の中共中央常務委員会委員9人（チャイナ・ナイン：筆者命名）は全員が揃って華国鋒の葬儀に参加し、それを知った江沢民《こうたくみん》周辺もぞろぞろと列席したため、結局は国家最大級の葬儀となった。鄧小平は1997年に逝去しているので、もう遠慮は要らないと人々は心秘かに思ったにちがいない。

すると、それを待っていたかのように、長年にわたって華国鋒の研究をしていた中国共産党党史研究室にいた韓鋼《かんこう》（このときは華東《かとう》師範大学教授）が『還原華国鋒（華国鋒の真相を掘り起こせ）』という論文を雑誌『往事』に載せたのである。それからというもの、まるで堰《せき》を切ったように華国鋒肯定論と鄧小平懐疑論が噴出し始めた。中国大陸から見た海外の中国語のサイトには「鄧小平は華国鋒の罪状を偽造した」というものさえ現れた始末だ。

２０１１年に華国鋒生誕90周年記念行事が催されると、季刊誌『炎黄春秋』に『往事』と類似の韓鋼の文章が2回に分けて掲載されている。習近平政権になると、それとなく「鄧小平の罪＝真相」を書いても罰せられないという雰囲気が知識人の間に醸し出されるようになったからだろうか、２０１８年には中国共産党の「党史博覧」第8期に「華国鋒と中国改革開放の開始」という論文さえ載り、「中国党史網」というウェブサイトに転載された。

２０２１年2月20日、華国鋒生誕１００周年記念座談会が人民大会堂で盛大に開催された。こうなるともう、「華国鋒を取り戻せ」、あるいは「華国鋒の冤罪《えんざい》を晴らせ」という潮流は止めようがない勢いとなっているのを感じる。

本章では、まず客観的事実経緯を述べた上で、「鄧小平が華国鋒の罪として挙げた罪状の分析」および「鄧小平が華国鋒を失脚させるために暗躍した陰謀の実態」などを中心に考察する。

一　華国鋒、最高権威ポスト就任と失脚の経緯

鄧小平を警戒した毛沢東

前章の最後と一部重なるが、まず華国鋒（１９２１～２００８）は毛沢東が臨終に当たって

後事を託した人物である。

前章で康生《こうせい》が病室で最後に毛沢東に言い残した「あなたがいなくなったのちに、あなたの功績を葬り名誉を傷つけるのは鄧小平でしょう」という言葉にひどく傷つき警戒した毛沢東は、「自分を最も裏切らないであろう華国鋒」にすべてを任せることにしていたようだ。

そしてまだ毛沢東生存中の1975年1月に華国鋒は国務院副総理になり、1976年1月8日に周恩来が他界すると、毛沢東は2月に華国鋒を国務院総理代理に任じたあと、4月に総理に任じ、中共中央第一副主席の職位も与えた。毛沢東は周恩来が自分より先に他界したことを喜び、自分の方が長生きしているという意味で祝杯を挙げたと言われている。

同年4月4日の清明節《せいめい》が来ると、周恩来《しゅうおんらい》を追悼するデモが天安門広場でくり広げられ、四人組に反革命動乱として弾圧された（第一次天安門事件）。鄧小平はこのデモの首謀者とされて失脚し、すべての職務を剝奪《はくだつ》された。

4月30日には、毛沢東は「あなたがやれば、私は安心だ（你办事、我放心）」と書いたメモを華国鋒に渡している。このころ毛沢東はすでに言葉が不鮮明になっており、筆談を交えることが多かった。メモはそのときの筆談の一つである。

このメモに関して信憑性《しんぴょうせい》を疑う論調もあるが、2012年2月17日に、アメリカの国営放送であるVOA（Voice of America）は、1972年2月21日に訪中したニクソン大統領の通訳を務めたことがある章含之さんの証言を報道している。彼女は2008年に亡くなっているが、その1年半前にVOAが取材したときに彼女は「あのメモは1976年4月30日に毛沢東が書いた3個のメモの一つです」と証言している。当時外交部長だった夫から聞いたとのことだ。また章含之自身が著書『分厚い大紅門を乗り越えて』（文汇出版、２００２年）でも書いている。

１９７６年9月9日に毛沢東が他界すると、その妻の江青《こうせい》を中心とする文革「四人組」がすぐさま政権を奪取しようとしたので、このままでは文革がさらに激化すると判断した華国鋒は、「毛沢東の意に反する側面」があるという心理的葛藤《かっとう》を乗り越えて、間髪を入れず葉剣英《ようけんえい》や李先念《りせんねん》らと密談して武力で四人組を逮捕し、10月6日に文革を終わらせた。

葉剣英（１８９７～１９８６）は長征の途中で張国濤《ちょうこくとう》の陰謀をいち早くキャッチして毛沢東に知らせ、毛沢東らの命を救ったことがある。そのため毛沢東は葉剣英を文革が始まった１９６６年から軍事委員会副主席に任命するのだが、１９７１年に同じく軍事委員会副主席をしていた林彪《りんぴょう》が軍事クーデターを起こそうとしていたことがばれて飛行機でソ連に向かって逃亡し、モンゴル人民共和国上空で飛行機事故に遭い死亡してしまうと、毛沢東はなおさら葉剣英を大事にしていた。その葉剣英が、2度目に失脚していた鄧小平を軍事委員会に入れて軍事を強化したいと言ったので、毛沢東は鄧小平が嫌いだったが、葉剣英の言うことには耳を傾けていたので、１９７５年1月付で鄧小平を政治復帰させ軍事委員会副主席に任じた。

康生が臨終の席で「毛沢東亡き後、毛沢東を裏切るのは鄧小平だ」と見舞いに来た毛沢東に告げたのは、その後のことだった。そもそも文革を起こしたのは走資派《そうし》（資本主義の道を歩む実権派）の劉少奇《りゅうしょうき》と鄧小平をやっつけるためだったので、毛沢東が鄧小平を軍事委員会副主席に任じるのは、本来なら毛沢東の意に沿う話ではなかっただろう。

なぜなら葉剣英が安心なのは、彼が軍隊を持っておらず軍行政に長《た》けていたからで、自分にクーデターを起こす可能性はないと踏んでいたからだ。しかし鄧小平は違う。国共内戦（解放戦争）で彼は第二野戦軍を率いて戦っているので、林彪と同じく彼の声一つで動かせる軍隊を持っている。その意味から言うと、鄧小平は危険なのだが、何しろそのとき頼れるのは葉剣英しかいなかったので、毛沢東はいやいやながら葉剣英の意見に従ったのだと多くの記録にある。

だから1976年4月に第一次天安門事件が起きるとすぐに、鄧小平を反革命デモの首謀者としてすべての職を剝奪したわけだ。なぜ鄧小平が、三権を握っている華国鋒を失脚に追いやることができたのかを解くカギの一つは、この事実と関係してくる（このことに関しては本章の後半で述べる）。

李先念（1909〜1992）は1954年から国務院副総理になり、かなり息長く国務院で仕事をしている人物だ。文革でも一定期間批判を受けたが、しかしすぐに中央に戻り、国務院副総理の業務を続けている。

四人組打倒に力を発揮した人物の中に汪東興《おうとうこう》（1916〜2015）がいる。

汪東興は長年にわたり毛沢東の警備を担当していた人物で、中央軍事委員会警衛局第一書記だけでなく、1973年からは中共中央政治局委員でもあった。

彼は毛沢東と、文革期に下放されていた鄧小平とのパイプ役を担ったくらいだから、毛沢東からの信認がいかに篤かったかは想像に難くない。華国鋒が「四人組」を打倒するときには、汪東興自身の傘下にあった８３４１部隊を指揮して四人組逮捕に力を発揮した。

毛沢東が他界したとき、汪東興は場合によっては四人組側に付いてクーデターを起こす道だってあったが、その分岐点において華国鋒側に付き、功績を上げたわけだ。

その後、華国鋒は「中共中央主席、中央軍事委員会主席、国務院総理」に選ばれている。中国建国後、「党軍政」の三大最高職位（党：中共中央主席、軍：中央軍事委員会主席、政：国務院総理）を一人の人間が掌握したのは、建国直後の短期間（１９４９～54年）における毛沢東以外、華国鋒が初めてだ。華国鋒は１９２１年生まれなので、まだ55歳。鄧小平（１９０４年生まれ）や陳雲《ちんうん》（１９０５年生まれ）といった長老たちとは15歳ほどの年齢差があった。

このときの中共中央の布陣を改めて見てみよう。

第十回党大会一中全会（１９７3年8月）では毛沢東が中共中央主席で、数多くの政治局常務委員がいたが、康生・周恩来・朱徳《しゅとく》および毛沢東などの相次ぐ逝去や四人組逮捕などにより、多くの常務委員が抜けて、四人組逮捕直後の党中央のメンバーは結果的に暫時、以下のようになっている。

　中共中央主席：華国鋒
　中共中央政治局常務委員会委員：華国鋒、葉剣英

中共中央政治局委員や中共中央委員会委員はそれなりにいたが、中共中央の核心部分には二人しか残っていなかった。しかし汪東興は華国鋒や葉剣英とともに四人組を逮捕するに当たっ

て大きく貢献したので、中共中央のトップ層で発言権を持っていた。

恩を仇で返した鄧小平

このとき鄧小平は何をしていたかというと、1976年4月に3度目の失職の処罰を受けたままでいた。

毛沢東が絶対にアイツ（鄧小平）は信用ならないと言っていたので鄧小平はまだ政治復帰できていなかったわけだが、葉剣英が華国鋒と汪東興に「鄧小平と陳雲を政治復帰させてあげてはどうか」と言ってきた。毛沢東に絶対忠実だった汪東興は反対した。しかし鄧小平に関しては復帰させても良いのではないかと華国鋒は考え、汪東興を説得して、葉剣英や李先念とともに鄧小平を何としても政治復帰させてあげようと中央で努力していた。

おそらく葉剣英がこっそりと鄧小平に指図したものと思うが、1976年10月10日に鄧小平は華国鋒宛に熱烈な祝賀の手紙を送っていたことも華国鋒の心を動かしたにちがいない。この手紙は「どうか私（鄧小平）を自由の身にしてくれ」ということを表現するためであることは誰の目にも明らかだった。

宛先は汪東興で華国鋒に渡してくれと書いているのだが、それくらい当時の鄧小平にとっては、華国鋒は「恐れ多い」ランクにいたことになろうか。まあ、ポーズをとったのかもしれないが、以下、その手紙の概略を示す。「東興」は「汪東興」のことで、「国鋒」は「華国鋒」のことである。（　）は筆者。

——東興同志気付け、国鋒同志と党中央へ‥

私は衷心より中央が華国鋒同志を中央主席と軍事委員会主席に決定したことを擁護します。政治的にも思想的にも華国鋒同志は毛沢東の後継者として最もふさわしい人物で、年齢的に言っても無産階級指導の安定性を少なくとも15年あるいは20年は維持することができる指導者です。全党と全軍全人民にとって、この決定はどんなに重要なことでしょう。こんなに喜ばしく鼓舞されることが他にあるでしょうか？

このたび、偉大なる領袖《りょうしゅう》（＝毛沢東）逝去後、野心家で陰謀家（＝四人組）が政権を奪取しようとした事件が発生しました。しかし国鋒同志を中心とした党中央が偉大なる勝利を収めたことは誠に喜ばしく、これは無産階級の資産階級に対する勝利であり、無産階級専制を確実にし、資本主義への回帰を防止する勝利であり、毛沢東思想と毛主席革命路線の勝利であります。

私は全国人民と同様に、この偉大なる勝利に満腔の喜びを覚え、「万歳、万歳！」と高らかに叫ばずにはいられません。

華主席をトップとする党中央万歳！

党と社会主義事業の偉大なる勝利、万歳！

鄧小平

１９７６年10月10日

ところが鄧小平は１９７６年11月10日に前立腺炎に罹ってしまう。すると葉剣英がすぐに入院先を手配してあげて、16日には華国鋒が手術の許可も与えてあげた。このころは入院も手術も中央の許可がないと行われず、周恩来などは癌《がん》の治療を許可されなかったために毛沢東より先に亡くなっている。ましていわんや鄧小平はこのときある意味で「囚われの身」だ。そんな人に入院・手術をすぐに手配してあげるというのは、よほどの温情がないとできないだろう。

1977年1月6日の中共中央政治局会議で華国鋒は「鄧小平の問題を解決すべきだ」と発言し、3月14日の中央工作会議で「鄧小平を復帰させる手続きを始める」と宣言した。

すると4月10日に鄧小平は2通目の手紙を華国鋒に宛てて書き、華国鋒への賛辞とともに忠誠を誓いながら早期復帰を懇願するのである。この息の合ったタイミングからすると、おそらく葉剣英が鄧小平に「今がチャンスだ。すぐに嘆願書を書け」と忠告したにちがいない。何しろこのころは、葉剣英は鄧小平と頻繁に会い、自宅にも招いているのだから。鄧小平はすべての職を剝奪されただけで、牢屋に入れられるといった状況ではなく、北京市西山にある軍の療養所に留め置かれ、いわば自宅謹慎のような形だった。

華国鋒が鄧小平からの嘆願書に応えて努力した結果、1977年7月に鄧小平は政治復帰し、中央に返り咲くこととなった。第十回三中全会（1977年7月16日～21日）で「中共中央副主席、中共中央政治局常務委員会委員、国務院副総理、中共中央軍事委員会副主任、解放軍参謀長」に選出されるのである。

同年8月12日には第十一回党大会が開催されて、汪東興は中共中央政治局常務委員会委員および中共中央副主席に選出された。文革を終了させることに大きな功績を果たしたということが高く評価されたからだ。中共中央副主席としては「葉剣英、鄧小平、李先念、汪東興」の順番で党内序列が位置づけられ、党内序列トップは華国鋒なので、汪東興は党内序列第5位ということになった。

このように、華国鋒や汪東興の努力がなかったら復帰できなかったのに、鄧小平は復帰するやいなや、大恩ある華国鋒と汪東興を失脚させるべく動き始めた。

まず自分が政治復帰した第十回三中全会の最終日である7月21日に鄧小平はスピーチの機会を与えられ、そこで「二つの凡《すべ》て（两个凡是）」（凡ての毛主席の決定は断固守らねばならず、凡ての毛主席の指示には忠実に従わなければならない）」に対する批判を暗に行った（出典：『鄧小平文選』第二巻、人民出版社、1994年）。「二つの凡て」は華国鋒が言ったとされているが、後述するようにそれは間違いだ。

1978年12月18日から22日まで開催された第十一回党大会三中全会で鄧小平は華国鋒に対して批判を浴びせ、1980年9月には華国鋒を国務院総理辞任に追い込んでしまう。

1980年11月になると、11月10日から12月5日まで約1カ月間の間に鄧小平はまだ中共中央主席で会議招集権を持っている華国鋒に中共中央政治局会議を9回も開催させ（1980年11月10日、11日、13日、14日、17日、18日、19日、29日、12月5日）、華国鋒批判を激化させていき、ついに中共中央主席も中央軍事委員会主席の座も、すべて正式に辞任させることに成功するのである。

汪東興などは1978年12月に開催された第十一回党大会三中全会で批判を受け、中共中央副主席や中共中央政治局常務委員の職位以外の、兼任していた党中央弁公庁主任、8341部隊司令官、同政治委員の職務をすべて解任されている。

鄧小平が天下を取るためには華国鋒も汪東興も邪魔な存在となったわけだ。

二　鄧小平が下した「華国鋒が犯した罪」と反論

華国鋒「5カ条の罪状」を検証する

では失脚させた理由にどのようなものがあるのかを見てみよう。

その理由として1980年12月5日に終了した中共中央政治局会議が華国鋒に対して出した公式の結論は以下のようなものだった（華国鋒「5カ条の罪状」）。主導したのは鄧小平なので、実質上、鄧小平が下した「華国鋒の罪状」であるということができる。

❶マルクス主義に反する「二つの凡て」という間違った観点を提出した。
❷文革を継続させようとする間違った観点を持っている。
❸冤罪を受けた者の名誉回復を遅らせ、（党の）老幹部の政治復帰を邪魔した。
❹新たな個人崇拝を生み出した。
❺早まって経済に突進し、経済活動において主観的唯心主義という罪を犯した。

この5カ条の罪状により、以下の〈通報（通告）〉を発出するとある。
通告：中共中央政治局会議は六中全会に対して「華国鋒を中共中央主席と中央軍事委員

会主席の職から辞去させ、胡耀邦《こようほう》を中共中央委員会主席に選出し、鄧小平を中央軍事委員会主席に選出することに同意すること」を建議する。

これはあまりに理不尽な話で、これこそはまるで毛沢東が劉少奇を国家主席の座から引き降ろすために文革を起こしたのと同じ構図ではないか。自分たちこそが「文革を継続」させているようなものだ。それらがいかに間違っているかを分析し、反論を試みたい。

❶と❷に対する反論

華国鋒が「二つの凡て」という観点を提出したと鄧小平は華国鋒を断罪しているが、それは違う。まず「二つの凡て」は1977年2月7日付けの『人民日報』が社論で載せたもので、華国鋒自身は「二つの凡て」という言葉をそのまま使ったことはない（2011年5月14日付け中国政府系新聞「中国新聞網」。人民出版社出版の『党史細節』）。ただ、華国鋒は毛沢東の意思に反して、毛沢東が起こした文革を、武力を用いて終わらせた。毛沢東夫人の江青を中心とした「四人組」を逮捕したのは華国鋒である。李先念と葉剣英に相談して断行した（鄧小平らは華国鋒を降ろすために、四人組逮捕は葉剣英と李先念が華国鋒に強要したもので、華国鋒の決断ではないという噂《うわさ》まで流させたが、それらはのちに李先念ら本人によって覆されている）。実際には砲火を交えず逮捕できたが、武力を用いて撃滅しようとしたので、これは毛沢東の意思に対する「軍事クーデター」でもある。毛沢東が生きていたら死罪に値する。その覚悟で出陣した。

しかし建国の父・毛沢東を全面否定すれば中国という国家を統制することはできなくなる。

なぜなら文革において全国津々浦々で暴れ回った元紅衛兵だけでなく、建国以来、特に文革期、「毛主席万歳！」と叫びながら毛沢東を崇拝してきた計り知れない数の中国人民がいるからだ。その者たちを黙らせなければならない。「二つの凡て」を大きく破ったのは華国鋒自身なので、その埋め合わせをしないと反抗を受け国の統治ができなくなる。そのため華国鋒は「毛沢東の評価を損なうことはやってはいけない」と言っただけである。発言の中で「凡是（およそ凡ては）」という中国語の漢字2文字を用いただけで、「二つの凡て」という言葉は使っていない。華国鋒は無罪だ。

無罪なだけでなく、文革を終わらせ改革開放に舵を切るきっかけを作ったという意味では、華国鋒ほど大きな貢献をした者はいないと言っても過言ではないだろう（本章冒頭に示した、現在の中国における非常に高い華国鋒評価においても、そのことが窺《うかが》われる）。

文革中、周恩来も鄧小平も葉剣英も、誰一人「四人組を逮捕する」という勇気を持った人間はいないし、断行もしていないではないか。毛沢東が生きていたからという口実はあるだろうが、林彪は毛沢東が生きていた1971年に軍事クーデターを断行しようとしている。やろうと思えばできなくはなかったはずだが、誰一人勇気を持っていなかっただけだ。

華国鋒があのとき勇断をしていなければ、鄧小平をはじめ、華国鋒を断罪したこの会議に参加していた政治局委員は、みな牢獄にいたままであったかもしれないのである。

なお、❷に関して、「文革を継続させようとしていた」というのは、言い掛かりというものだろう。文革に終止符を打ったのは華国鋒だ。これは問答無用である。

❸に対する反論と分析

5カ条の罪状にある「冤罪を受けた者の名誉回復を遅らせ、（党の）老幹部の政治復帰を邪魔した」の「老幹部」の中には鄧小平が入っていると鄧小平は主張し、会議では華国鋒への非難が激化した。「盗人猛々しい」というか、「恩を仇で返す」というか、唖然としてしまうほどだ。

華国鋒は鄧小平を復帰させるために世論操作までして、1977年元旦から、当時としては最も影響力のあった『人民日報』、『解放軍報』および雑誌『紅旗』に、絶対に「批鄧」を載せてはならないと命令している。「批鄧」とは「鄧小平批判」のことで、文革時には毛沢東が激しく鄧小平を批判したことから世論には「批鄧」旋風がまだ残っていたため、毛沢東の評価を損なわないようにしながら世論作りをしてから、徐々に「鄧小平復帰賛同ムード」を高めていこうとまでしていたのである。

会議では胡耀邦までが華国鋒を非難したが、胡耀邦の場合は、文革後、怖気づいて家にこもっていたので、華国鋒はわざわざ胡耀邦の自宅まで足を運んで「政治の舞台に復帰してくれ」と頼んだほどだ。胡耀邦が拒絶したので、華国鋒は仕方なく葉剣英に胡耀邦の説得を頼み、ようやく中共中央党校で働いてもらうところまで漕《こ》ぎつけた。葉剣英と胡耀邦は個人的に仲が良かったので、華国鋒は葉剣英に頭を下げて胡耀邦の復帰に力を貸してくれと頼みに行ったくらいなのである。鄧小平も胡耀邦も恩を仇で返したようなものだ。

鄧小平はその華国鋒を倒して、自分より上に出ることはない胡耀邦を華国鋒の後釜に据えたのではないのか。「あなたが必要とした胡耀邦を誰が政治復帰させたと思っているのか」と言いたい。

他にも多くの老幹部復帰のために華国鋒は奔走しているが、省略する。

ただ一つだけ、陳雲に関しては華国鋒を批判した側にも理がある。

というのは、毛沢東は陳雲を王明《おうめい》系列の人間だとして極端に嫌っていたために（だから第二章で述べたように、高崗事件のときも、陳雲は周恩来を通して毛沢東に密告するという方法を取っているが）、汪東興はひたすら毛沢東の言う通りに動いていた人物だから、「陳雲だけは認めるわけにはいかない」と陳雲の政治復帰を頑として認めなかったという事実があるからだ。

鄧小平が復帰する前、「中共中央」には3人しかいなかったので、汪東興が反対すれば、華国鋒は「ならば、陳雲に関しては譲歩するので、鄧小平の復帰だけは認めようではないか」と汪東興を説得するしかなかったのである。

鄧小平は、華国鋒の、鄧小平に対する努力は無視して、むしろ陳雲を復帰させなかった事実を利用し、高崗事件のときと同じように陳雲と水面下で連携しながら華国鋒追い落としに活かしていく。これに関しては次節「三　なぜ鄧小平の陰謀が成功したのか」で論じる。

❹の「個人崇拝」に対する反論

たしかに華国鋒は天安門広場の一角に「毛主席記念堂」を建立し、入り口の頭の所に「毛主席記念堂」と華国鋒の揮毫《きごう》を入れている。記念堂の中には防腐処理をした毛沢東の遺体が安置されている。また毛主席の肖像画の隣りに華国鋒の肖像画があり周りに群衆が集まっている絵が描かれたこともある。

それらをもって鄧小平は華国鋒が毛沢東の個人崇拝を煽ったばかりでなく、新たに華国鋒を崇拝するように仕向けたと、華国鋒を断罪した。

しかし当時、華国鋒は「中共中央主席、中央軍事委員会主席、国務院総理」だったし、文革という動乱の10年を「強制終了」させたわけだから、あの全国で燃え上がった紅衛兵たちの熱気とその行き場を少しは見つけてあげないと、動乱は収まらなかったのではないだろうか。毛沢東を崇拝する群衆のエネルギーを受け止める場所がなくてはならない。そのために「毛主席記念堂」を建立して「毛沢東への崇拝の念を一定程度残す」のは、国家の最高統治者としてやむを得ないバランスだったのではないかと思う。

そもそも１９７６年10月10日に鄧小平が華国鋒宛に書いた手紙を見るといい。

毛沢東を「**偉大なる領袖**」と書き、「**毛沢東思想と毛主席革命路線の勝利**であります」と書いているではないか。さらに手紙で「政治的にも思想的にも**華国鋒同志は毛沢東の後継者として最もふさわしい人物**で、年齢的に言っても無産階級指導の安定性を**少なくとも十五年あるいは二十年は維持することができる指導者です**」と持ち上げたのではなかったのか。

これはすべて自分が政治復帰するためのお世辞であり手段にすぎなかったとでもいうのだろうか？

そもそも、自分が政治復帰したあとの最初の党大会（1977年8月の第十一回党大会）の閉幕式で、鄧小平は「必ず毛沢東主席が党のために樹立した群衆路線の優良な伝統と作風を回復して発揚しなければならない」と強調している（『鄧小平文選』第二巻）。

おまけに鄧小平が全権を掌握すると、結局は「毛沢東を肯定すること」によって自らの地位の安全を図っているではないか。

華国鋒が文革直後のあの両極に分かれた群集心理の苦しい板挟みの中で毛沢東を一部肯定するのは罪悪で、自分が自分の身の安全のために毛沢東を肯定し、お守り札にするのは許されるというのか。そんなことを言い始めたら、1989年6月4日の天安門事件後の江沢民《こうたくみん》や胡錦濤政権あるいは現在の習近平政権はどうなるのだろう。彼らも毛沢東の「栄光」を頂きながら国家運営をしてきたし、今もしている。むしろ毛沢東を最も巧みに利用したのは権力掌握後の鄧小平であったと言っても過言ではない。

❺に対する「中国党史網（ウェブサイト）」による反論

中国語では「経済冒進」という文字で華国鋒の罪状を締めくくっている。この「冒進」は日本語に訳せば「冒険主義的に早まって経済を突進させた」とでも言おうか。それを否定するなら「改革開放」を否定しなければならないので、辻褄《つじつま》が合わなくなるためか、「主観的唯心主義」などという意味が通じない言葉を用いて、「華国鋒は重罪を犯した」と断罪した。

鄧小平はのちに（1984年10月6日の談話で）、**「中国の経済開放政策は私が言い始めた（中**

国的经济开放政策、这是我提出来的）」と発言している（『鄧小平文選』第三巻。2013年第29期『環球人物』あるいは2015年5月12日の「環球時報」の中の「環球人物」特集「1978年、鄧小平はいかにして党内序列第三位から党の核心に躍り出たのか」では1978年12月13日の中央工作会議閉幕式における鄧小平自身の発言への評価として）。したがって、実は華国鋒がすでに対外開放を実践していた功績を「なかったもの」としたかったことが本当の理由だとしか思えない。

最近では、それを証明する資料が数多く出ている。たとえば、中国党史網「華国鋒と中国改革開放の開始」（『党史博覧』2018年第8期、李海文）などにもある通り、「対外開放」を言い始めたのは華国鋒で、華国鋒は言うだけではなく、実際に実行し始めていたと中国共産党の党史に堂々と書くようになっている。そこで挙げられている例のいくつかをご紹介しよう。

華国鋒は海外の先進的な技術を積極的に取り入れるために、経済建設に関する海外からの賓客に頻繁に会っており、1977年4月2日にも日本経団連の土光敏夫《どこうとしお》会長を団長とする訪中団一行と会っている。

このとき華国鋒には「宝鋼《ほうこう》建設」を加速させるという明らかな目的があった。1976年10月、華国鋒は「四人組」を逮捕するとすぐに、文革で壊滅的打撃を受けた経済の復興に着手し始め、国家計画委員会の副主任で中央工作メンバーの一人だった林乎加《りんこか》氏を上海に派遣した。林はすぐに上海では毎年300万トンの鉄鋼が不足していると報告してきた。

そこで華国鋒は林を翌77年1月1日に上海市書記に任じ、元旦だというのに仕事を始め、中央行政省庁の一つである冶金《やきん》部の唐克《とうこく》部長に電話。緊急に上海に専門家を派遣して調査し、結果を国務院に報告するように指示した。それ以降の動き方も迅速だった。
これに関しては中国共産党自身が、その「党史網」で大々的に事実を掲載しているので、以下、李海文《りかいぶん》氏が『党史博覧』2018年第8期で書いた「華国鋒と中国改革開放の開始」にある内容の概略をご紹介したい（遠藤が時系列化）。

1977年

4月：全国冶金会議開催。生産を加速化し経済復興を成し遂げよと指示。（その結果、1978年11月までに鉄鋼の生産量は歴史的に最高のレベルに達し、3000万トンに至った）

9月：10月にわたり冶金部代表が率いる視察団を日本に派遣。20年間のギャップにショックを受けた。

10月：華国鋒、新日鉄から寄贈された日本の製鉄に関するドキュメンタリーを全員で観察。華国鋒はその場で日本の先進技術を取り入れ、全国の鉄鋼工業の現代化を図れと指示。

11月：華国鋒は「3年以内に上海市に年間生産量500万トン級の製鉄基地を構築するという計画」を発表。その際、日本からプラント（生産設備一式）を購入し、新日鉄の技術を購入し、君津工場のやり方を模範として中国にも同じものを建設せよと指示。

12月：冶金部提出の「日本技術人と商談する新製鉄所建設の主な課題に関する申請」を批准。新製鉄所建設を討議。新製鉄所の名前を「上海宝山鋼鉄」（略称「宝鋼」）に。

1978年

1月：宝鋼工程建設の指導体制を、「上海市が中心となり、冶金部が参加する」と決定。

2月：「中共上海宝山鋼鉄総工場工程指揮部」を創設。

2月25日から3月5日まで第五回全人代第一次会議開催。華国鋒は「政府活動報告」の中で、「四つの現代化」と「社会主義強国」を提案。「１９７６年から１９８５年までの国民経済発展十年計画綱要（草案）」を決議。

3月：「上海に新しく建設する製鉄所の工場地（場所）の選択と建設工場規模および関連問題に関する申請報告」を批准。日本からプラントを導入し、場所を上海宝鋼と決定。建設規模は鋼と鉄の生産量をそれぞれ年間６００万トンとし、全体の工程投資を２１４億元、そのうち外資を48億ドル（１４４億元）、国内投資を70億元とした。このプロジェクトを完成させるために、林乎加が率いる訪問団を再び日本に派遣。

3月13日の国務院会議で華国鋒は「思想をさらにもう少し解放し、もう少し大胆に（肝っ玉をもう少し大きくし）、選択する方法をもう少し増やし（発想の転換をして選択肢を増やし）、歩みをもう少し早くしよう」（中国語では「思想再解放一点、胆子再大一点、弁方再多一点、歩子再快一点」）というスローガンを掲げて、以下のように語った。

――わが国の科学技術は非常に立ち遅れている。必ず科学技術のレベルを引き上げ、外国の先進技術を取り入れなければならない。外国の良い経験を学ぶことは非常に重要だ。もちろんわれわれ（中国）の現在の技術に基礎を置いて、そこからゆっくり進歩していくこともできる。しかし外国の技術を引き入れて、それを再研究した開発をすれば、もっと早くレベルを上げることができる。

「四人組」は目を閉じてしまい、外国の技術を学ぼうとしなかった。それは這《は》って歩くような速さでしかない（止まってしまったに等しい）。先進技術と先進設備を外国から取り入れることは、経済発展を加速させる重要な施策だ。国際社会では科学技術は日進月歩しており、絶えず変化している。したがって、この計画（「1976年から1985年までの国民経済発展十年計画綱要」）は非常に重要なのだ。「四つの現代化」を実現し、「社会主義強国」を建築していこうではないか。

3月～5月：このような精神に基づいて、華国鋒は国務院総理として、3月から5月にかけて4つの海外考察団を派遣し、対外開放を進めようと尽力した。

●第1陣視察団：3月9日～4月10日。中聯部副部長を団長とし、ユーゴスラビアやルーマニアへの視察団を派遣。

●第2陣視察団：3月28日～4月22日。上海市書記で国家計画委員会副主任の林乎加を団長とし、国家計画委員会副主任・段雲を顧問とした「中国経済代表団」を日本に派遣。段雲は日本留学経験あり（1933年、日本の明治大学）。

●第3陣視察団：4月10日～5月6日。段雲が組長となり、「香港・マカオ経済貿易考察組（チーム）」を香港・マカオに派遣。このチームが次章で述べる習仲勲とタイアップし、華国鋒政権で「対外開放」を断行。（**筆者注：鄧小平が最も恐れたのは、この「華国鋒―段雲―習仲勲」チームが創り上げようとした「改革開放」と「深圳《しんせん》を中**

心として経済特別区構想」が、鄧小平の手ではなく、華国鋒の手によって実現されようとしていたことだと言っても過言ではないだろう）

●第4陣視察団：5月2日〜6月6日。谷牧《こくぼく》国務院副総理が引率する「中国政府経済代表団」が西ヨーロッパ5カ国（フランス、西ドイツ、スイス、ベルギー、デンマーク）を視察した。

これら4つの視察団は、「改革開放」を始めるための「偵察兵」の役割を果たした。以上だ。

中国党史網あるいは2018年第8期『党史博覧』（李海文著）をご覧いただくと、これらはまさに鄧小平が1978年12月の第十一回党大会三中全会で「改革開放」を「宣言」したときの言葉そのままであることに、お気づきいただけるだろう。

特に華国鋒が1978年3月13日の国務院会議で言った四つのスローガン「思想再解放一点（思想をもう少し解放し）、胆子再大一点（もう少し肝を大きくして）、弁法再多一点（もう少し多くの方法を用いて）、歩子再快一点（歩く速度をもう少し速めて）」はまさに鄧小平が改革開放に当たって叫び続けた言葉なのである。それを華国鋒は鄧小平よりも9カ月前に言っていた。

そのことから逆説的に言えるのは、鄧小平は華国鋒をこのまま国家のトップにしておいたら、改革開放に関して大きな功績を上げてしまいそうなので、その功績は「私、鄧小平のものとしていただきたい」という強烈な気持ち（権勢欲と嫉妬心？）が湧き、華国鋒の功績を強引に横取りしたくなったのではないかとさえ思ってしまうのである。

華国鋒が文革に逆戻りしようとしている姿勢など微塵《みじん》もなく、特に科学技術や経済の発展において対外開放に舵を切り、凄《すさ》まじいほどの大胆な一歩を踏み出している。

三　なぜ鄧小平の陰謀が成功したのか？

ではなぜ、鄧小平の強引なまでの陰謀が成功したのだろうか。

三権を掌握している国家の最高指導者を引きずり降ろすなどということは、普通ならできないはずだ。

あの毛沢東でさえ、劉少奇を国家主席の座から引きずり降ろすのに、2000万人の犠牲者を出した文革を起こしたほどである。毛沢東はあのとき中央軍事委員会の主席だった。おまけに建国の父であり、十分な力を持っていたはずだ。それでもわざわざ上海に行ってから「敵は司令部にあり！」という狼煙《のろし》を上げてから文革に入った。

鄧小平は文革のあと、すべての職を失った状態でいたわけだから、それを華国鋒のお陰で政治復帰したとはいうものの、すべて華国鋒政権の中での昇進だ。だというのに、その華国鋒をトップの座から引きずり降ろすのだから、よほどの陰謀を重ねていないとできなかったはずだと思うのである。

そこで、「なぜ成功したのか」に関して、これでもか、これでもかと真相を追いかけてみた。その結果、今のところ以下のような4つの要素があることに思い至った。

（一）鄧小平と陳雲との結託
（二）全国行脚により「点火」して汪東興失脚を準備
（三）政治工作会議と第十一回党大会三中全会で「爆発」
（四）中越戦争を仕掛けて華国鋒を追い込み、軍権を奪取

本節では、この4つに絞って鄧小平の陰謀と戦略を分析したい。

（一）鄧小平と陳雲との結託

第一章の高崗《こうこう》（ガオ・ガーン）でも述べたように、毛沢東が建国前から「陳雲は王明と緊密だ」と見ていたことから、毛沢東は側近の汪東興に「陳雲は信用できない」と早くから述べていた。そのため文革以来、陳雲は干されっぱなしだった。

『陳雲全傳』や2016年2月24日の中国共産党新聞網など多くの記録によれば、中共中央副主席で国務院副総理だった陳雲は、文革が始まる少し前から病気療養と称して上海に籠《こも》り、中央での会議に出なかったという。第一線で活躍したり目立ったりしていると攻撃の矢面に立たされるので身をかわしていたのではないかとも言われている。

毛沢東はそのような陳雲にさらに嫌気がさし、それなら中央での会議に関しては、いっさい陳雲に知らせる必要はないと怒り、窓際に追いやった。特に陳雲は経済に関して専門家気取りで、毛沢東よりも自分の方が経済分野では上だと思っているという噂も流れ、劉少奇や鄧小平らとともに「資本主義の商人経済」とか「反革命修正主義者」と呼ばれて憂き目を見てきた。

しかし1971年に林彪がクーデターを起こすと、それまで無視してきた陳雲の毛沢東への何回目かの嘆願書を見て、毛沢東は江西省に下放されていた陳雲を、中共中央委員会委員だけになら復帰させても良いとして1973年に北京に呼び戻していたのである。

1976年8月4日、毛沢東の病が重くなったとき陳雲は谷牧副総理に以下のようなことを言っている。

●断固、華国鋒を擁護する。

●毛主席の旗を高く掲げる。

毛沢東が亡くなったのちの10月初旬、陳雲は葉剣英に呼ばれて彼の家に行き、四人組を逮捕することに賛同の意を表して、「党の会議で解決すべき問題だけど、政治局常務委員や政治局委員の構成員を考えると、江青ら四人組系列が多いので不利だろう」と述べている。

しかし、華国鋒が四人組逮捕を断行し、三権を握ると、突然言い方を変え始めた。「華国鋒らによる四人組逮捕は宮廷クーデターのようで、中国共産党にはふさわしくない」という、否定論を述べ始めたのだ。

毛沢東に中央委員会委員だけの役職に引き降ろされた陳雲は、華国鋒が三権を掌握したときも中央委員会委員の役職だけしかなかった。建国後、中共中央副主席や国務院副総理などを歴任してきた陳雲にとっては「干されている」に等しく、不満が蓄積していただろう。

陳雲は、政治復帰した鄧小平が華国鋒を引きずり降ろして自分が国家のトップに立ちたいと思っているのを十分に承知していた。「暇を持て余していた二人」は日夜連携を緊密にしていただろうし、また事実、何かにつけて葉剣英の家に集まっては「意見」を交換していた。鄧小平は政治復帰するまでは北京の西山にある軍事委員会療養所に住んでいた。そのすぐ近くには葉剣英の家があったので、鄧小平は年中葉剣英の家に行ったり、ときには葉剣英の家にしばらく住んでいたことさえある。だから陳雲と鄧小平が、ときには葉剣英を交えて意見交換するのは日常茶飯事だったと言ってもいいだろう。

たとえば鄧小平がまだ政治復帰する前の１９７７年5月14日、葉剣英の80歳の誕生日のために、鄧小平は大きなバースデーケーキを葉剣英にプレゼントして一緒に祝っている。葉剣英は西暦では4月28日生まれだが、彼は農暦で自分の誕生日を祝う習慣があり、それに合わせて１９７７年だと5月14日になるので5月14日に集まったという細かな記録まである。

そんなわけだから、鄧小平や陳雲が葉剣英の家で集う話はさまざまなところで書かれている。それらの中で注目したい記録に、毛沢東の秘書だった李鋭《りえい》（１９１７〜２０１９）の証言がある（『李鋭日記』など）。鄧小平と陳雲の会話から、二人の陰謀のカギを解く証言のいくつかをピックアップして記す。

①陳雲は鄧小平が「なんとしても華国鋒を失脚させたい」という強い野心を持っているのを知っていた。そこで陳雲は「だったら、さっさと実行すればいいではないか」と言ったが、鄧小平は「いや、そうなんだが、何せ、あの３人が賛同しない」と悩みを打ち明ける。その３人とは葉剣英と胡耀邦と趙紫陽《ちょうしよう》だという。胡耀邦と趙紫陽は、鄧小平の子飼いの次世代ホープなので、ほどなく（この後のことだが）「鄧小平優勢」と見るや、ただち

に寝返って鄧小平側に付く。

しかし葉剣英は毛沢東が「後事を華国鋒に委ねる」と言ったのを目の前で見ており、葉剣英に対しても毛沢東は「華国鋒の後見人として任せた」と言っているので、葉剣英としては「毛沢東との約束を破ることはできない」のだろうと、鄧小平は陳雲に心の内をのぞかせた。
②すると陳雲が「汪東興の軍権を剝奪しよう」という名案を出す。
「ならば、周りから崩せばいい」と陳雲は言った。「重要なのは、汪東興の軍権を剝奪することだ。彼は中央弁公庁主任と中央警衛局局長の任に就いており、警衛部隊の実力は強大だ。これがあったからこそ、四人組を逮捕することができた。誰もこれには逆らえないと思っている。だからこそ――――!」と陳雲は力を入れた。「どんなことがあっても汪東興の手から軍権を奪取することだ!」

「なるほど――!」

鄧小平はこのアイディアを高く評価し、早速これを実行すべく布陣を敷き始めた。
③まず外堀から崩そう! それから華国鋒を追い込み、じわじわと辞めざるを得ない方向に持って行こう! これが陳雲と鄧小平がたどり着いた結論だった。
④また陳雲は、(国務院副総理の)谷牧には華国鋒が武力で四人組を逮捕することに賛同したのに、鄧小平との密談では、以下のように言っている。
「あんな、武力を使った逮捕はやるべきじゃない。あれは宮廷クーデターであり、邪道

だ。中国共産党の党内問題の解決方法としてはふさわしくない」（引用はここまで）

（二）全国行脚により「点火」して汪東興失脚を準備

この密談により鄧小平の基本方針が決まった。

その戦略がすごい。鄧小平はすぐに「全国行脚《あんぎゃ》」に入ったのである。

第1目標はまず汪東興を失脚させることで、汪東興の手から軍権を奪うことだった。それも陳雲が言ったように「宮廷クーデターではない方法」を用いる。

彼はこの行脚を毛沢東の「燎原《りょうげん》の火」になぞらえて「煽風《せんぷう》点火」と自ら言っている。「燎原の火」というのは、「小さな火種が野原を焼き尽くして、その勢いを止めることはできない」という意味で、毛沢東がイデオロギーの宣伝活動をすることによって、それが中国全土に燃え広がり、全国人民を毛沢東側に引き寄せることができるという「大衆の意識」を「強烈な武器」とする考え方だ。日中戦争時代から、蔣介石《しょうかいせき》との闘いにおいて用いた手法である。毛沢東の手法を模倣した鄧小平の足跡を以下にピックアップする。

事実関係は『鄧小平年譜』（2004年、中共中央文献研究室）や、当時国務院副総理だった于光遠《うこうえん》が書いた『1978年　我亲历的那次历史大转折（私が経験したあのときの歴史大転換）』（2008年、中央編譯出版社）などを基本情報とするが、『環球人物』（2013年第29期）など、膨大な情報もあるので、それらを総合的に勘案しながら、私自身の視点で事実を位置づけていく。

●第一点火：1977年11月11日～20日「広東」

滑り出しは葉剣英とともに、葉剣英の故郷であり地盤である広東省《カントン》へ出かけたことである。葉剣英を味方に付けるだけでなく、実に自然だ。それは1977年11月11日で、鄧小平が政治復帰してからわずか4カ月後のことだった。それでも記録には当時としては「秘密裏に」とあり、やがて秘密ではなくなったので今ではどこにでも書いてある。

鄧小平の広東視察のときに中国共産党広東省委員会接待処の処長をしていた汪石が、往時を振り返って詳細に鄧小平の行動を述懐している（たとえば、2011年7月1日、南方網などに掲載）。鄧小平が宿泊したのは、かつて毛沢東の広東視察のために建てられた第六賓館3区7号楼で、毛沢東が結局は視察に来なかったので未使用のままになっていた。鄧小平がその賓館を宿泊先として選んだこと自体、鄧小平はすでに「二代目の毛沢東」を目指している証拠だ。

注目すべきは広州軍区の許世友《きょせいゆう》司令官を中心とした中国共産党広東省委員会の指導層と会っているということである。それも小人数で会っている。汪東興がピンと来ないように、何とも用心深い。会う人ごとに毛沢東が唱えた階級闘争路線ではなく経済を重視しなければならないという趣旨のことを言っているが、事実上は「二つの凡て」路線を否定することを意味している。

●第二点火：1978年2月1日～2月2日「成都」

鄧小平は1978年1月26日にミャンマー（当時のビルマ）を訪問し、その帰路、1月31日の午後、四川省の成都《せいと》に立ち寄った。2月3日にはネパールに向かったので、成都では2月1日と2日だけの活動となるが、何と言っても四川省の第一書記は次期国務院総理にしようと思っている趙紫陽だ。華国鋒が国務院総理辞任に追い込まれるのは、1980年9月なので、この成都訪問は汪東興を追い落としたあとの布陣まで計算に入っている。趙紫陽としては「汪東興を失脚させたあとに来るものは、華国鋒の失脚であり、まずは国務院総理の玉座から降ろせば、そのあとに座るのは自分（趙紫陽）である」という戦略も分かっているので、なおさら鄧小平の思うままに動き始めた。

趙紫陽はこのとき、四川省の第一書記だけでなく、中国人民解放軍成都軍区の最高責任者であり、「汪東興から軍権を奪う」ことに関しては、しっかりと心得ていたはずだ。鄧小平は趙紫陽に、「もし成都軍区で解決できない問題があれば、総政（中国人民解放軍総政治部）があるんだから」と言い、意味を含ませている。

生まれ故郷の四川省広安県の幹部や、中央軍事委員会の委員で中国解放軍成都軍区司令員にも会っている。汪東興から軍権を奪うのが目的であることがありありと見える。

●第三点火：1978年9月13日～9月18日「東北三省」

1978年9月8日に、鄧小平は北朝鮮の建国30周年記念を祝賀するために、北朝鮮を訪問した。その帰りの9月13日から東北三省（黒竜江《こくりゅうこう》省、遼寧《りょうねい》省、吉林《きつりん》省）を巡り始めた。

第三点火の東北三省視察では、鄧小平は以下のように言っている。

――私は至るところで火を点けて回っている。ここ東北にも火を点けにやって来た。その前にも成都で点火し、広東でも点火している。

こうして、まずは3つの炎に点火したと、鄧小平は自分の全国行脚の目的を位置づけているのである。以下、東北入り後の足取りを追ってみよう。

9月13日：遼寧省本溪《ほんけい》市を視察。共産党委員会や人民解放軍本溪駐軍関係者と接触。

9月14日：黒竜江省の大慶《だいけい》油田を視察。ルーマニアのボーリングマシーンは良くないので、アメリカから買えと言っている。

9月15日：黒竜江省哈爾浜《はるびん》市視察。中国共産党黒竜江省委員会の書記ら数名と会談。

9月16日：吉林省長春《ちょうしゅん》市を視察。（筆者注：私がなぜ鄧小平の「全国行脚」に注目したかというと、鄧小平がこのとき、私が生まれた長春市を訪れているからだ。「なぜ長春にまで？」「目的は何？」と思い立ち、そこでハッとして「よもや――！」と気づき、そこから夜叉《やしゃ》のように分析を掘り下げることに挑み始めた。こうして最終的に、後述する三中全会前の政治工作会議への布陣であることを発見したのである）長春市では「中共中央委員会委員、中共吉林省第一書記、吉林省革命委員会主任、吉林省政治協商会議主任、中国人民解放軍瀋陽《しんよう》区副政治委員、吉林省軍区第一政治委員」を兼任する王恩茂《おうおんも》と会談する。このとき鄧小平は「二つの凡ては、決して毛沢東思想を高く掲げることにはつながらない」とくり返し、「二つの凡て」を明確に否定した。東北におけるそれまでの視察では、ストレートに「二つの凡て」を口にせずに、それにつながる、「ピン！」と来るような話を経済問題に絡めてしていた。

9月17日：遼寧省瀋陽市視察。瀋陽では、午前中に「中共中央委員会委員、中共遼寧省委員会第一書記、遼寧省革命委員会主任、中国人民解放軍瀋陽軍区政治委員、のちに中国人民解放軍済南軍区顧問」を兼任する曽紹山《そうしょうざん》や他の中共中央委員会委員数名と会談。午後は中国人民解放軍瀋陽軍区機関および瀋陽軍区「師」以上の幹部および「中共中央政治局委員、中共中央軍事委員会委員、中国人民解放軍瀋陽軍区司令員」を兼任する李徳生《りとくせい》らと会談。ここで鄧小平は「私は全国各地に火を点けている。ここに来たのも火を点けるためだ」という言葉を述べるのである。（筆者注：軍関係が圧倒的に多いことから、「打倒汪東興」の狼煙を揚げに来たということが見て取れる。これは（四）で述べる中越戦争への下準備でもあった）

9月18日：遼寧省鞍山《あんざん》視察。鞍山鋼鉄公司錬鉄工場に行き、冶金部副部長らと会談。（筆者注：これは華国鋒が冶金部と林乎加らを動かしていることへの警戒感からだろう）

●第四点火：1978年9月19日「河北省唐山市」視察

唐山鋼鉄公司第2錬鉄工場を視察。これも、華国鋒がすでに冶金部を使って上海市で鉄鋼産業に着手しようと動いていることに対する対抗策であることがにじみ出ている。

●第五点火：1978年9月20日「天津市」視察

案の定、天津市で会ったのは林乎加である。本章第二節に華国鋒が3月11日に行った「日本からプラントを導入し、場所を上海宝鋼と決定した」ことに関して担当したのは林乎加だ。華国鋒はこのプロジェクトを完成させるために林乎加が率いる訪問団を再び日本に派遣したのは前述した通りだ。このころは文革で人材が少なくなっていたので、一人の人間が何役も担当していて、林乎加は同時に、天津市党委員会の第一書記を務めていた。

鄧小平は華国鋒の新日鉄と上海宝鋼が進めているプログラムの功績を、華国鋒から横取りして、自分（鄧小平）の功績としたかったものと思われる。これをもって「改革開放経済は自分（鄧小平）が始めたのだ」と位置づけ歴史に刻みたかった（歴史を歪めたかったと言っても過言ではない）。そのための強引な布石がこの「全国行脚」だったのである。

（三）政治工作会議と第十一回党大会三中全会で「爆発」

鄧小平の「点火」は第十一回党大会三中全会の前に開催された政治工作会議で「爆発」した。

第十一回党大会三中全会は1978年12月18日〜22日に開催されることになっていたが、そのための準備大会のような形で中央工作会議が同年11月10日から始まった。会期は36日間と長く、12月15日に閉幕した。中央工作会議に出席するのは全国各省、各市、自治区および大軍区の主要責任者や中央党政軍各部門の責任者などである。

中央工作会議では、総会のあと、各地方に分けて分科会が開催されることになっている。分科会は「東北組、華北組、西北組、華東組、中南組、西南組」の六大地域に分類されており、当日の参加者212名は、入場するときに誰がどの分科会に参加するかという名簿を手渡される。鄧小平が「点火」した最大の地域である「東北組」には「陳雲」の名前が載っていた。

そして歴史は11月12日の東北組における陳雲の号砲によって大きく転換していく。人々はそれを陳雲が発した「6発の砲弾」と称するが、このとき鄧小平は海外出張に出かけていて、わざとその席にいないというのも、毛沢東のやり方を模倣したものである。かつて毛沢東が高崗失脚の決定的な会議を欠席して杭州《こうしゅう》にいて、批判はもっぱら鄧小平に任せたのと同じ構図だ。鄧小平はわざとこの時期に合わせて会議を欠席し、陳雲に「点火物」への「爆発」を起こさせた。

11月12日、陳雲は東北組分科会に少しだけ遅れて入ってきて、勢いよく「主席台」の方の席に座った。陳雲はこのとき、普通の中共中央委員会の委員にすぎず、主席台の方に座る資格はないはずである。しかし陳雲が座った瞬間に会場は水を打ったように静まり返った。

何も知らない人たちは（＝鄧小平が点火してない人たちは）、何ごとかと訝《いぶか》しがったし、「点火されていた人たち」は、「さあ、これからが勝負だ」と息を呑んだ。

陳雲は凄まじい勢いで、興奮気味に「天安門事件の鄧小平に対する冤罪」や「彭徳懐の冤罪」、あるいは「61人の叛徒集団事件*における薄一波の冤罪」など6項目を列挙して、すべて名誉回復されなければならないと叫んだ。

その瞬間、会場からはどよめきと拍手が起こり、東北組の代表たちが次々に賛同の意思を表

＊「61人の叛徒集団事件」とは国共内戦時の1935年に共産党員の偽装転向による出獄工作に関して、文革期に反党分子として糾弾された事件。当時偽装出獄を許可した劉少奇を失脚させるために起こしたもので、薄一波も巻き添えになった。薄一波は陳雲と仲が良い仕事仲間で、2012年に失脚した薄熙来の父親でもある。

した。「点火」した通りに動いたわけだ。人々は「陳雲が6発の重量級爆弾を投下した」と興奮し、そのどよめきは華北組や西北組、中南組、西南組……と、嵐のように伝播《でんぱ》し、「爆発」を起こしたのである。

このときの各組における有力人物と鄧小平による「点火」の有無を以下に示す。

●東北組：「点火」済み。陳雲、王恩茂。
●華北組：「点火」済み。天津の林乎加。
●西北組：胡耀邦（鄧小平の子飼い。次期中共中央主席〈→中共中央総書記〉を約束されている）、于光遠（鄧小平や陳雲の原稿を書く国務院副総理）。
●華東組：鄧小平と（このときまでは鄧小平と仲が良かった）万里《ばんり》。
●中南組：「点火」済み。広東省の葉剣英。
●西南組：「点火」済み。四川省の趙紫陽（鄧小平の子飼い。次期国務院総理を約束されている）。

これだけの布陣があれば、もう文句なしだろう。

陳雲の発言は毛沢東が下した結論を覆すものだから、当然のことながら「二つの凡て」を否定したことに等しい。誰でも「二つの凡て」は汪東興から発出されているのを知っているので、自ずと会議は汪東興攻撃へと向かった。そして継続して開催された第十一回党大会三中全会で汪東興はすべての職位を奪われ、『毛沢東選集』の編纂《へんさん》だけを任されることになる。

これで鄧小平と陳雲が話し合った上記4項目の内の②にある「汪東興から軍権を奪う」こと

に成功し、③にある「華国鋒を下野させるために外堀から崩していく」も満たされたわけだ。

④に書いてある「宮廷クーデターではいけない」という陳雲の提起は含意が深い。実はこの「宮廷クーデターではいけない」ということに私は最も注目してきた。政治に慣れた鄧小平はすぐにその意味を汲み取り、「中共中央委員会で討議して決める」ことに焦点を絞り、そのために全国行脚をしたのである。

この戦略の凄まじさは、度肝を抜く。

「敵ながらあっ晴れ！」と言いたいほどだ。

李鋭が口述記録として残した鄧小平と陳雲の会話の中には、「党内民主」という言葉が何度も出て来るのだが、中共中央委員会の会議において、多数決で議決していくやり方にターゲットを絞って鄧小平は行動し、陳雲がそれに応えて「6発の砲弾」を発射した。そして「党内民主」に沿った多数決議決によって汪東興は全権を剝奪されるのだから見事ではないか。

12月18日から始まった三中全会では、陳雲は「ご褒美」として、「中共中央副主席、中共紀律検査委員会第一書記」の栄冠を勝ち取った。

自ずと華国鋒は追い込まれていくわけだが、しかし、中共中央主席と中央軍事委員会主席の玉座から降りていただくには、あともう一歩、華国鋒を追い詰める必要があった。

(四) 中越戦争を仕掛けて華国鋒を追い込み、軍権を奪取

鄧小平が「最後の一手」として取った手段は、外国に対して戦争を仕掛けることである。

なぜなら、華国鋒は中央軍事委員会の主席ではあっても、解放戦争（国共内戦）などで活躍したことはなく、汪東興がいなくなれば、「軍隊」に関してはほぼ丸裸に等しい。

葉剣英が軍事委員会副主席でいても、実は葉剣英は自分が自由に動かせる「部隊」を持っているわけではない。「軍事行政」に強いだけだ。だからこそ毛沢東は葉剣英にはクーデターを起こす可能性はないとして、1966年から彼を軍事委員会副主席にして自分の傍に置いていた。そのことは前に触れた通りだ。

鄧小平は、このことに目を付けたのである。

もし中国が外国と戦争をするような事態になったら、何としても「実働部隊」が不可欠となるし、また実働部隊を動かせるのは、当時は鄧小平だけしかいない。

新中国誕生前の解放戦争のときの第一から第四野戦軍総司令のうち、彭徳懐や林彪はもうこの世にいない。「常勝（百戦百勝）将軍」と言われた粟裕《ぞくゆう》は、1958年に冤罪を受けたまま、このときもまだ名誉回復をされずにいた。粟裕の名誉回復を阻止したのは鄧小平である。

粟裕は解放戦争時の淮海《わいかい》戦役や渡江《とこう》戦役などを立案し戦術を設計しただけでなく戦場で指揮した軍人でもある。だから毛沢東は軍人の中では誰よりも粟裕を高く評価していた。腕前が林彪よりも上で、しかも出世欲や権勢欲がないため重要視していたのだが、1958年に「教条主義に走った」などと謂《いわ》れなき罪名をでっちあげられて、軍権を剝奪され閑職に追いやられていた。

1958年に粟裕を断罪する会議を主宰したのは、またしても鄧小平だ。

実は鄧小平が名を上げたのも淮海戦役や渡江戦役などなのだが、戦術を設計し最前線で勇猛果敢に闘ったのは粟裕だった。この戦役は最初の内は苦難の連続だったのだが、そのとき粟裕が毛沢東に「総司令を鄧小平や劉伯承《りゅうはくしょう》などにしてくれ」と頼んだときには鄧小平も劉伯承も断っている。敗けそうなので責任を負わされるのが嫌だからというのが理由だ。ところが粟裕の闘いにより戦役が有利に働き、ついに大勝利を収めると、鄧小平らはこの勝利を劉伯承と鄧小平の名において毛沢東に報告した。

功績の横取りだ。

かつて高崗は毛沢東の後継者になりそうだったので、鄧小平は何としても高崗を陥れて、1954年に自殺にまで追い込んでいる。それとほぼ時を同じくして、毛沢東が軍に関して粟裕にぞっこん惚《ほ》れ込んでいたのを知り、複雑な背景があるものの、鄧小平がうまく立ち回って粟裕を陥れるのに大きな役割を果たした（このときの背景は非常に複雑なので、ここでは鄧小平の動きのみをピックアップして分析する）。

1978年になって、葉剣英が粟裕も名誉回復されるべきだと主張し、鄧小平も表面上うなずきはしたものの、結局は陰で操って名誉回復を阻止した。葉剣英はのちになって、鄧小平のことを「**小平是很擅权的**（**鄧小平は非常に権力を独占したがる**）」、「**権力の鬼だ**」とその強欲さと非情さを酷評している。

そんなわけで、このとき中国には軍を動かせる人物は、鄧小平しかいなかった。

華国鋒には実は鄧小平を倒してしまうチャンスもなかったわけではない。汪東興と組んで逮捕してしまうことはできた。文革直後でも鄧小平はすべての職位を剝奪されていたのだから軍を動かす力は「ゼロ!」だった。しかし華国鋒はそれをしなかった。内戦が起こるかもしれないという混乱を避けたかったからだ。葉剣英は華国鋒のその性格を知っていたので、ひたすら鄧小平を政治復帰させる方向にしか誘導していない。のちに葉剣英は、はたしてそれが正しい判断だったのか否かを疑問視するようになる。

さて、中国が外国に戦争を仕掛ける場合、一番大きな選択としては「外国ではないが」台湾統一をすることが考えられる。しかし台湾にはアメリカが付いていて、それに対抗するような軍事力は中国にはない。

北のソ連とは仲が悪いのでソ連に仕掛けてもいいが、やはり軍事力的に相手が大きすぎる。となれば唯一の選択はベトナムだった。

ベトナムなら口実を作ることができる。

なぜならベトナムはアメリカとの戦争であったベトナム戦争(1965〜1975年)を通して、アメリカと対立関係にあったソ連と親密になっており、中国はソ連とベトナムという二つの反中的社会主義国家に挟まれた社会主義国家だったからだ。中国はソ連と仲が悪かったので、ベトナムがソ連と緊密だということは、中国を敵視しているということになる。

そこへ新たな要素が加わった。カンボジアのポル・ポト政権が中国寄りの姿勢を強めている中、ベトナムとの間の国境紛争が絶えなかったのだ。ベトナム軍がカンボジアに侵攻してきて、ポル・ポト政権が中国に救いを求めているという要素も存在していた。

そこで鄧小平は「カンボジアを助けるために」という口実が出来て、ベトナムに戦争を仕掛けることを計画し始めた。

心配なのはベトナムとの戦争が始まったときにソ連が中国を攻めて来ないか否かということだったが、陳雲は「ソ連は戦争体制に入るには一定の期間がかかるので、できたらベトナムとの戦争は、1カ月間ほどの短期間で一気に終わらせることだ」と鄧小平に忠告している。

アメリカの介入はあり得ない。アメリカとは毛沢東存命中の1972年に限定的ながら米中国交正常化を果たしており（共同声明発表）、1979年1月1日には正式な締結が成される運びになっていた。

そこで鄧小平は華国鋒に中央軍事委員会会議を招集させ、1978年12月7日に中越戦争（越：ベトナム）を起こすことを決定させ内部命令を出させるのである。

何と言ってもこの時期の中央軍事委員会主席は華国鋒なので、戦争の責任は華国鋒に行く。事実中越戦争によって戦費が掛かり死傷者も多数出たので、華国鋒は「文革が終わって、こんな大変な時期に戦争をするとは何ごとだ！」という批判を庶民から受けている。党内にも「文革で中国は壊滅的打撃を受けている。こんなときに経済復興に専念せずに戦争を仕掛けるとは何ごとか！」という反対論さえあった。

一方、葉剣英に戦争を突き付ければ、葉剣英は「お手上げ」だ。鄧小平に従うしかない。華国鋒に対しても「お前には自由に動かせる実働部隊がないだろ！」と威嚇して、中央軍事委員会主席を辞任するところまで追い込めることができるのだから、鄧小平の狡《ずる》さと抜け目のなさには、ただただ呆気《あっけ》にとられるばかりだ。

国内的には「全国行脚」で全国の軍区の要所はすべて押さえてある。

国外的には前述した北朝鮮を別とすれば、ミャンマー、ネパール、タイ、マレーシア、シンガポールと訪問し、東南アジア周辺は固めてある。

日本へは1978年10月に、まるで自分が「中国のトップ」であるかのような顔をして訪問しただけでなく、1979年1月28日には訪米して、カーター大統領に会い、「これはベトナムに対する懲罰だ。ベトナムに戦争を仕掛けるが、短期間で終わらせるので傍観していてくれ」と頼みに行っている。

こうして1979年2月17日、中越戦争が始まった。そして3月5日には、「予定の目標は達成した」と発表して中国軍はベトナムから撤退するのである。わずか「20日間」そこらの戦争だった。陳雲の「1カ月以内に終わらせればソ連は戦争体制の準備ができないので攻撃してこないだろう」という忠告に忠実に沿った戦略だった。

目的は「外国に戦争を仕掛けること」だけだったので、鄧小平としては目的を達成したわけだ。

1981年6月に開催された第十一回党大会六中全会で、華国鋒の中共中央主席と中央軍事委員会主席からの辞任が正式に決議された。

なお、いよいよ鄧小平が政界を引退する時期になった1994年12月25日に、粟裕はようやく名誉回復されている。中央軍事委員会副主席の劉華清《りゅうかせい》と張震《ちょうしん》が連名で名誉回復の正式文書を発表した。１９８４年に粟裕は40年間も冤罪を着せられたまま亡くなっており、その追悼10周年記念という意味合いもあったろうが、鄧小平の発言権がなくなったことを見極めての名誉回復であったものと解釈できる。

少なからぬ者が、鄧小平が政界を去る日を待っていた。今、鄧小平を慕う党内人士はあまり見当たらない。

最後にもう一つ。

１９８９年、淮海戦役に関する指導層の当事者が皆この世を去ったのを見届けると、鄧小平は次のように言い始めた。

——毛主席は私に「私は指揮権をあなたに渡すよ」と直接言ったのです。毛沢東自らが直接私に言ったものです。淮海戦役の戦略は、中央軍事委員会と毛主席の指示を受けて、この私が決定したものです。

このことは『鄧小平文選』第三巻に収められており、現在のところの定論となっている。

鄧小平は「死人に口なし」と思っただろうが、そうはいかない。

韓鋼が『還原華国鋒』に書いたように、われわれ研究者の目は節穴ではない。真実は、いつかは必ず明らかにされるものだ。それがなかったら、私たちの心は、魂は、どうして生きていくことができようか。

第五章

習仲勲と広東省「経済特区」

一　北京に戻ってきた習仲勲

葉剣英の言葉に涙

時間は少し遡《さかのぼ》るが、1978年2月の半ばになると、中共中央弁公庁から河南省中国共産党委員会に一本の電話が入った。すぐさま習仲勲《しゅうちゅうくん》を北京まで送り届けよという命令だった。葉剣英《ようけんえい》や華国鋒《かこくほう》らの計らいだ。

実は習仲勲釈放請願に関しては、妻の斉心（チーシン）や娘の橋橋（チャオチャオ）、長男の習近平《しゅうきんぺい》あるいは次男の習遠平《しゅうえんぺい》などが手分けして走り回っている。

文革が終わると冤罪《えんざい》で投獄された人々が次々と釈放され名誉回復される中、習仲勲はなかなか解放されなかった。居ても立ってもいられなかった斉心は娘の橋橋を連れて軟禁先の洛陽と北京の間を行ったり来たりした。

1976年10月に四人組が逮捕されると、習仲勲は翌11月に華国鋒や葉剣英などに祝賀の手紙を書き、1977年8月21日には鄧小平《とうしょうへい》や胡耀邦《こようほう》、王震《おうしん》などに個別に手紙を書いて、「早く自由の身になって再び党のために貢献したい」と訴え、8月24日には華国鋒、葉剣英、鄧小平、李先念《りせんねん》などに第十一回党大会の祝賀とともに、生きている間に党組織に戻って働きたい旨の訴えを綴《つづ》った。

葉剣英は息子の葉選寧《ようせんねい》を遣わして北京に来た斉心に会いに行かせ、「王震の問題を解決すれば、きっと鄧小平は習仲勲が復帰するのを阻止しないだろう」と斉心に伝えた。8月21日に王震に宛てて書いた手紙には建国当初に新疆ウイグル自治区における王震のやりかたを批判したことを反省し謝罪する旨の内容が書いてあったという。

このころ王震と鄧小平の関係は緊密だったので、「鄧小平が習仲勲の釈放を阻止しないようにするには（このとき国務院副総理になっていた）王震を動かすと良い」と葉剣英は習仲勲に伝えたというのだ。ということは葉剣英もまた、習仲勲を陥れたのは鄧小平だということを知っていたということになろうか。

2013年、習仲勲の生誕100周年を記念して中央電視台（中央テレビ局、CCTV）で連続ドキュメンタリー・ドラマ『習仲勲』が放映された。その番組で習橋橋は、王震に会った経緯を自分の言葉で証言している。それによれば、王震に会うために橋橋は王震の家の前で待ち伏せて、王震が家から出てきたときに「私は習仲勲の娘だ」と名乗ったところ、王震がぜひ家に入るようにと歓迎してくれたので、父の現状をつぶさに話し、習仲勲が書いた手紙も王震に渡したという。

ドラマ『習仲勲』では葉剣英や胡耀邦およびその上に立っていた華国鋒の支援が大きかったことはカットされて、鄧小平と親密になっていた王震の貢献部分だけをクローズアップしており、不自然だった。実際、その前後で画面が一瞬、真っ黒になって青い光が走ったりなどしているので、カットするなど編集作業をしたのだろう。このころはまだ鄧小平への評価に対する政治的な配慮が強かったものと推測する。

1978年の年初に斉心親子は胡耀邦に会っている。胡耀邦の息子の胡徳平《ことくへい》の仲介によるものだ。習近平が胡徳平にお願いし、結果斉心と橋橋が胡耀邦宅を訪れるというルートを作った。

葉剣英だろうと胡耀邦だろうと、当時の最高指導者だった華国鋒に相談し、その結果、習仲勳の政界復帰が決定されたことにちがいはない。

2月22日、習仲勳は汽車に乗り、下放されていた洛陽をあとにし、鄭州《ていしゅう》を経由してついに北京に戻ってきた。

2日後の2月24日から3月8日まで、習仲勳は特別招聘《しょうへい》委員として人民大会堂で第五回政治協商会議全国委員会第1次会議に晴れて出席し、かつ全国政治協商会議常務委員会委員に選ばれた。その後、同じく人民大会堂で開幕した第五回全国人民代表大会第1次会議にも出席し、会議では葉剣英が全人代常務委員会委員長に選出された。

葉剣英は習仲勳に会うなり「仲勳同志、あなたはあんなに苦労なさったのに、こんなに元気そうで、なんと嬉《うれ》しいことでしょう」と習仲勳の手を固く握りしめて喜んだ。

習仲勳はのちに、このときのことを振り返って「葉剣英はすでにかなりのご高齢で業務も凄《すさ》まじく忙しい中、私に会う時間を工面してくれました。『ひたすら前を向いて、これからも党のためにもっと励んでください』と私を励ましてくれたのです。彼の心の広さ、寛大さ、親切さ、謙虚さ、誠実さ、そして同志への愛情に、私は思わず涙が出ました」と述懐している。

「反党分子」として16年間も幽閉されていた習仲勳にとって、「これからは（心を入れ替えて）」

ではなく「これからも党のためにもっと励んでください」と言った葉剣英の言葉は、普通の儀礼的な挨拶《あいさつ》ではなく、自分を決して「反党分子」とみなしてはいないことを表していて、きっと本当に嬉しかったものと思う。

精神を保つために毎日の運動を欠かさなかった

習仲勲は拘束・軟禁・投獄されていた間、どこにいても運動だけは忘れなかった。北京の狭い独房に閉じ込められていた間は、毎日1から1万まで数える間、部屋の中をグルグル歩いて回り、終わったら1万から1まで数え直して後ろ向きに歩きながら部屋を回るという運動を日課にしていた。そうでないと衰弱死するか精神的に持たずに発狂し、自死を選ぶ者が少なくなかった。それを避けるためにも、ひたすら歩いていたので、心身の健全さを保つことができたという。

葉剣英は習仲勲に比べて15歳も年上で、このときすでに81歳だったので、自分は退いて息子に広東省の地盤を受け継いでほしいと思っていた。葉剣英は先妻の子である長男の葉選平《ようせんぺい》に広東省の地盤を継がせたいと願っていたので、会議が終わったあと葉選平と葉選寧の二人を習仲勲の宿泊先に遣わせて鄭重に習仲勲一家を葉家に招待し宴を催している。

習仲勲の赴任先に関しては、実はさまざまな意見があった。

第七機械工業部がいいとか、農業部がいいとか、あるいは故郷の陝西省《せんせい》に行ってもらおうかなどといった意見が出されたが、葉剣英は何としても広東省《カントン》に派遣しようと強く主張した。そのために華国鋒（当時はまだ中共中央主席、中央軍事委員会主席、国務院総理）や胡耀邦（当時、中共中央組織部部長）を説得して回ったのである。

公けの記録では、「広東省第一書記の韋国清《いこくせい》は広東省革命委員会主任を兼任していただけでなく、中共中央政治局委員であり、全人代常務委員会の副委員長、中国人民解放軍総政治部主任なども兼任していたので、広東省の仕事がおろそかになり、とても一人ではさばけなかったから」ということになっている。

もちろんそこまで多くの職位を一人で兼任していれば、どれかの仕事を省くしかないだろうから、それは正当な理由だろうが、葉剣英の地盤は広東省であり、何としても自分の息子に広東省を継がせたいという思惑が強かったようだ。

そこで葉剣英は「広東省は南の大門だ。戦略的位置は非常に重要で、おまけに広東省の問題はなかなかに複雑だ。だから資格も長じていて、レベルも高く、政治経済の経験が豊富な者でないと解決できない。習仲勲こそが最も適任だ」と主張した。

習仲勲の秘書の張志功《ちょうしこう》は「歴史的に見て、葉元帥と習書記がともに仕事をするという場面はあまりなかったのだが、しかし重大な政治問題の観点から見ると、二人の見解は一致していた。しかも程度の差こそあれ、党内闘争においてやっつけられた経験があり、左傾に対する激しい嫌悪感を抱いていて、心情的にも非常に近い関係にあった」と述べている。

ここで言う「左傾」というのは、文革のときの極端な毛沢東信仰に基づいたイデオロギー闘争のことを指している。文革問題に関して、広東省には非常に多くの冤罪のまま名誉回復されていない人たちがおり、同様の境遇で苦しんできた習仲勲にとっては最も力を発揮できる赴任先ではないかという事情もあったようだ。

葉剣英が華国鋒や胡耀邦と意見交換し、鄧小平も同意するしかなかったと見られ、中共中央は正式に習仲勲を広東に派遣すると決定した。

本来第一書記として派遣し、現在の第一書記である韋国清は北京に返すつもりだったのだが、習仲勲は自ら「どうか韋国清同志を第一書記のままに留めてください。私は第二書記として赴任し任務を果たします」と申し出たのである。

16年の長きにわたる牢獄生活は、習仲勲をして常に下手《したて》に出るという姿勢を身につけさせたのだろう。結果、習仲勲は第二書記として広東省に赴任することとなった。

広東に向けて出発する前に、習仲勲は「華国鋒、葉剣英、鄧小平、李先念、汪東興《おうとうこう》」など多くの中央の指導者たちに挨拶をしている。このとき汪東興はまだ中央にいた。

二　広東で待ち受けていた香港への密航者問題――習仲勲、香港境界視察

日に3時間しか寝ない激務に没頭

1978年4月5日、北京の風は強く黄砂が吹き荒れていた。

習仲勲は長女の橋橋と秘書の範民新を伴って北京空港から広州《こうしゅう》行きの飛行機に搭乗した。

当時の広東省中国共産党委員会弁公庁の陳仲旋副主任が北京空港まで迎えに来ていて一緒に飛

行機に乗った。

広州空港に着くやいなや、習仲勲は広州友誼劇院に直行し、そこで開催されていた広東省中国共産党委員会第四回第一次代表大会に出席した。翌6日の午前中の会議で中国共産党委員会第二書記に選ばれ（中央で決めてあるのだが、いちおう多数決議決という民主的手段を踏んだという意味で各地方の中国共産党委員会で投票する形式を踏む）、「私は北方の気候風土の中で人生の半分を送りましたが、後半は南方の気候風土に馴染《なじ》みながら送りたいと思います」と挨拶したあと、スピーチを行った。

そのときいかなる原稿もなく、ありのままの心境を素朴に語ったことに感動したと、当時の地方委員会副書記で宝安《ほうあん》県委員会書記の方苞《ほうぼう》氏は『中国新聞週刊』の記者に語っている。

文革後は誰もが再び批判対象になることを恐れ、しっかり原稿を書いて、それを間違いなく読み上げるという慎重なやり方をするようになった中で、原稿なしで、会場にいる参加者の目を見ながら話す習仲勲の姿勢に誰もが驚き、誠実さを感じ取ったという。

この会議が終わるとほどなく、第一書記の韋国清氏は北京に戻ってしまい、広東省の仕事は実際上すべて習仲勲に任せることになってしまった。

16年ぶりの仕事に戻った習仲勲は、その埋め合わせをするかのように、夜は2時3時まで仕事をし、朝は5時か6時には起きていたというから、体がもたないだろう。北方の風土に馴染んで生きてきた彼にとって、広東の蒸し暑さは尋常ではなかったはずだ。

しかしクーラーなどというものが便利に使われた時代ではない。党の常務委員会会議室に1

台あったが、彼のオフィスにも家の中も扇風機があればいいほどだった。見かねたマカオ中華商会会長が3台のクーラーを寄付してくれて、習仲勲のオフィスや家で使うようにと言ってくれたが、彼はそれを断った。

汗びっしょりになりながら中央が出す文献に一つ残らず目を通し、広東省における問題点や成果などを1時間に一度は中央に報告するという日々を送っていた。

逆に中央は中央で、葉剣英が落ち着かなかった。

習仲勲が北京を離れてまだ1週間ほどしか経ってない4月11日、81歳になる葉剣英は居ても立っても居られないとばかりに、飛行機で広東にやってきた。習仲勲は、飛行場への迎えから途中の車は言うに及ばず、南湖《なんこ》賓館に宿を取ったりなど、何から何まで自分で手配した。接待の詳細にわたって、わざわざ北京にいる楊尚昆《ようしょうこん》に電話して意見を求めたりなどしている。

葉剣英が広東に滞在している間、習仲勲は矢のように広東におけるさまざまな問題点を報告し、葉剣英の意見を求めた。公的記録では、このとき葉剣英は習仲勲に「深入調査研究（深く調査研究し）：稳妥制定计划（穏当な計画を制定し）：及时报告中央（ただちに中央に報告し）：按歩执行实施（段取りを踏みながら執行実施し）：分清轻重缓急（軽重緩急を使い分け）：注意保密安全（守秘安全に注意せよ）」という6つの教訓を与えたとされている。

中央ではこのときちょうど華国鋒追い落とし密議が進んでいたので、習仲勲がまたもや鄧小平のターゲットにならないようにという配慮であったにちがいない。華国鋒を断罪するに当たり、鄧小平は「華国鋒が経済改革において〝冒進〟している」というのが罪状の一つだったのだから、巻き添えにならないよう、「焦らないように」と習仲勲に言いたかったのだろう。

たしかに習仲勲は16年間の損失を埋めようとするあまり、性急に事を成す傾向にあった。しかし焦らずにはいられない状況があった。

実は広東省には「香港への密航者」問題があったからだ。

これに関しては『习仲勋主政广东（習仲勲主政広東）』（『習仲勲主政広東』編集委員会、中共党史出版社）や中央党史研究室研究員の李海文氏が書いた論考「改革開放の起点広東」（『同舟共進』２０１８年第12期）あるいは「華国鋒と中国改革開放の始まり」（『党史博覧』２０１８年第8期）などに詳述してあるので、基本情報はそれらに依拠しながら考察を試みる。

習仲勲が広東省に赴任した当時、広東省のうち、香港に隣接する地域の住人が香港に密航あるいは密出国する現象があとを絶たず、中国大陸側にもイギリス領香港政庁側にも大きな問題になっていた。辺境部隊も越境者を防ぎきれず、越境者は増えるばかりだった。これを当時は逃港《タオガーン》（香港に逃げる）」あるいは「外逃《ワイタオ》（海外に逃亡）」と称していた。

当時、広東省深圳《しんせん》近辺の農民の平均年収は１３４元だったのに対して香港の新界《しんかい》近辺の農民の平均年収は１万３０００香港ドルで、これを人民元に換算すると４７０８人民元に相当し、約35倍となる。

ちょうどそんな折、前章でも述べたが、習仲勲の広東赴任とほぼ同時に、中央では華国鋒が4つの大きな海外視察団を派遣していた。第四章でも触れたが、第3陣視察団であった段雲が率いる香港マカオ経済貿易調査団は１９７８年4月中旬から出発し28日間かけて香港とマカオを調査している。出発に当たって段雲は「今、アジアでは四小龍の発展は目覚ましい。香港マカオの考察に行くのは、まさにその香港がいかにしてこんなに急速に発展できたのか、その原因を知るためだ。それをどのようにして鑑《かがみ》とすれば良いかをわれわれは知らなければならない」と言っている。

アジア四小龍とは1960年代から1990年代にかけて異例の高度成長を遂げていた香港、シンガポール、韓国および台湾を指していた言葉である。香港やシンガポールは世界をリードする国際金融センターとして成長し、韓国および台湾は情報技術や製造、工業化で世界をリードしていた。

香港に着くと、段雲一行は工場、農場、企業、建設現場、港湾、生鮮市場、店舗など、あらゆる業種に関して現地調査を行った。香港は極東の貿易・金融・海運の中心地として知られ、マカオは観光の中心地として知られている。どちらも耕地が少なく、原料資源にも乏しく、昔から経済的には中継貿易に頼ってきた。1960年代以来、もっぱら輸入材料の処理加工に従事し、まずは軽工業、紡績、服装（ファッション）などから手を付け、その後、腕時計や電化製品、電子製品あるいは工業などが突出的に発展し始めている。1977年の香港の対外貿易総額は196億米ドルで、同時期の中国全土の輸出入貿易総額148億米ドルを上回っていた。

それにつれて、物価もサービス業も高価格だ。28日間も散髪をしないと髪の毛が伸びてしまい、一行は理髪店に行こうとしたが、とても払える金額ではない。やむなく散髪用の安い道具などを買って、自分たちで髪の毛を切ったという。

農民から得た大きなヒント

5月6日、段雲一行は帰路に当たり広東省の宝安県に立ち寄った。

その日は大雨が降っていた。宝安に入ると、辺りは一面雑草が生え荒涼としている。耕地も荒れ放題で捨て去られたままだ。農繁期だというのに、田畑にはほんのわずかな老女と子供がいるだけで、ときたま国境警備隊の姿が見える。労働力を持っている者は、みんな香港に逃げてしまっているのだ。

宝安県には深圳という荒れ果てた田舎町があって、わずか2本半の道しかない辺境の鎮《ちん》で、人口も2万人ほどしかなく、道は狭く、低くて老朽化した家々は心が痛むほどにみすぼらしい。

摩天楼がそびえる香港の街から、ほんのわずか離れたわが国の領土の上では、見るに堪えないほどの「貧困」がそこにあった。これなら誰でも香港に逃げるだろう。

段雲一行は農民に事情を聞いてみた。すると「俺たちは1日中働いても数毛銭にしかならない。でも香港に行けば1時間働いただけでその数十倍の金が入ってくるのだ。家族を養わなければならない俺たちとしては、香港に行く以外の道があるだろうか」という。

広東省の宝安と香港の山水はつながっており、その境界を隔てるのは羅湖《らこ》橋という1本の橋でしかなかった。「沙頭角中英街《さとうかくちゅうえいがい》」に連なって、香港への唯一の漁港となっているのは「深圳鎮」である。中国では「市」の下に「県」があり、その下に「鎮」がある。「市→県→鎮」という行政区分になっている。日本的には「村」に相当する位置づけだ。

宝安には華僑や香港マカオ人と親族関係にある者が14万人ほどいて、全県の人口33万人の42・4％を占める。香港戸籍と宝安戸籍を持っている者もいる。香港と宝安を行き来する漁民の数は2万人。宝安から毎年香港へと逃げる密航者の数は広東省全体で最も多い。羅湖の船着き場には、毎日午後3時になるとイギリスの香港政庁側が密航者をトラックに載せて大陸側の公安に引き渡す光景が見られる。

一人ずつ点呼して登録する。引き戻されてきた逃亡者の収容所の環境は実に劣悪だ。逃亡者はほとんどが農民や漁民で、収容所で数日の教育を受けたのちに釈放されるが、すぐにまた香港へと逃亡するという日々のくり返し。段雲一行はその惨状に心を痛め気が滅入ってしまった。

その足で広州に行った段雲一行は第二書記に着任したばかりの習仲勲に会った。習仲勲は段雲の到来をことのほか喜び、広東の事情に詳しい古くからの幹部である広東省中国共産党委員会常務委員で広東省革命委員会副主任の劉田夫や呉南生《ごなんせい》、広東省計画戦線革命委員会副主任の曽定石らを呼んで一緒に話を聞いた。彼らはずっと広東省で仕事をしてきた人たちだし、段雲とも親しかった。

段雲は香港やマカオで見聞してきたことや感想を詳細に習仲勲らに紹介した。

全員が宝安や珠海《しゅかい》のこのような好条件が揃っている地域を利用せず発展させないのは、あまりにもったいないと思った。そこで段雲は率直に「広東省は宝安と珠海の二つの県を広東省の直轄市に引き上げて、農業を糧食生産中心〝輸出型副食品経営〟に移行させてはどうか」と提案した。農業を改革し、加工業と観光業を発展させて、この二つの県を、農工業を結合した生産基地と対外加工基地に引き上げ、香港マカオの観光客を呼び込むような新型の辺境都市に作り替えてはどうかという提案だった。

その提案に習仲勲も劉田夫、呉南生、曽定石らも全員が賛同した。2日間にわたってどのような対策を取ればいいか、どういう方法によって実行すればいいか等に関して討議を深め、互いに得たコンセンサスは、のちの視察団報告書の第二部分である「何としても香港・マカオ市場の優勢をわれわれが取り戻すために全力を尽くし、宝安と珠海の二つの拠点を効果的に構築する」に反映された。

段雲からの忠告を聞いたのが5月初旬だったのだが、文革時の冤罪でまだ牢屋にいたり名誉回復されていない人たちが10万人もいたことから、習仲勲はその問題解決に忙殺されていた。

さらに焦眉《しゅうび》の急が習仲勲を駆り立てていた。

実は広東省には1000万人におよぶ住民が食糧不足に喘《あえ》いでいることを知ったのだ。

そこで6月上旬、習仲勲と広東省中国共産党委員会は、党の常務委員会の整風（党紀・気風などを健全化し是正）を実施することを決めた。整風の重要な目的は、全省の力を動員して食糧問題を解決することだった。習近平の弟・習遠平の回想によると、習仲勲は広東省に到着してすぐに、広東省には1000万人におよぶ人々が食糧不足に陥っていることを知ったとある。習仲勲は焦り、すぐに湖南省党委員会書記の毛志英に声をかけ、当面の問題を解決するために食糧の割り当てを依頼したという。

どっちみち、段雲が中央に戻って調査報告書などを提出し、中央の指示が下りてからでないと広東省で自由に動くわけにはいかなかったという事情もあったにちがいない。

習仲勲が宝安県の視察に行ったのは7月初旬に入ってからだ。広東省に来てから初めての出張だった。

宝安県中国共産党委員会の方苞書記は、まず習仲勲を羅芳《らほう》という越境耕作地に連れて行った。方苞によれば、一部の宝安県の住民の耕地は、イギリスが香港を租借地にするときの1898年に香港の新界に組み込まれて行政区画されてしまい、香港にある4000ムーあまりの耕地は、実は宝安県に所属するはずのものなのだという。したがって宝安県の農民は7つの越境耕作口から香港に区画されてしまった耕地に朝7時半に入り込み、夕方5時には帰るということもしていたという。

沙頭角まで行くと、手錠をかけられた男が二人、道端に放り出されているのに出くわした。どうしたのかと聞くと、今、辺境警備隊が他の越境者を捕まえに行っているところで、まず捕まえた二人をともかくここに置いたまま、他の越境者を捕まえたら、まとめて夜に臨時収容所に車で連れていくのだという。

沙頭角では、香港と大陸の境界に石がいくつか埋めてあり、それが中英街を二分していて、香港の方の華やかな繁栄と、大陸側の荒涼とした貧困を鮮明に映し出していた。

しかし奇妙なものを発見した。

中英街の突き当たりには、仕入れた材料を加工するプラスチック製の花を作る工場があった。汕頭《スワトウ》鎮の中国共産党委員会の張潤添書記は、習仲勲に「この加工工場は4半期稼働していますが、その間、11万香港ドルの加工費を稼いでいます」と報告した。それ以外にもこの鎮では「三来一補（加工貿易）」というプロジェクトを最近導入し始めたという。

「三来一補」というのは、委託加工貿易（来料加工、来様加工、来件組立）と補償貿易の総称だ。「三来一補」企業は当時の中国独特の企業形態で、中国の企業が外国投資者との契約によって、中国企業の名義で登記手続きを行うことが可能になっていた。

その中の一つである手袋工場では、2カ月間で加工費6万香港ドルを稼ぎ、労働者は月平均900元を稼いでいるという。この政策を導入してからは、鎮の住民がイギリス領香港への不法越境をしなくなり、むしろ過去に越境した人が鎮に戻ってくる傾向さえあると付け加えた。

そんなことが可能なのか。

これは習仲勲に衝撃的な閃《ひらめ》きを与えた。

帰りはすでに暗くなっていたが、習仲勲はどうしても臨時収容所の様子を見たいと言って聞かなかった。蓮塘《れんとう》にある臨時収容所で捕まっている密航者に、「なぜ密航したのか」と聞いてみると、潮汕訛《ちょうさんなま》りの言葉で「食べ物が足りないからさ」と言う。「なら、十分な食料があったら、もう出て行かないか？」と聞くと、「行くね。だって、あっちでは仕事を見つけるのは簡単だし、月に1000元ほど稼げるんだよ。毎月家にお金を送ることができるだけでなく、

2、3年も働けば、家を新築することだってできるんだ」と素直に答えた。囚われている農民は、習仲勲が誰であるかを知らないので、ありのままを答えたようだ。

これが習仲勲に荒涼とした深圳をこんにちの深圳経済特区にまで引き上げていく大きなアイディアを与えるきっかけとなり、改革開放を牽引《けんいん》していくコアになっていくとは、このとき誰も思っていなかっただろう。

三　深圳経済特区制定と改革開放の推進

批判を恐れず地方改革の推進を訴える

宝安県を離れる前に、習仲勲は方苞に「対外貿易基地の建設は主に香港市場のニーズを見なければならない。何が高価で利益があるか、それを見極めて、何を植え、何を飼育すべきかを決めなければならない」と強調した。「生産量を上げることができ、農民の収入を増やすことができさえすれば、国家が法律的に禁止していない限り、大胆に思い切ってやってみるべきだ。何々主義だなどと、まず反対したりなどしないで、資本主義のいくつかの良いところは、臆せずに学ぶべきだ。文革が過去に冒した間違いは、今こそ正さなければならない」と、決断したように語った。

このたびの宝安への旅は、習仲勲に大きな衝撃を与えた。中国本土と香港の格差を目の当たりにして深く心を痛めると同時に、それまで思ってもみなかった多くの新しい発想を生んだのである。

広東省党委員会常務委員会の会議で、彼は、いわゆる越境者は階級闘争の問題ではなく（＝社会主義を裏切って資本主義を選んだ犯罪者ではなく）、経済問題であるとの立場を明確にした。香港は中国の土地でもあり、生活が成り立たない大衆が香港に逃げ込んだ場合は、「外逃（外国への逃亡）」と呼ぶべきではなく「外流（流出）」と言うべきだとも強調した。

当時、密出国者は「祖国を裏切った者」として、犯罪者扱いをしていた。したがって習仲勲のこのような発言は、また批判されるのではないかと誰も口にする勇気を持っていなかったと、参会者は述べている。これは「階級的に同情した」ということになってしまうからだ。

「われわれはどんなことがあっても体制や政策を改革しなければならない」と習仲勲は痛感していた。「彼は改革が必要だと感じた最初のリーダーの一人だった」と、習仲勲の研究プロジェクトをいくつか指揮してきた広東省党委員会党史研究室の陳宏軍監察官が『中国新聞週刊』に語っている。

同じく1978年の夏、習仲勲が宝安県を視察したのちに報告書をまとめて中央に提出したのだが、それが華国鋒の所まで届き、華国鋒は中央の国家計画委員会と中央行政省庁の外国貿易部からなる作業グループを宝安県に再度調査に行くよう指示した。習仲勲は広東省外国貿易局のスタッフを同伴させ、秋には広東省計画委員会が先導する形で広東省の関連部門も作業グループを結成して、再び宝安県や珠海の調査研究を行わせた。

習仲勲はその報告を聞いて、続けざま「宝安と珠海は、改革を一歩先行させる必要がある」

という建議を中央に送っている。このような建議には必ず抵抗があり困難を伴うことは分かっていたが、中央では葉剣英がすぐに呼応して華国鋒とも相談し「習仲勲の建議を全面的に支持する」と激励の手紙を出している。

調査研究を行う一方で、広東省は香港やマカオから技術・設備・資金・原材料を積極的に輸入し、加工組立事業に取り組むこととした。1978年10月になると、広東省政府の名義で、「宝安・珠海両県の対外貿易拠点と市政府の計画構想」という報告書を国務院に提出した。

広東省が「一歩先行する」という構想である。

11月、北京で開催される中央工作会議に出席するため、習仲勲は4回にわたって広東省中国共産党常務委員会を招集し、工作問題に関する報告書の作成の準備作業を主宰した。その中で強調したのは「中央政府が広東省をさらに支持し、地方に問題を処理するための融通性のある余地を与えてほしい」ということである。

つまり「特別の権利」を与えてほしいということだ。

同時に、広東省が香港に事務所を設置し、調査研究を強化し、香港やマカオのメーカーと直接連絡を取り合うことを中央政府は許可してほしいという要望を提出したのである。具体的には「来料加工（輸入材料の加工）や補償貿易（外国から導入した機械設備などの代金を、その機械設備を使って生産した製品で償還する貿易のやり方。外貨の負担なしに機械設備を導入できるメリットがある）などの経済活動のすべての決定権を広東省に与えることで、不必要で煩雑な手続き（の中央との往来）を減らすことを期待している」としたのである。

これもまた広東省の「特定の区域だけに、特定の決定権を与えてくれ」というものだ。そうでなければいつまでも改革は進まない。目の前に横たわる切迫した問題を緊急に片づけていかなければ間に合わない。10年間の文革が生んだ負の遺産を一刻も早く埋め合わせていかなければならない。時間はないんだと習仲勲は焦った。

当時の社会状況から考えると、いずれも目を見張るような提案で、必ず大きな抵抗を受けるだろうことが予想された。しかし、中央はなんと、習仲勲のこのような、当時としては突飛としか言えないような申し出を受け入れたのである。

というのは、1978年11月9日、北京で開催される中央工作会議に出席するため上京していた習仲勲は、何としても華国鋒に会って相談したいと申し込み、華国鋒は事の重要性を重んじて、すぐに習仲勲と会うべく対応してくれたからだ。

華国鋒と習仲勲の会談の結果、二人は以下のような共通認識を持つに至った。

●香港への外逃問題は政治問題ではなく経済問題だ。それを解決するには一刻も早く経済改革を断行しなければならない。

●習仲勲の「広東省、一歩先行」構想に、華国鋒は大賛成であると表明し、「宝安（深圳）や珠海に外貿基地を設立する」構想に同意した。

華国鋒の賛同と同意に激励され、習仲勲は11月16日、中央工作会議で広東省の建設をいかに大胆に大きく発展させなければならないかということと、その方法に関して長時間にわたる発言を展開した。そして、広東省が香港やマカオに近いという利点を発揮しなければならないという観点を提示すると同時に、「経済システムは、新しい形勢に合わせて、新しい任務の要求に応じなければならず、果敢にそして迅速にそれに相応した改革を行わなければならず、中央の統一的な計画の下で、各レベル、各部門、各企業の積極性を十分に発揮しなければならない」」と提案したのである。

画期的とも言えるこの提案は、鄧小平が汪東興追い落としに勝負を賭《か》けた第十一回三中全会前の中央工作会議で議論されている。鄧小平等の関心は華国鋒の政権収奪に集中していただろうが、その間、華国鋒は案外に淡々と経済改革問題をこなしている。

１９７８年12月11日、中共中央は習仲勲を広東省中国共産党委員会第一書記に任命し、第二書記に楊尚昆（１９０７〜１９９８）を任命した。

楊尚昆は新中国誕生時には中共中央弁公庁主任から始まり中央軍事委員会秘書長なども務めていたが、文革で逮捕され12年間も牢獄生活を送っている。広東省の第二書記に就任する直前に釈放されているが、１９８８年からは国家主席にまで上り詰める人物だ。そういう人が、このとき習仲勲の部下として広東省に派遣されたことに、何かしら違和感を覚える。

たしかに二人は古くからの知り合いだった。習仲勲が建国後北京中央で国務院秘書長などをしていたころ、楊尚昆もまた同じ北京の中南海で中央弁公庁の主任をしていた。冤罪を受けていたという意味では二人には共通の「言葉」があるわけだが、しかし１９７８年12月11日と言えば、鄧小平が第十一回党大会三中全会で実際上の権力を掌握した時期と一致する。

この違和感は果たして、次章で述べる「中央軍事委員会秘書長だった耿飈《こうひょう》（ゲン・ビャオ）

を更迭し、楊尚昆にすげ替える」という事実によって謎が解ける。耿飈の名は、後述する本章の「四、習仲勲・葉剣英父子の物語と習近平の登竜門」に出て来る。

葉剣英は12月15日の中央工作会議閉幕に当たり「民主を発揮しよう」という話をしたときに、特に習仲勲の名前を出し、「厳しい意見に耳を傾けることを恐れず、他人に発言を促し、自己批判をするという勇気を持っていることは非常に尊く、誰もが学ぶに値するものだ」と称賛した。

第四章で述べた通り、1978年12月18日から22日まで第十一回党大会三中全会が開催され、鄧小平は「改革開放」を宣言するのだが、習仲勲は改革開放の先鋒《せんぽう》隊だと評価され、中国共産党中央委員会の候補委員に選出された。12月20日、習仲勲は毛沢東生誕85周年記念に当たり人民日報に「陝甘高原を太陽が照らす」という評論を発表している。

翌1979年1月6日、広東省と中央行政省庁の交通部は連名で国務院に「駐香港招商（投資誘致）局が広東省宝安で工業区を建設したことに関する報告」を提出した。

1月23日、広東省党委員会は宝安県を撤廃してそこに「深圳市」を設立することを決定した。同時に珠海県も「珠海市」に昇格した。

習仲勲の努力がなかったらこんにちの「深圳市」は存在しない。

このことを知っている日本人はあまり多くないだろう。

ここから「深圳経済特区」構想と批准までには、まだまだ長い道のりがある。それがあってこそ、改革開放が本格的に始まるのだ。

「経済特区」構想の生みの親は習仲勲

1月30日、国務院は広東省蛇口《じゃこう》に工業地帯を設定することを決めた。
1月31日には、李先念と谷牧《こくぼく》が中南海において交通部の彭徳清副部長らの報告を受け、李先念はその場で朱色の墨で「蛇口以南の半島50平方キロメートルの土地を工業区とする」と書き批准した。その後香港招商局は蛇口の閑散とした斜面1平方キロメートルの工業開発を開始し、その後23の工場を設立することによって、国際マイクロ波通信と香港への直行貨物ターミナルを開通させた。と同時に、外国資本誘致に成功し、比較的短期間内に黎明《れいめい》期の小規模な現代化工業都市を設立させるに至っている。

2月14日、国務院は広東省革命委員会による深圳・珠海両市の対外貿易拠点としての計画構想を批准し、国が1億5000万元を投資すると決定した。批准書には「およそ、これぞと思ったことはどういうことであれ、やると言ったら必ずやる、即刻行動に移し、それを成し遂げ成功させせること」とある。華国鋒による決断だ。

華国鋒のこの二つの文書は、習仲勲ら広東省の幹部たちを勇気づけた。

そして広東省党委員会では全員が以下のような結論に達した。

――広東の特徴と優勢を発揮させるため、中央は何としても一定の権限（決定権）を広東に与え、広東が全国の改革開放の中で、一歩先んじて歩むことを認めてほしい。

習仲勲は「三中全会での改革開放に関する宣言があったにもかかわらず、結局ゆっくりしか歩まず、あるいはもとの場所で足踏みなどしていたら、逆に、前に進んでいいのだろうかと不安になっていく」と懸念し、「どこかが勇気をもって一歩前に突き進まないと改革開放は成し遂げられない」という考えを持っていた。だから「中央政府は地方政府に権力（決定権）の一部を分け与えよ」というのが、彼の揺るがぬ主張である。

2月になると、今度は「汕頭」にも、もう一つの輸出加工基地を設けることを広東省は申し出た。習仲勳はさらに、汕頭だけでなく、深圳と珠海でも加工区を設けるべきだと主張。ちょうど広東に来ていた葉剣英に伝えると葉剣英は非常に喜んだ。

4月3日、習仲勳と王全国は上京し、中央工作会議に出席した。4月7日、習仲勳は中南海における「中南組」討論で一歩踏み込んだ発言をした。

――経済体制においてだけでなく、行政体制全体における改革も考える必要があります。中国のようにこんなに大きくて広い国家は、各省にそれぞれの特徴があって、事柄によっては各省の特徴を生かして行う必要があります。この考え方は毛沢東の「大きな権力は一手に収めなければならないが、小さな権力は分散させてもいい」という原則にも符合しています。

ともかく広東省などのように、香港に隣接するとか沿海線上にあるといった特徴のある地方政府には、一定の決定権を与えてくれというのが習仲勳の一貫した主張である。危険な綱渡りでもあった。4月8日、華国鋒、李先念、胡耀邦など国家指導層がずらりと揃った中南組討論会において、習仲勳は思いのたけをぶつけた。

――われわれには一つの重要な原則があります。それはどのような近代化を行おうと、中国の社会経済の基礎と条件を踏み外してはならないということです。しかし今現在はまだ中央に権力が過度に集中していて、この問題は解決しておりません。経済管理体制の問題は、中央集権と地方分権の問題であり、この関係を適切に管理する必要がありますす。地方政府は非常にやりにくく、権利がないため自ら事柄を処理できない。この問題に関しては原則を述べるだけでは何にもならないのです。具体化して実際に行っていく必要があります。今回の会議で、経済管理体制問題に関して、それに沿って動けるように何らかのルールを策定していただきたいと思います。

広東省は香港やマカオに隣接し、華僑が多く、この有利な条件を存分に利用して積極的に対外経済技術交流を発展させていくべきです。

どうか中央は私たちに少しだけ権力を与えてください。どうか広東が一歩先を歩めるよう、手を緩めてください（規制を緩和してください）。

まるでタイトロープを渡るような習仲勲の懇願と提案は、実に問題の核心を突いた、非常に実務的な発言として中央指導層の支持を得た。一歩間違えれば、あやうくまた監獄行きになるような、ギリギリの内容だったにもかかわらず非難する者がいなかったのは、時代の成せる業だったにちがいない。

この発言は華国鋒をはじめ李先念や胡耀邦らの心をつかみ重視された。4月17日、華国鋒、鄧小平、李先念らは中央工作会議の各組の招集者から報告を聞いた。習仲勲は再び「特定区域」の「一歩先行」を求め、以下のように提案した。
――広東省は外国加工区の形態を学び、観察、研究、実験を行い、国際的な慣行を適用し、香港・マカオに隣接する深圳市、珠海市および重要な華僑の故郷である汕頭市を、「特別に管理する一塊《ひとかたまり》の区域」（＝特別区域）と定めて単独に運営し、華僑や香港・マカオの同胞および外国人投資家の投資の地区として、国際市場のニーズに合わせて生産を組織し、たとえば試みに「貿易合作区」と定めてはどうでしょうか。

この「特別区域」というのは、まさに第一章で述べた習仲勲の出発点で、西北革命根拠地に特設した「革命特区」という概念から来ている。

この「特区」の概念は1935年12月に出されたもので、1936年1月には、陝甘寧革命根拠地ソビエト政府に「関中特区」を設けて、習仲勲はその「特区」の書記および副主席を務めていた。この限られた「特別区域」＝「特区」にはソビエト政府という、ソ連を模倣した「行政機能」があり、共産党が天下を取ったときの「行政機構」のシミュレーションをしていたのである。そこには教育や文化施設をはじめ病院、郵便局、『関中報』という新聞社もあれば「関中特区軍事司令部」や警察機能を持つ保安部あるいは金融などの経済面も担当する部局まで、すべての社会・政治・軍事を含めた民生を網羅していた。

鄧小平が習仲勲と初めて直接接触したのは、まさに習仲勲が「関中特区」の書記をしていたころだった。だから鄧小平にとって「習仲勲＝陝甘寧ソビエト政府・関中特区書記」という印象が深いものと推測される。

そこで、習仲勲が言うところの「特別区域」の名称は、「習仲勲お得意の〝特区〟でいいんじゃないか」と鄧小平が言ったと伝えられている。

その命名の主が鄧小平であるということになり、まるで広東省の「経済特区」は鄧小平が創り上げたような「鄧小平神話」が、ほぼ「でっちあげられて」いるのが納得いかない。

その言葉をいったいどのような状況で誰に対して言ったのかに関しては諸説があり、曖昧模《あいまいも》糊《こ》としている。ただ、もし鄧小平が言ったのだとしても、それは「鄧小平がいかに、習仲勲らが創り上げた陝甘寧ソビエト政府・関中特区を気にしていたか」の証拠だということが、逆説的に言えるということだ。

少なくとも名称に関して記録に残っている流れとしては「出口加工区（輸出加工区）」は台湾にも同じ名称があるので良くないと考え、「自由貿易区」はあまりに資本主義に走っていると思われるので良くないと判断し、「貿易合作区」にしたが、最終的には「経済特区」になったということである。もしかしたら習仲勲は鄧小平が西北革命根拠地を嫌っているのを知っているので、わざと自分からは「特区」という単語を言い出さず、しかし、「特区」と言うしかない状況を作ったのかもしれない。

いずれにしてもこうして7月15日、中共中央・国務院は「中発（１９７９）50号文件」を発布し、広東省と福建省を、対外経済活動を実行する特殊政策と柔軟性のある措置を採ってもいい「経済特区」と試験的に定めるに至ったのである。そしてまずは深圳市と珠海市を試験的に輸出特区と定め、次に汕頭や厦門《アモイ》を加えていった。

1979年11月、深圳市は広東省第一レベルの直轄市に定められた。1980年8月26日、全国人民代表大会常務委員会第十五回会議は「中華人民共和国広東省経済特区条例」を承認し、広東省深圳市、珠海市、汕頭市に経済特区を設置することを正式に発表した。

こんにち中国のシリコンバレーとまで呼ばれている深圳市は、1978年から79年にかけて習仲勳が体当たりで中央に「権力の分配」を要求して創り上げてきたものであることが、お分かりいただけただろうか。

深圳は最初から香港・マカオと一体となって改革開放経済を支えてきたが、今、習近平は「深圳、香港、マカオ」を三鼎立《さんていりつ》体制として「グレーターベイエリア構想」に勝負を賭けている。それは父親が築いてきたものを何としても守り抜きたいという一人間としての思いが混在しているものと解釈することができる。

習近平政権の国家戦略の裏には、必ず父・習仲勳の影が蠢《うごめ》いている。

なお、最後に2、3、付け加えておきたい。鄧小平は「先富論（先に富める者から先に富め）」を唱えたことで有名だが、彼が最初にこの言葉を使ったのは1980年1月16日だ（『鄧小平文選』より）。その後1983年1月12日に「先に富める者から先に富み、その後からまだ富んでいない者を牽引《けんいん》していく」という趣旨のことを言っている。

「逃港＝外逃」を防ぐために、習仲勳が不眠不休で戦ってきて「特別区域」での「一歩先行」を提案し、「国家全体が富むのを待っていたら間に合わないので、まずは特区における経済発展をさせる権限を広東省にくれ」といった発想まで、鄧小平は習仲勳から横取りして、自分の手柄にしていると言えなくはない。

また、習仲勲が華国鋒とともに創り上げた「経済特区」を、鄧小平は1984年になるまで訪問したことがない。習仲勲が広東を引き揚げて北京中央に行ってからしばらく経った1984年になって、ようやく視察に行く勇気を持ったようだ。何と言っても自分が追い落とした習仲勲が政治復帰したと思ったら、いきなり経済特区を創り上げてしまったのだから、ほとぼりが冷めるのを待ったにちがいない。しかし鄧小平は1984年に初めて行った特区訪問をもって、あたかも「深圳の経済特区は自分（鄧小平）が創り上げたのだ」という「神話」を捏造《ねつぞう》し、世界の人々にそのように信じ込ませるのだから、相当に質《たち》が悪いと言わねばなるまい。

四　習仲勲・葉剣英父子の物語と習近平の登竜門

息子に自分の地盤を継がせたかった葉剣英

葉剣英が習仲勲を何としても広東省に送りたかったのは、広東省が自分の地盤であり、自分の長男・葉選平を広東省に派遣して広東省の地盤を温存したかったからだ。つまり習仲勲に恩義を感じさせ、その「お返しに」、どんなことがあっても長男に広東のしかるべきポジションを与えるべく習仲勲に努力してもらうという算段であったと思われる。

1924年生まれの葉選平は、習仲勲が広東省に派遣された1978年のときにはすでに54歳で、国家科学委員会三局の局長に就任していた。国家科学委員会というのは毛沢東時代の科学技術関係を司る中央行政省庁の名称が1956年からいろいろと組織替えしながら変遷していったもので、現在の（1998年以降の）国家科学技術部の前身である。三局というのは科学分野の内の機械や交通運輸に関する科学技術分野を網羅する部門だ。その局長というのは部長（大臣）の次に相当する職位となる。

したがって中央では十分な身分にまで昇進していたのだから、広東省に派遣してもおかしなことではないと思うが、親の七光りで個人的に広東省に人事異動させるのは言いにくかったものと思う。葉剣英は何度も広東省を訪れては習仲勳と会っているが、葉選平を伴って広東に行ったときに「子供たち」の将来に話が及んだ。

自分の息子の話からするのも遠慮したのだろう。習仲勳の長男・習近平の身の振り方をどうするかという問題を葉剣英が切り出した。というのも習近平は1979年には清華大学を卒業して、卒業後の「分配」先を決めなければならない時期に入っていたからである。

文革は終わっていたとはいえ、当時はまだ毛沢東時代の「分配」方式が実施されていた。専科学校だろうと大学だろうと、卒業するときにその教育機関が就職先を決めるのが習わしだった。もし石油関係の教育機関で学んでいたら石油関係の企業に分配されるし、機械分野を学んでいたら機械関係の企業に分配するという具合である。

毛沢東時代は「国家培養」と言って、国がすべての学費を負担し、キャンパス内に建てられた学生寮に無料で住み、キャンパス内にある食堂で、ただ同然の食事をする。これだけ国が人材育成のためにお金を注いできたのだから、国が指定したところで働いて国に奉仕してもらうというのが「分配制度」だ。

文革期間中、高等教育機関はすべて閉鎖され、一部の革命委員会が牛耳る教育機関だけが学生を入学させていた。中国語では「学生」と言わず「工農兵学員」と呼んでいた。一部の工人（労働者）と農民および兵士（中国人民解放軍）だけは学ぶことが許可されており、それもエリートではないから「学員」と称していたのである。

文革末期になると、下放された知識青年（第七章の一〈321頁〉で説明）の入学を排除していた革命委員会は、少しずつ下放先で「進歩的」とみなされる一部の知識青年を入学推薦の対象とし始めた。

1974年、習近平は下放先の延安で中国共産党員への入党がやっと叶い、その年の冬に梁《りょう》家河《かが》大隊党支部書記に選ばれた。すると、革命委員会が習近平を「思想的に進歩的である」と評価するようになり、革命委員会の推薦により中国の名門大学である清華大学に工農兵学員として入学することが許された。

延安にいた間に、習近平は燃料としてメタンガスを使ったり、ダム建設などの水利関係の業務を開発していたので、専攻は化学工業と決まった。

習仲勲が広東に行くと、習近平は休みを利用して広東に行き、当時はまだ広東省に行政区分されていた海南島にも行ったことがある。視察を名目に何度も生まれ故郷の広東省に戻っていた葉剣英を海南島に案内する習仲勲のお供をして、習近平が海南島に行ったときの写真がいくつも残されている。

習仲勲と葉剣英の間で息子たちの話に及んだのは1979年に入ったときのことだった。1976年に文革が終わり、1977年末から初めて大学入学試験である高考《ガオカオ》が始まったのに、なぜ習近平は1979年に卒業ということになるのか、疑問を抱く読者もおられるかもしれないと思われたので、習近平の場合の特殊事情をまずはご説明した。

このころはまだ「分配制度」が実施されており、おまけに革命委員会が規則を決めていたので、「どこの下放先から来た学員か」によって「どこに分配するか」が決められていた。「下放先に戻す」というのが革命委員会のルールだった。そして革命委員会の許可によって入学した工農兵学員は、たとえ文革が終わり、新しい制度で大学入試が再開しても、入学時の分類で卒業時の分配も決められるという決まりが残されたままだった。

習近平の場合は「陝西省延安地区」から来ているので、分配先は陝西省になる。同時期に卒業する同じ学生寮の同室者だった学友は、福建省から来ていたので福建省に戻されている。

ところが習近平は、なんと、北京に留まっただけでなく、いきなり中央の国務院弁公庁と中央軍事委員会の秘書室に入ることになったのである。これがなかったら今日の習近平の国家主席としての身分は絶対にない。

この瞬間に現在の習近平の中共中央総書記、国家主席そして中央軍事委員会主席としての道が決まったようなものだと言っても過言ではないだろう。

海南島に視察にきた葉剣英を案内する習仲勲と習近平(右端)。当時海南島は広東省管轄だったが、習仲勲が独立させ海南省にした。(写真提供:新華網)

中国の運命を決めた「習近平の軍歴」

もちろん葉剣英の仕掛けだが、中国の運命が決まったその瞬間のカラクリを、もう少し詳細に見ていこう。

葉剣英は習仲勲に次のように述べている。

「近平は農村生活を経験し、大学も卒業する。学問も極めたわけだ。あと欠けているのは軍隊での訓練だ。つまり、軍歴だよ。これが伴ってないと将来的な発展性には限界がある。軍歴が肝心だ」

第四章で文革後の鄧小平による権力奪取のところで書いたように、「軍歴」は絶対的だということを葉剣英は身をもって体験していた。そのことを知っている習仲勲は、きっと胸をときめかせたことだろう。

葉剣英は続けた。

「そこで、どうだね？　耿飈の所で働いては？」

耿飈（1909〜2000）はこのとき国務院副総理だったが、ほどなくして中央軍事委員会秘書長にもなった。実は耿飈は四人組逮捕のときに、葉剣英の要請に応じて華国鋒に協力し貢献している。四人組が掌握していた中央ラジオ局などの報道関連部局をまず軍事的に押さえて、華国鋒らの軍事クーデターを緊急報道できないようにしておいた。そうすれば文革に狂乱していた元紅衛兵たちを静かにさせておくことができる。この功績は大きい。だからまだ華国鋒がトップにいた間に国務院副総理になっていたのだ。そこで葉剣英は水面下で力を発揮して、1979年1月に耿飈を中央軍事委員会常務委員兼秘書長に昇進させていた。

華国鋒を追い落とすための鄧小平のあまりに強欲な権勢欲に危機感を覚えていた葉剣英は、軍に関して自分の味方を増やしておこうという思惑があっただろう。加えて習近平を耿飈の下で働かせて、習仲勲にさらに恩を売り、何が何でも息子の葉選平を広東に戻してもらおうという遠大な計らいもあったにちがいない。

一方、葉剣英と習仲勲および耿飈の三人は、実は習仲勲が創り上げた陝甘革命根拠地を仲介として、奇遇とも言えるほどの縁があった。葉剣英や耿飈はかつて毛沢東とともに長征に参加し、1935年10月に習仲勲の陝甘革命根拠地に到着している。特に耿飈は1937年10月に陝甘寧辺区にある慶陽《けいよう》市（陝西省）に駐軍した経験があり、その慶陽市には習仲勲がいた。習仲勲は1936年5月から慶陽市環《かん》県の最初の書記になっていたのだ。

このときに耿飈は習仲勲と接触したことになる。

おまけに耿飈は翌年、慶陽出身の趙蘭香という女性と知り合い結婚し子供もそこで生まれたので、耿飈にとってとてつもなく大切な場所になった。しかも趙蘭香と知り合ったのは偶然ではなく現地の幹部がそれとなくお膳立てをしてくれたからだ。だから習仲勲の革命根拠地の中の一つである慶陽は掛け替えのない場所なのである。

１９４５年8月15日に日本が敗戦すると、アメリカは国民党と共産党の間の内戦を停止するように調停するために国共両党とアメリカによる三者参謀長会議を要求してきて、「北平（北京）軍事調停執行部」なるものが１９４６年1月に設立された。耿飈は共産党代表副参謀長として葉剣英の指導の下、9月までこの軍事調停に参加し、葉剣英を師と仰ぐ関係になっていた。

葉剣英が習仲勲の息子・習近平に関する話をした１９７９年には、葉剣英は耿飈を中央軍事委員会常務委員にした上に、新しくその秘書長の職位まで与えているので、耿飈にとって葉剣英の言うことは何を措いても最重要視すべき絶対命令のようなものだった。

加えて、習仲勲であれば、かつて慶陽で妻となる人と、それとなく出会うような場を作ってくれたその地の幹部たちのトップにいた人だ。その長男ということであれば「文句なしに引き受けましょう」ということになり、習近平は国務院副総理であり中央軍事委員会秘書長の執務室の秘書として「めでたく」就職したのである。

１９７９年3月下旬、習近平は耿飈の中央軍事委員会弁公室に秘書として働き始めた。同年11月4日、中共中央は「中共中央軍事委員会弁公室会議制度」なるものを制定した。中央軍事委員会常務委員会の指導の下で、すべての軍事活動が決められていく制度だ。そのトップにいたのは耿飈なので、その秘書である習近平は、中国のありとあらゆる軍事活動の政策に関する会議に出ている。会議に出るだけでなく記録を取り、それをさらに鄧小平に報告に行く業務も習近平が担った。

最初に鄧小平の執務室に入ったとき、鄧小平は習近平に「君の名前は?」と聞いた。「習近平です」と答えると、鄧小平はハッとしたような顔で習近平を見た。「どこの出身か」と聞かれて「延安です」と答えると、鄧小平は一層ジーッと習近平の顔を食い入るように見たが、それ以上は何も言わなかったという。

第二章で書いたように、習近平は北京で生まれたのだが、しかし彼は自分を「延安の人」と称するのが好きだった。特に鄧小平に対してなら「俺は延安だ。お前が消そうとした、あの西北革命根拠地を創った習仲勲の息子だ! 思い知ったか!」という復讐心が燃え上がっていただろうが、スタートから消されてはならないという警戒心の方が強かったのではないかとも推測する。

もっとも、この出会いの場面とプロセスに関しては諸説あり、一説には耿飈が鄧小平の自宅まで習近平を連れていき、わざわざ「これが最近雇用した秘書の習近平です。習仲勲の息子です」と紹介したともあるが、それは少し考えにくいような気がする。もしそれが本当だとすると、耿飈はよほど「政界」を分かってない人間であるということになり、「飛んで火に入る夏の虫」の如く、自ら進んで自分の首を差し出したことになる。

だから、このプロセスに関しては「諸説がある」ということに留めておいて、少なくとも鄧小平が「こいつが、あの習仲勲の息子か」と思っただろうことは確かだろう。その証拠に、次章で述べるように、鄧小平はほどなく耿飈を更迭するのである。

しかし習近平の前途まで遮ることは鄧小平にはできなかった。鄧小平は、習近平がトップに上り詰めるきっかけを作った2007年より10年前となる1997年に他界しているからだ。

2007年、胡錦濤《こきんとう》政権時代に、次期中共中央委員会総書記の候補者を決める人選に当たって、チャイナ・ナイン（中共中央政治局常務委員会委員9名。2012年に拙著『チャイナ・ナイン　中国を動かす9人の男たち』で命名）を決めなければならなかった。中共中央総書記は同時に中央軍事委員会主席と国家主席を兼任する。その職位に将来的に習近平を就けるか李克強《りこくきょう》を就けるかという、天下分け目の人選があった。選ぶのはそのときのチャイナ・ナインたちでその顔ぶれは、

胡錦濤（中共中央総書記）、呉邦国《ごほうこく》、温家宝《おんかほう》（国務院総理）、賈慶林《かけいりん》、曽慶紅《そうけいこう》、黄菊《こうぎく》（2007年6月病逝）、呉官正《ごかんせい》、李長春《りちょうしゅん》、羅幹《らかん》

だった。胡錦濤としては共青団系列で子飼いの李克強を次期総書記にしようとしていたが、まず曽慶紅が反対意見を出した。

というのは胡錦濤に政権を譲りたくなかった江沢民《こうたくみん》は、2002年の第十六回党大会一中全会で決まったチャイナ・ナインに対して徹底して江沢民の刺客を送り込んでいた。その筆頭は曽慶紅。曽慶紅は習近平が耿飈の秘書になると習近平と仲良くなり、習近平は曽慶紅のことを「慶紅兄さん」と呼ぶようになっていた。その曽慶紅はのちに石油閥の周永康《しゅうえいこう》を育て、完全に

江沢民を支持するようになり、2007年のチャイナ・ナイン選びに関してアクロバット的な働きをする。

胡錦濤に関しては鄧小平が生存中に、江沢民の次期政権として指名していたので、江沢民としては、どんなに嫌でも、それを拒否することはできなかった。しかし胡錦濤政権の一期目（2002〜2007年）が終わるときには、胡錦濤を倒して、上海市書記に就かせた子飼いの陳良宇《ちんりょうう》を中共中央総書記に据えようと、江沢民は虎視眈々《こしたんたん》と狙《ねら》っていたのである。

その陰謀を知った胡錦濤は、2006年9月に陳良宇を汚職事件で逮捕した。後継者として送り込もうとした刺客が突然いなくなったので、曽慶紅が機転を利かせて、浙江省の書記をしていた習近平を上海市書記に据えてはどうかと江沢民に申し出たのだ。胡錦濤があのとき陳良宇を逮捕していなかったら、こんにちの習近平は存在しなかったかもしれない。

曽慶紅には「造王大王」という綽名《あだな》が付いているくらい、彼は誰かをトップに持って行くのが好きでもあり得意でもある。

陳良宇の後釜に胡錦濤は韓正《かんせい》を考えていた。今の習近平政権の「チャイナ・セブン」の序列7番目の人物だ。韓正は実は共青団系列だった。しかし江沢民は胡錦濤の息のかかった人物などを据えたら、自分の計画はすべて水の泡になると考えて、「自分の弟分」と曽慶紅が説明するところの習近平を陳良宇の後釜として上海市書記に持ってくることに賛同したのである。

習近平は突然の人事異動により、2007年3月に上海市書記として上海にやって来た。

こうして2007年10月に開催されることになっていた第十七回党大会におけるチャイナ・

ナインの人選が始まったわけだ。

このときまで習近平がチャイナ・ナインに入るか否かさえ定かでない状況だったのに、現役チャイナ・ナインの中で曽慶紅が最初に口火を切って「習近平」を次期チャイナ・ナインに入れることを提案したのだ。胡錦濤政権第一期のチャイナ・ナインの中で胡錦濤の味方をしてくれる人は温家宝くらいしかいなかったから、曽慶紅が口火を切ると、賀国強《がこくきょう》、賈慶林がそれに続いた。となれば呉官正、李長春、羅幹も賛同する。すべて江沢民の息のかかった男たちだからだ。

こうなったら「多数決議決」をすることが原則となっているので、胡錦濤は太刀打ちできない。それでも李克強を党内序列として習近平の上にしようとしたが、このときに決定打となったのが「習近平の軍歴」だったのである。

実はこのとき、その5年後の「中共中央総書記、中央軍事委員会、国家主席」の職位に就く者を「国家副主席」として2007年からのチャイナ・ナインに入れなければならなかった。胡錦濤はせめて、ここで李克強を「国家副主席」としてチャイナ・ナインに入れようとしたが、この「軍歴」を理由として圧倒的多数の江沢民派によって否決され、以下のような党内序列と職位で第十七回党大会一中全会は新しいチャイナ・ナインを発表した。

第1位：胡錦濤（中共中央総書記）
第2位：呉邦国（全人代常務委員会委員長）
第3位：温家宝（国務院総理）

第4位：賈慶林（全国政治協商会議主席）
第5位：李長春（中央精神文明建設指導委員会主任）
第6位：習近平（国家副主席）
第7位：李克強（国務院副総理）
第8位：賀国強（中央紀律検査委員会書記）
第9位：周永康（中央政法委員会書記）

この第6位と第7位の差は、わずか「1」だが、これがその後の中国を決定し、世界の趨勢《すうせい》を決めてしまったのだから、習仲勳と葉剣英の「息子に関する交換条件」が、どれほど決定的であったかがお分かりいただけるだろう。あの瞬間の二人の長老の会話により、日本を含めた世界の運命もまた左右されていくのである。

五　海外視察——オーストラリア、香港、マカオ、アメリカ

発展ぶりに圧倒されたオーストラリア視察

1979年11月22日から12月6日の予定で、習仲勳は政治復帰後初めての海外視察へと出かけた。広東省の代表ら6人を従えて最初に訪問したのはオーストラリアである。1959年にハンガリーやソ連などに行って以来の海外視察だ。

なぜオーストラリアに行くことになったかというと、1979年6月にオーストラリアのニ

ユーサウスウェールズ州の財政大臣や州首相のネヴィル・ラン氏一行が広州を訪れ習仲勲と会談したからである。ラン首相はオーストラリア労働党の党首で10月になると外貿関係者らを再度広東に派遣し、習仲勲と経済交流に関して話し合ったのだった。

その返礼としてのオーストラリア訪問であるとともに、深圳などを経済特区に持って行った習仲勲としては、何としても海外先進諸国の経済発展の実態を知りたいという強い気持ちがあったからだという。

トランジットのために立ち寄ったのは、もちろん香港だ。11月22日、広東代表団が列車で「すぐ隣にある香港」に着くと、香港イギリス政庁のカーター（子爵）総督代理が駅まで迎えに来ていた（総督は病気治療のためロンドンに一時戻っていた）。夕方、香港政庁でのお茶会に習仲勲一行を誘い、オーストラリアの帰路には必ず香港に滞在して話し合いに応じてほしいと申し出た。カーター総督代理は香港政庁の車で習仲勲らを飛行場まで送り、習仲勲一行はシドニー行きのフライトに搭乗しニューサウスウェールズ州へと向かった。

シドニー空港に着くと、ラン首相をはじめ政府要人がずらりと並んで習仲勲一行を迎えた。熱烈な歓迎を受け、10日以上をかけてオーストラリアの政府機関、工場、港、病院、学校、市場および科学研究機関などをくまなく視察し、その発展ぶりに圧倒された。

特に習仲勲が驚いたのは、オーストラリアは非常に高度に発展した工業国である一方、牧畜業が盛んでもあり、当時の世界の羊毛の3分の1の生産量をオーストラリアが占めており、それを支えていたのは優越した自然環境だけでなく、何よりも科学技術と管理方法が卓越しているということだった。

ラン首相とは何回か会食もして親交を温め、最終的には広東省とニューサウスウェールズ州の間の友好省州関係を締結する文書に署名した。深圳などを経済特区として定めた実績を実際に海外に向かって発信し実行していくという意気込みに満ちて、習仲勲一行はオーストラリアをあとにした。

大陸との格差を思い知らされた香港訪問

同年12月6日から、カーター総督代理と約束した通り、香港訪問が始まった。

イギリス政庁の政治顧問である魏徳巍（デイヴィッド・クライヴ・ウィルソン男爵。1987年から1992年まで香港総督を務めた）や駐香港のオーストラリア大使などが空港に迎えに来ていた。注目すべきはそこに新華社香港支社の王匡《おうこう》社長と李菊生副社長がいたことだ。なぜなら、この李菊生副社長こそが、次章で述べる香港基本法における英米法（コモンロー）などの仲介を、習仲勲と香港の弁護士・李柱銘《りちゅうめい》との間で行うからだ。現在の香港国家安全維持法の根源をたどれば、ここに行き着くのである。

12月7日からカーター香港総督代理らとの会談が始まった。そこにも王匡と李菊生が顔を揃えていた。会談の最大のテーマは香港と広東省との経済交流の問題だ。カーターは習仲勲が深圳などを経済特区に定めて改革開放を実際に推し進めようとしていることを熟知していた。その協力をしようと申し出た。習仲勲が最も待っていた申し出だ。

次に話題になったのは広東省から香港への密航者の問題だ。

これに関して習仲勲が力を尽くしていることに関しては感謝しているとしたものの、実際上密航者がいなくなったわけではない。相当な人数がまだ香港の地に逃亡している。そこで習仲勲は、帰国後すぐに反密航者法令を制定して取り締まりをさらに強化すると約束した。

ただ、密航者は香港が豊かで広東が貧乏なために密航するのだから、何としても広東を経済的に豊かにしていくしかない。特に香港に隣接する深圳を先に豊かにすれば、逃亡者は少なくなるだろうから、深圳の経済を発展させるしかない。だから、どうか経済発展に関して協力してほしいと、話はまた「経済交流」に戻っていった。

それがすべてだった。

カーターも全面的に賛同し、深圳を大陸の他の地域よりも一歩前に進んだ先進的工業区にしていくことと自由な往来を保証する仕組みなどに関して話し合った。

香港に滞在している間のある日、習仲勲は朝5時半に起きて代表団を伴って九龍長沙湾にある野菜や果物あるいは魚貝類の卸売市場を視察に行った。そこにはアメリカやタイあるいは台湾などからのさまざまな輸入品があったが、どれもきれいに包装してあった。それに比べて中国大陸からの輸入品は包装がお粗末で、市場に着いた時点ですでに押し潰されているものが多く、他国や台湾などとは比較にならないほどだ。これは国家の信用を失わせるだけでなく、浪費以外のなにものでもない。習仲勲はまずそのことに激しい怒りと失望を覚えた。

次に新界や地下鉄あるいはいくつかの企業も参観したのだが、大陸との格差を思い知らされるばかりだった。香港政庁はヘリコプターを用意して香港全体が見渡せるように手配したりもしてくれた。

12月11日午後には新華社香港支社の王匡が香港会議センターで最後の宴会を開催した。カーターも参加し、香港の工商界、政府関係者、教育文化界など200人ほどの著名人が集まり、そこで習仲勲はお別れの挨拶をすることになった。挨拶の中で習仲勲は「広東省の改革開放はまだ緒に就いたばかりで、一部の投資者にとっては投資環境に対して不安があるかもしれません。しかし、どうか信じてください。大陸はまだ発展していないが故に、逆に発展の可能性は非常に高いのです。広東省は必ず投資環境を改善し確固たる決意で経済発展へと突き進んでいきます。皆さん、どうか信じてください」と投資を呼びかけたのだった。

朝5時半に起きて卸売市場などを積極的に視察した結果、大陸の立ち遅れを強く認識したことの発言だったと思われる。これ以降、広東への投資者が激増した。

マカオ訪問での注目発言

当時はまだポルトガル領であったマカオを訪問したのは1980年6月4日のことだった。当時のマカオ総督エジーディオに招待されたからだ。実はエジーディオは1980年3月10日から17日の間訪中しており、その間に北京、上海および広州を訪れている。中華人民共和国が誕生してから、最初のマカオ総督の訪中だった。北京では鄧小平が会い、広州ではもちろん習仲勲が接待した。そのときにエジーディオは「必ず近い内にあなたをマカオにお招きしたい」

と約束し、それを実行に移したわけだ。

マカオでも香港における歓待同様、エジーディオをはじめとした政府高官や工商界の著名人が揃って大歓迎をしてくれた。このときはマカオに隣接している珠海市の経済特区設立（1980年8月）の途中だったので、珠海特区設立の責任者、珠海市委書記兼市長呉健民が同行した。

訪問初日の会談でマカオへの電力輸送を決定した。マカオは面積が非常に狭く、高度に都市化されているので、火力発電所を設置するような場所はない。大きな川があるわけでもないので水力発電も困難だ。したがって1972年まで、マカオの電力は香港の「澳門電灯公司」によって提供されていたが、揉《も》め事があり、その後は「澳門電灯公司」の発電事業の部分を切り離してマカオ政府が出資し、マカオの企業として「澳門電力」が電力提供をしてきた。しかしその後マカオも香港も電力消費が増え、結局1984年から珠海の電力供給が始まり、今ではマカオの電力の94％は珠海に頼っているという有り様だ。香港にしても、その後深圳に建設した大亜湾原子力発電所の発電量の3分の2は香港が使っているという現状なのである。水源の提供も大陸に頼っている。

6月5日の早朝、マカオの農産物市場を視察したが、マカオの農産物の多くは広東省に依存していることがわかった。大陸への依存度はますます高くなり、今ではマカオの農産物はほとんどすべて大陸からの輸入に頼っている。

マカオ訪問で最も注目すべきは、習仲勲が「マカオと香港は、深圳と同じく〈**特区**〉である」と発言したことだ。このときは香港もマカオもまだ中国に返還されてはいなかったが、もともとは中国領。その意味で大胆にも「台湾も含めて中国の〈特区〉なのである」と言ってしまった。

「だから互いが連携して経済の発展を遂げなければならない。そのために大きな経済圏を作ろうではないか」と言ったのである。

これこそは習近平が重要視している「深圳・香港・マカオをつなぐグレーターベイエリア」構想である。その基礎が、１９８０年6月の習仲勲によるマカオ訪問のときに形作られていた。

当時、香港『明報』の金庸が習仲勲のこの言葉に注目し、以下のような社論を発表した。

――香港とマカオの基本的な条件は同じだ。習仲勲がマカオに対して言った言葉は、そのまま香港に関しても言える。たしかに「香港、マカオ、深圳、珠海」といった**特区には行政上の違い**はあるだろう。しかし中国当局から見れば、これらの地区の役割は、ほぼ同じだと言うことができる。これらの**地区の「特殊化」**は中国にとって非常に有利だ。特に中国の現代化を促進するための経済的役割は非常に重要だ。

したがって行政上「特殊化」を維持しておく必要がある。もし、もともと特殊化されていない場所があったら、むしろ積極的に特定の区域を区切って特殊化すべきくらいだ。たとえば習仲勲が実践した深圳や珠海などがその好例で、香港やマカオは早い時期から中国のために特殊化されていたと位置づけるといいのではないだろうか？

香港『明報』の社説は、「もし、香港を経由して北京に向かうアメリカとカナダの代表団が、香港の将来について鄧小平氏に質問したとすれば、答えはおそらくマカオにおいて習仲勲が述べたのと同じものになるのではないだろうか」と結んでいる。

習仲勲が大陸の西北で築いた**陝甘革命根拠地における「関中特区」の概念**から始めていくという考え方が、結局は改革開放を成功させ、今日の深圳を「中国のシリコンバレー」にまで成長させ、グレーターベイアリア構想を実現化する源になっていると言えよう。

それればかりではなく、『明報』が言いたかったのは、このあとすぐにやってくる「香港・マカオの中国返還」という大事業の基礎となる軸を、習仲勲が鄧小平に先んじて示していたということではないだろうか。

習仲勲が「行政的に異なる特区」として位置づけた香港・マカオは、やがて「特別行政区」という名称になるのである。実質的には習仲勲が名付け親であったと言っても過言ではない。

アメリカ訪問で出た日本への本音

１９８０年10月20日から11月6日まで、米中関係全国委員会の招聘を受けて、中国の「広東省、甘粛省、遼寧省、福建省、河北省……」などの省長や第一書記から成る代表団がアメリカを訪問することとなった。訪問団の代表は習仲勲で、副代表は宋平《そうへい》（甘粛省書記）だ。

ワシントンではカーター政権のブレジンスキー国家安全保障問題担当大統領補佐官やクリストファー国務副長官および各界の著名人らの歓迎を受けた。当時は大統領選の真っ最中で、カーター大統領とロナルド・レーガンが競い合っていた。

カーターは極端なハト派だが、レーガンはタカ派。レーガンは台湾への武器売却に積極的だったため、中国代表団はカーターの再選を望んでいたが、習仲勲が記者にこのことに関する意見を求められたとき、彼は「アメリカ国内の事情に関してはノーコメントです。どの政党になろうとも、また誰が大統領になろうとも、私は米中関係が平和裏に発展することを望んでいます。これは中米両国人民の共同の望みであり、それはアメリカの国家としての利益にもかなっていると私は思っています」と回答している。

このときロサンゼルスは10月10日を「中華民国の日」（双十節）と決定したため広州市とロサンゼルス市の間に結ばれていた友好都市関係が無効になったばかりだったので、それでもロサンゼルスを訪問するのか否かについて代表団の中で意見が割れていた。多くの議論の結果、習仲勲は訪問する方を選び、ロサンゼルスを訪問している。ロサンゼルスでは大きな歓迎を受け、習仲勲は「私はロサンゼルス市の鍵をもらったような思いです」と述べた。

アメリカ訪問で最も注目すべきは農業州のアイオワ州訪問だろう。

その足跡をたどるように、1985年春、河北省正定県党委員会の書記をしていた習近平はアイオワ州を訪問している。正定県は養豚業が盛んで、家畜飼料の一つであるトウモロコシの視察をするのだと言っていたが、なぜアイオワ州を選んだかというと、習仲勲が生まれて初めての訪米で行ったことがある場所だからだ。習近平はこのときアイオワ州のブランスタド知事と親交を深めたが、2012年に習近平がまだ国家副主席だったときも、訪米の際にアイオワ州へ行き、ブランスタド知事と会っている。そのような流れから、トランプ政権になるとブランスタド氏は、駐中国のアメリカ大使に選ばれ、習近平と何度か目の再会を果たした。

この道を作ったのは習仲勲なのである。

ハワイの真珠湾を参観したときに、習仲勲は次のように言っていることも注目に値する。

——日本人を信用してはいけない。彼らはいつも奇襲攻撃を仕掛けてくる。かつて中国とアメリカはともに同じ防空壕の中で日本侵略軍と戦った仲間だ。米中両国は力を合わせて、二度と再び日本軍国主義が復活しないように努力していかなければならない。二度とあの悲劇をくり返してはならない。

この思想もまた、習近平に受け継がれており、2014年に習近平は9月3日を「抗日戦争勝利記念日」とし、12月13日を「南京大虐殺哀悼記念日」と定めるなど、「反日」の旗印として新しく国家の記念日を制定している。今はアメリカの対中包囲網が強化されているので日本に微笑みかけているが、習近平の本音は「絶対的に反日である」ことを日本人は肝に銘じておくべきだろう。

第六章

再びの中南海と習仲勳最後の失脚

――香港問題と天安門事件

一　中共中央書記処書記、憲法改正委員会主任に

不意に来た「憲法改正」の任務

1980年2月23日に開催された第十一回党大会五中全会では、鄧小平《とうしょうへい》が最も信頼する胡《こ》耀邦《ようほう》と趙紫陽《ちょうしよう》が中共中央政治局常務委員会委員に選ばれた。鄧小平は「この二人さえいれば天が落ちてきても怖くない。この二人が支えてくれる」とよく言ったものだ。それくらい、胡耀邦と趙紫陽を絶賛していた。五中全会で注目すべきは「中共中央書記処」という部局を復活させたことである。実は1969年に一度廃止されていた。

1980年8月30日から9月10日まで開催された第五期全人代第三次会議で、習仲勲《しゅうちゅうくん》は全人代常務委員会副委員長に選出された。政局が目まぐるしく変わったので、念のため1981年6月27日から29日まで開催された第十一回党大会六中全会の主要な結果をまとめると、以下のような人事配置となる。

中共中央総書記：胡耀邦
中央軍事委員会主席：鄧小平
国務院総理：趙紫陽
中共中央書記処書記：習仲勲

すなわち新体制の中で、習仲勲はついに中南海に返り咲いたのである。もっともアメリカか

ら戻ってきたのが1980年11月6日だったが、3日後の9日には中央から「中南海に戻るように」という知らせがあった。そして事実上1981年3月28日から中南海の中央書記処で執務を始めている。したがって六中全会における決定は追認といったところか。

中共中央書記処というのは、中共中央総書記の実務をすべて担う仕事だ。このとき書記は11人もいたが、序列一位の万里《ばんり》は国務院副総理を兼任していたので、序列第二位の習仲勲は1日中、胡耀邦総書記の実務をこなしていくことになった。たとえば「中共中央弁公庁、中共中央組織部、中共中央統一戦線部、中共中央調査会……」など、中共中央委員会の下に設置されているすべての部局の日常業務を管轄しなければならない。多忙を極める。

しかし華国鋒政権の指導の下、葉剣英《ようけんえい》と胡耀邦によって16年間の牢獄生活から救い出された身である。習仲勲はこのとき「胡耀邦同志のためなら、この命尽きるまで全力を尽くす」と言っている。一方では、「いつでも後進に道を譲る覚悟だ」とも周囲に言っていた。

しかし任務は増えるばかりだ。文革で若い知識人たちが下放され、教育を受ける機会を失ってしまっている。中堅層も生き残っている者は多くはない。どうしても高齢者ばかりが最高指導層にいて執務しなければならない。

この事実は憲法改正委員会で如実に表れている。

1980年8月30日から始まった第五期全人代第三次会議で、文革中に好き勝手に書き換えられてしまった憲法を改正することが決まった。そのために憲法改正委員会が結成され、全人代常務委員会の委員長だった葉剣英が委員会主任で、宋慶齢《そうけいれい》と彭真《ほうしん》が副主任に選ばれた。習仲勲はこのとき選ばれた103人の一人でしかなかった。

ところが副主任の彭真が自分の任を習仲勲に譲り、最終的には習仲勲が「憲法改正委員会主任」になってしまうという「事件」とも言えるような事態になったのである。

1913年生まれの習仲勲は、このとき68歳だったが、副主任の宋慶齢は1893年生まれで87歳。彼女は中華民国の国父・孫文《そんぶん》の妻であり、蒋介石《しょうかいせき》の妻・宋美齢《そうびれい》の姉でもある。とっくに引退しているはずの年齢で、事実、翌1981年には亡くなっている。

1902年生まれの彭真はこのとき78歳だったものの、自分には荷が重いので副主任の任を降りたいと言い出した。すると83歳になっていた全人代常務委員会委員長の葉剣英（1897年生まれ）も、憲法改正委員会の主任まで務めるのは困難だと言い出したのである。

構成委員は103人もいたので、何も習仲勲に頼むことはなかっただろうとも思うが、何しろ委員の中には鄧小平（1904年生まれ）、薄一波《はくいっぱ》（1908年生まれ）、廖承志《りょうしょうし》（1908年生まれ）、王震《おうしん》（1908年生まれ）……など、習仲勲より高齢の人が多い。中には胡耀邦（1915年生まれ）や趙紫陽（1919年生まれ）など、1913年生まれの習仲勲よりは2、3歳年下の委員もいたが、何しろ一人は中共中央総書記で、もう一人は国務院総理だ。頼むわけにはいくまい。若年層も少しだけいたが、経験がなく門外漢だ。

それに、なんと言っても習仲勲は1954年の中華人民共和国憲法制定の際の起草委員会委員の一人だった。憲法制定に関しては、実はこの中では第一人者だったのである。

そんなわけで、1981年に開催された第五期全人代第四次会議で習仲勲が憲法改正委員会の主任に正式に任命された。

さらに全人代の法制委員会の主任も任され、憲法改正という新たな任務が加わった習仲勲には、まるで定めのように、のちに香港基本法という、「もう一つの憲法」が待ち受けていた。

二　言論の自由を主張——「異論保護法」制定を試みた習仲勲

憲法の各条文から「共産党による指導」を削除

このとき習仲勲と接触があった全人代の代表の一人だった高鍇《こうかい》氏（1929年生まれ。当時、全人代民法、国家法室副主任。のちに全人代法制工作委員会研究室主任）が、習仲勲生誕100周年記念に当たる2013年に、以下のような習仲勲の日常の顔を、複数の報道機関や雑誌などに語っている。その記事が次々に転載されているが、「21世紀経済報道」がオリジナルなのでそこから一部分だけを抽出してご紹介したい。

——当時、全人代常務委員会は毎回4つのグループに分かれていて、一つのグループは20人ほどでした。2カ月に1回くらいの割合で会議を開いて、一つの会議が4、5日間続きました。

ほとんどの指導層は大会にだけ出て分科会には出ないのですが、習仲勲は他の指導層と違って毎回、常務委員会にも出席すれば分科会にも出席するのです。

ただ分科会は4つに分かれて同時に開催しますから、どれか一つだけにしか参加できません。習仲勲はたいがい第4グループの会議に参加していました。それは法律関係のグループで、私の仕事も法律関係でしたので、私は第4グループで聴講し、習仲勲の講話を聞くことが多かったです。

習仲勲は発言のときも休憩のときも、決して上から命令するようなことは一度もなく、他の指導層のように威張った態度がまったくなくて、休憩のときもお茶を飲みながら周りの人と気軽にお喋《しゃべ》りをして気さくな感じでした。

習仲勲とはよくエレベーターでも一緒になったものです。当時はエレベーターにはボタンを押したりする係員が立っていて、指導層が来ると「皆さん、しばらくお待ちくださいい」と言って他の人たちが指導層の人と一緒に乗らないようにして待たせていたんです。全人代常務委員会の会場は必ずエレベーターで降りないと出口には行けない場所にありましたから、会議が終わるとエレベーターがすごく混むんですよね。

こういうときも習仲勲は「いやいや、ほらほら、みんな一緒に乗って……」と手招きをするので、それに甘えて一緒に乗ったりするんですが、そうするとエレベーターの中でも「ははは……」と気さくに笑って周りを和ませる。まったく威張った様子がなく、お高く留まっていなくて、素朴で親しみがあり、人を惹《ひ》きつけました。

最も印象深かったのは、習仲勲は私に「要保護不同意見（異なる意見を大事にし、保護しなければならない）」といつも言っていたことです。民法を研究するに当たって、彼は再三再四そのことをくり返して述べ、それを一つの制度、法律として制定したいと思っていました。その後には「不同意見保護法」という法制度の名称まで考えていたほどです。このような考え方を持つことができるというのは、普通ではできないことです。まさに習仲勲自身が自らの体験をもって切実に感じ取ってきたからこそ出てきた思考だと思います。党と異なる意見を言えば、「反党分子」「反党集団」として逮捕されるわけですから、そんなことでは人民に言論の自由を与えることはできないと考えたのだろうと思います。

異論を保護するという制度は、どのようにすればいいか？　もし「異論保護法」を制定したとしたら、それはすなわち「言論の自由」を認めたということになります。逆に言えば、言論の自由は異なる意見を認めることを指します。「異論保護」というのは、とてつもない含意を示しているのです。

高鍇氏の話はまだまだ続くが、ここで憲法改正委員会が審議した結果を少しご説明しておきたい。

憲法が改正されなければならなかったのは、文革中の1975年に、中華人民共和国の憲法が「文革憲法」に変えられて、条文の中に「**すべては党が指導する**」という趣旨の文言が数多くあるからだ。全人代で決定される憲法や法律は無視され、法の上に党があり、毛沢東個人による人治政治が行われていた。

たとえば「文革憲法」の第26条は「公民の基本的権利と義務」に関して規定しているが、そこにはまず「中国共産党の指導を擁護することである」と書いてあり、第2条にも、13条、15

条、16条にも「中国共産党の指導」と書いてある。1978年に華国鋒が「文革憲法」を少し修正したが、「中国共産党による指導」という文言は消えていなかった。

そこで習仲勲は、憲法の序文には概念として「中国共産党による指導」は残したものの、**各条文からはすべて「中国共産党による指導」という言葉を削除した。**

これが可決されたのは1982年12月4日に閉幕した第五期全人代第五次会議である。これを「八二憲法」と呼ぶ。習仲勲の文革への嫌悪感と上述した「異論保護法」制定さえ考えていた思考が、「八二憲法」には込められている。

父が削除した条文を習近平が復活

高鍇氏の述懐を掲載した「21世紀経済報道」は氏が語るエピソードの前に以下のような言葉を添えている。

――広東省で経済特区を創設するという、壮大な快挙を成し遂げたのに比べて、習仲勲の1980年代における全人代でのエピソードを知る人は少ない。しかし立法機関での仕事ぶりには、習仲勲晩年の民主法治思想を見出すことができる。当時の普通の全人代幹部の思い出を通して、我々は予想通り、鮮やかな思想の火花を捉えることができた。民主を建設することと、公開で意見を求めてから立法することと、言論の自由に対する習仲勲の洞察は、ここ30年来の歴史を見抜いていると言えよう。

これは「中国共産党員」として、礼賛されるべき評価なのか、何度も読み返しては目を疑ってしまう。この報道は２０１３年10月15日に掲載されたものである。

習仲勲の息子・習近平は、２０１２年11月には中共中央総書記に選ばれ、２０１３年３月には全人代で国家主席に選ばれている。習近平政権になったというのに、「言論の自由」を提唱した人を讃えるようなことをしていいのか？

おまけにその人は習近平の父親だ。

自分の親を礼賛しているので、習近平としても弾圧しにくかったものと思うが、しかし『炎黄春秋』にはその後次々と弾圧がかかり、２０１６年にはついに廃刊に追い込まれている。２０１３年にウェブサイトが中国政府により一時的に遮断されたり、２０１４年には1月から4月までの間に発表した86本の記事のうち37本が政府の指針に違反したとされ、２０１４年内の記事の9割が理由を示されることもなく掲載不許可となった。２０１６年7月17日に当時の社長が入院したタイミングを狙《ねら》って中国政府系の中国芸術研究院が当時の社長、副社長、編集長らを更迭し、院幹部らを編集部に送り込む人事を発表した。中国政府に乗っ取られてしまったのだ。それまでの『炎黄春秋』は廃刊になり、新しい同名の『炎黄春秋』が刊行され始めたが、これは別物だ。

かつての『炎黄春秋』には習仲勲が中南海に戻ってから書いた「『炎黄春秋』はよくやっている」（《炎黄春秋》办得不错）という揮毫《きごう》がある。

習近平は父親の揮毫を潰したのだ。おまけに習仲勲が「八二憲法」で削除した**「中国共産党による指導」**は、すべて習近平の手で２０１８年に復活している。それが何を意味するかを分析するためにも、2013年に高鍇氏が何回かにわたって述懐した、習仲勲の「異論保護法」に関する非常にリアリティのあるエピソードを考察するのは意義がある。

——あれは1984年のころだったと思います。習仲勲はわれわれ民法室の何人かの責任者に「異論保護法という法律か制度を制定する方法はないものか」と相談したんですよ。そこで責任者の一人が「八二憲法もすでに通りましたし、憲法には全人代の代表の発言は、法律的追及は受けないと明記してありますので……」（それでいいのではないか）と回答すると、習仲勲は「全人代の代表って、何人いると思っているんですか？　そんな限られた何人かが発言を許されるっていうのではなく、私が言っているのは、すべての人民が、一般の庶民が（党や政府と）異なる意見を言ってもいいんだということが保障されなければならないということで、そうじゃなきゃ、何にもならないでしょ？　それが保障されなければ人民は恐怖から自由になれないし、それが保障されていないので、誰も本当のことを言おうとはしないんですよ。そこが問題だと言っているんです」と強く反論してきたんです。

そののち、新刑法では「誰かが何かを言った」という「言葉」だけでは刑事事件として処理することはできず必ず「何かしらの行動を伴って」初めて刑事事件として扱うことができるというコンセンサスが出来上がっていたのですが、しかし実際は「（反党・反政府的あるいは扇動的な）何かを言った」という「言葉」だけで、刑事事件として逮捕される事件も発生するようになりました。

だから習仲勲の「異なる意見を言ってもいい権利」つまり「異なる意見を言う人を保護しよう」という考え方は非常に重要で画期的なものだったといえるでしょう。
１９９０年10月30日は、習仲勲が全人代に出席した最後の日になってしまったのですが、このときにもまだ「異なる意見を言う人たちを保護しなければならない。誰にでも異なる意見を言う権利がある」と言い続けていました。でも、その日が最後になり、まだ全人代は続いていたのに、翌日から「突然」姿を消してしまったのです。

この日「１９９０年10月30日」に何が起きたのかに関して掘り下げていくことこそが「習近平はなぜ、ここまで激しく言論弾圧を強化するのか」という核心に迫ることができる。その分析は本章の最後に試みる。

三　中央軍事委員会秘書長秘書としての習近平

「現役軍人」の肩書を得る

本書は習仲勲と鄧小平の相克を考察することによって、現在の習近平政権を分析することが目的の一つなので、このとき政界で同時に進んでいた「鄧小平と絡む習近平の動き」に関しても触れておきたい。

第五章で述べた通り、習近平は79年に清華大学を卒業するとすぐに軍事委員会秘書長で国務院副総理（外交担当）だった耿飈《こうひょう》（ゲン・ビャオ）の秘書として働き始めた。耿飈には81年３

月から国防部長（国防大臣）の肩書までが加わった。ということは、耿飈はこのとき中共中央と中国人民政府のほとんどをカバーしていたから、その秘書としての雑務を遂行する習近平は、中共中央と中央政府・国務院の必要資料すべてに目を通すことができたことになる。

しかし軍事関係となると、そうはいかない。資料が置いてある棚や引き出しには厳重に鍵がかかっており、その鍵は耿飈が常に携帯している。この引き出しを開けるには、もう一つの関門があった。それは「現役軍人」でなければ、軍事資料に接してはならないという掟《おきて》だ。

そこで、事務官としてではあるが、習近平は軍人の肩書を得ることになった。身分は「副連級」で「文職幹部」という分類になる。軍人ではなく「軍関係の事務職」という意味だ。この「現役軍人」という4つの文字は、第五章で述べた通り、2007年の第十七回党大会におけるチャイナ・ナインの序列の際に「強烈な武器」として使用された。

一方、「現役軍人」の制服の上着には4つのポケットがあり、上官は会議などでメモを取っていいし、取ったメモと筆記用具を上着の下二つのポケットに入れることが許される。しかし習近平はいっさいの記録を許されなかった。耿飈は「すべて諳《そら》んじろ」と習近平に命令。その結果、習近平は数百の電話番号と議事録を記憶していなければならなかった。ときどき覚えきれなくて、会議が終わると自分の事務室に飛び込み、こっそりメモを残したこともあるという。

それでも鍵のかかった棚や引き出しにある軍事資料を見る資格を得られたし、また軍事関係のすべての会議に出席するので、その報告書を葉剣英や鄧小平に持って行く機会も多い。つまり習近平は、天安門事件以降のトップリーダーである江沢民《こうたくみん》や胡錦濤《こきんとう》たちよりも先に鄧小平に会っているということになる。

これも第五章で述べた通り、鄧小平が習近平を「あの習仲勲の息子か」と認識する場面とプロセスに関しては諸説あるが、少なくとも鄧小平が「なんと、耿飈の所に習仲勲の息子がやって来た」ということを認識したのはたしかで、それをきっかけに鄧小平の耿飈に対する見方が厳しくなり、それが耿飈を失脚へと導く導火線となっていく。

このとき耿飈には秘書が3人おり、出張の際には順番に3人の中の誰かが同行できる。耿飈はスウェーデン、パキスタン、ミャンマーおよびアルバニアなどの大使を務めたことがあり、外交官としての経歴も長いので、外国人との接触も可能となり、習近平としては、のちに中国のトップ指導者となるための基礎作りを思う存分に築くことができた。

耿飈の元を去った習近平

しかし、この恵まれた環境に別れを告げなければならない事態がすぐに訪れた。

習近平が耿飈の下で仕事を始めた同じころ、第四章で述べたように、鄧小平は「中越戦争」（1979年2月17日～79年3月16日）をけしかけていた。アメリカとの「ベトナム戦争」（1965～1975年）を終えたばかりのベトナムは、さぞ疲弊していただろうと思われたが、そのベトナムに中国は勝てなかった。両国ともに「自分の国が勝った」として戦争を終わらせたが、「中国は勝てなかった」という事実は大きい。

それまでの文革で技術は旧態依然としており軍事装備力は低く、おまけに毛沢東の人海戦術により兵士の数ばかりがやたら多かったから技術革新に割く経費が足りなかったのだ。2012年に中共中央総書記と中央軍事委員会主席に選ばれ、2013年には国家主席に就任した習近平は、ただちに中国の科学技術のハイテク化を狙い「中国製造2025」という国家戦略とともに、軍民融合により「国防費」を重ねなくとも軍事力を高める方向へと舵《かじ》を切っているが、それはこのときの鄧小平の「失策」を「この私が逆転させてみせる」という習近平の執念の表れだと見ることができる。

中越戦争の「勝利ではなかった」結果を受けて、鄧小平にできたのは「解放軍百万人削減政策」でしかなかった。

このとき兵士のリストラを実行する前に、軍組織内部で「冗員」（無駄なメンバー）を減らせという通達が出ていた。その責任者は、耿飈自身だ。自分の身の周りから実行しなければならない。

耿飈の3人の秘書の内、2名はかなりのベテランで、習近平は一人かけ離れて年が若い。もう一人、耿飈の夫人が秘書を務めていたが、彼女はまもなく昇進しようとしていた。となると、誰か一人を減らすということになれば、自ずと習近平ということになろう。それが言い出せずにいた耿飈に、習近平は自ら申し出て「自分が身を引く」と告げた。習近平が自ら言い出したことに関しては、次章で述べるインタビュー記事で、習近平自身が「自分から言い出した」と言っているので、間違いないだろう。

くり返すが、習仲勲は1962年に国務院副総理の肩書から一気に政治犯扱いになり投獄されている。いま耿飈が同じ国務院副総理だからと言って、その身分が末永く保障されるわけではない。いつなんどき、いきなり奈落の底に突き落とされるか分からない。高位の者の側近として活動していた場合、必ず巻き添えを食うことは、自分自身の経験で十分に知り尽くしている。

ならば、どうするか――。

それは、自分が完全に権力を掌握するまでは、逆に権力の近くにいないことだ。耿飈のそばから離れることである。

だから習仲勲は習近平に権力のすぐ近くにいる秘書の地位を捨てろと忠告したという。鄧小平が生きている間は絶対に中央で目立たないよう「存在」を薄くして地方での経験を重ねることが、習近平の生き残る道だと習仲勲は考え、葉剣英とも相談しながらその道を模索したという。少し時間がかかったが、習近平はまずは中国共産党河北省正定県委員会の副書記として、82年3月に地方に下った。正定県には習仲勲の老友がいた。

それはギリギリのタイトロープのようなタイミングだった。

1981年6月27日から29日の間に開催された第十一回党大会六中全会で華国鋒の職位をすべて剝奪《はくだつ》し、自分自身が中央軍事員会主席の座を獲得することに成功した鄧小平は、耿飈の職位を次から次へとすべて剝奪してしまうのである。その痕跡《こんせき》を以下に列挙する。

●軍事委員会常務委員&秘書長：1981年7月に剝奪

●国務院副総理：1982年5月に剝奪
●国防部部長：1982年12月に剝奪

鄧小平は上記のうち軍関係で最も力を持つ「軍事委員会常務委員&秘書長」のポストを自分の**直系の部下である楊尚昆《ようしょうこん》**に渡すのである。

この楊尚昆は、前章で触れたように、広東省で第一書記をしていた習仲勲の下に第二書記として1981年に派遣されていることを思い出して頂きたい。前章で覚えた違和感は、この人事異動により解けてくる。

楊尚昆が広東省第二書記などという低い身分で習仲勲の部下として派遣された背景には、鄧小平が、言うならば楊尚昆を「密偵」として習仲勲の下に遣わせたという側面も否定できないかもしれない。習仲勲が成し遂げた改革開放の第一歩である「深圳《しんせん》経済特区」の実情とアイディアを楊尚昆に嗅《か》ぎ取らせて鄧小平に報告させ、その功績を自分（鄧小平）のものにしようとしたのではないかとさえ思ってしまう。習仲勲が中南海に戻ると楊尚昆も同時に中央に戻っている。

鄧小平は習仲勲が創り上げて活躍していた「深圳経済特区」には習仲勲が広東にいる間は一歩たりとも足を踏み入れたことがなかったのに、習仲勲が広東省を引き揚げ後の1984年に初めて深圳を視察している。

この計算され尽くした権勢欲と習仲勲への侮蔑《ぶべつ》。これを習近平が忘れるはずがないだろう。心深くに刻み込んだ鄧小平への復讐の怨念《おんねん》は、2020年9月9日に楊尚昆の弟・楊白冰《ようはくひょう》の生誕100周年記念を習近平政権が祝うという、複雑に絡まった出来事の一つとして表れている（主宰したのはチャイナ・セブンの一人である趙楽際《ちょうらくさい》。新華社が伝えた）。

実は鄧小平はやがて、この楊尚昆・楊白冰の二人の将軍が謀反を起こして江沢民政権を倒そうとしたという「いわれなき罪」で、国家主席にまで上り詰め軍隊を掌握していた楊兄弟を一気に失脚させるのである。これを中国では北宋の楊一族の活躍と悲劇を描いた中国明《みん》代の講史小説の総称『楊家将《ようかしょう》』になぞらえて「楊家将事件」と称する。

もともと楊尚昆は1950年代から鄧小平の良き仲間だった。鄧小平が高崗を倒したあとの1956年9月に開催された第八回党大会一中全会で中央書記処総書記になったとき、楊尚昆は候補書記の一人として書記処に入り、鄧小平の手伝いをしていた。そのときから鄧小平は楊尚昆を気に入っていた。特に1970年代末から80年代にかけて鄧小平が最も信頼していたのは楊尚昆だったとも言われている。

だから後述する天安門事件後に中共中央総書記に任命した江沢民に軍を掌握させたくなかったので、軍の掌握は楊尚昆に任せていた。そこで江沢民は「楊兄弟が政権を転覆しようとしている」というデマを鄧小平の耳に入れ、楊兄弟を失脚させるのである。

しめしめと、ほくそ笑んだのは江沢民。これを機に江沢民は徐才厚《じょさいこう》などを軍部に採用して政権が利益集団と化し、腐敗天国を全中国に蔓延《まんえん》させていく。これもみな、鄧小平が権勢欲に身を任せて、次から次へと「国を思う真の偉人」を倒していった結果が招いたものなのである。

楊白冰の生誕100周年記念を祝ったのは江沢民への仕返しではないかとも言われてるが、必ずしも直接的な対抗ではなく、広く言えば鄧小平の権勢欲への批判が静かに広がっているとも言える。

四　「台湾同胞に告ぐ書」と香港返還交渉の始まり
――「一国二制度」と「特別行政区」の概念は誰が言い出したのか

毛沢東から続く台湾に対する執念

時間が前後して申し訳ないが、1979年1月1日に米中国交正常化が正式に成立すると、全人代常務委員会は同時に「台湾同胞に告ぐ書（告台湾同胞書）」を発布した。

文書は情感に満ちており、このときの起草者は当時「人民日報社」国際新聞部副主任の譚文端だが、これは1958年に出された「台湾同胞に告ぐ書」を模倣しており、その起草者は文才に富んだ毛沢東本人であったため、情感に訴えるのも当然だったといえるかもしれない。

最初に「台湾同胞に告ぐ書」が発布されたのは1950年2月28日で、中華人民共和国誕生時の民主連合的な政府のメンバーの一つである「台湾民主自治同盟」の名において発表された。当然、毛沢東の校閲を受けているはずで、「親愛なる台湾同胞よ」で始まる文書は美文だ。

2回目の同書発布は1958年10月6日で、これは毛沢東自らが書き、彭徳懐《ほうとくかい》の名において発布されている。やはり「親愛なる台湾同胞よ」で始まり、人の心を打つ。

これは金門島《きんもんとう》等を挟んだ互いの砲撃行動をやめようではないかという呼びかけでもあった。

このときまでに大陸側は「中華民国」所属の金門島に向けて3万発以上の砲弾を発射している。それでも「私たちは同じ中国人だ。同胞よ、兄弟よ……」という文言は、何とも情感に訴える。しかし毛沢東のこの手練手管は長きにわたる国共内戦を通して騙《だま》され続けてきた蔣介石には通じるはずもない。

3回目は1958年10月25日、4回目は1958年11月1日（このときだけ正式文書としては未公開）と続いているので、1979年1月1日の同書は5回目なのである。5回目のときも、これまで同様、中華人民共和国国防部・徐向前《じょこうぜん》部長が同時に（別途）国防部として1958年以来の金門島等への砲撃を停止しようと呼び掛けている。

いずれも中国を統一しようと呼び掛けたものだが、今回のは、両岸の経済交流を呼びかけているのが特徴だ。

特に蔣介石亡き今（1975年没）、そのあとを継いだ長男の蔣経国《しょうけいこく》と鄧小平は、かつて（1926〜27年）モスクワの中山大学でともに学んだ仲である。鄧小平としては、自分の代で何とか台湾統一問題を解決しようと思ったのだろう。

しかしアメリカが「中華民国」と断交して「中華人民共和国」を選び、「中華人民共和国」が「中国」の代表として国連に加盟しただけでなく（1971年10月25日）、直前まで蔣経国に知らせずに米中国交正常化を正式に調印したのだ。アメリカに対しても北京に対しても、蔣経国にとっては許せるはずがない。蔣経国は北京の呼びかけを無視した。

1979年1月1日には、廖承志が同時に「第三次国共合作をしようではないか」と呼び掛けている。何なら台湾を訪問したいとした廖承志にも、蒋経国は訪問を拒絶している。廖承志は拙著『毛沢東　日本軍と共謀した男』で触れたように、日本の外務省所轄の「岩井公館」と連携を取る香港のスパイ本部を管轄していた人物で、実際に岩井英一と接触していた藩漢年《はんかんねん》の上司だ。日本人顔負けの達者な日本語を使いこなすことで有名で、同じ対日スパイの頭の一人でありながら（周恩来《しゅうおんらい》同様）殺されていない珍しい存在だ。毛沢東が彼の日本語能力を高く買ったからだろう。

国共合作をいいことに蒋介石・国民党から軍事情報を入手しては、それを日本側に高値で売る業務に従事していた男が「第三次国共合作」などと言っても、台湾の国民党側が信じるはずがないだろう。

そこで1981年9月30日、全人代常務委員会委員長だった葉剣英は「台湾平和統一に関する9条項の方針政策」なるものを発表した。これを「葉9条」と称する。「葉9条」には「現有の社会制度や経済体制あるいは政治指導者などを温存し、高度の自治権を享受したまま、一つの中国を両岸で共有する」というもので、実際上「一国二制度」を条件として提示したものである。

「葉9条」の中には「台湾は軍隊を保留していい」ことや台湾を中国の「特別行政区」とすることなどが提案されており、軍隊の保留以外は、今日の香港やマカオとほぼ同じ条件を備えている。

「一国二制度」の概念は、そもそも毛沢東が1956年4月に「和為貴（和をもって貴しとする）」や「愛国一家」などの概念で対台湾問題を位置づけたものだ。「葉9条」は「台湾同胞に告ぐ書」同様、精神的には毛沢東の考え方を受け継いだものである。

１９５４年から55年にかけて第一次台湾海峡危機が起き、上述の金門島等で国共両軍による砲撃があったのだが、１９５４年12月には台湾とアメリカとの間の「米華相互防衛条約」なども締結されたので、そういった一連の出来事に対する毛沢東の発案だった。

１９７９年から80年にかけた動きは、「中華民国」との国交断絶に追い込まれたアメリカが、結局は「台湾関係法」を単独に制定し、台湾に（F-Xと総称される）戦闘機などの武器売却を始めたからだ。

「アメリカに付かずに、祖国中国とともに」という台湾への呼びかけは、１９５０年代から今日まで続いている。何も北京政府が「平和的行動」をしているわけではない。

「葉9条」に書かれている「特別行政区」の概念は「八二憲法」にも盛り込まれており、たとえば第31条には「国家は必要なときに特別行政区を設立させることができる。特別行政区においての実行する制度は、そのときの具体的な状況に応じて全国人民代表大会が法律によって規定する」とある。適用地域を指定してないのは、この「特別行政区」を香港やマカオだけでなく、台湾に使おうとしていたからだ。

「特別行政区」という概念は、第五章で述べたように、「経済特区」同様、習仲勲が香港やマカオを視察したときにすでに提示している。

今では「経済特区」も「一国二制度」も「特別行政区」もまるですべて鄧小平が言い出した

ように「鄧小平神話」が創り上げられているが、それは鄧小平の意図的な認識形成操作の結果であって、真実とはかなりかけ離れている。

いずれにせよ、蒋経国は一言の下に断ったので、これらはすべて香港返還とマカオ（澳門）返還に向けられることになった。

香港をめぐる英国との攻防

香港・マカオ問題に関しては、まだ華国鋒政権だった1978年4月に「香港澳門弁公室」（香港澳門領導小組組長・廖承志）を設立しており、下準備はすべて整えてある。

事態が動き始めたのは、1979年3月、当時のマクリホース香港総督が中国を訪問したときだった。マクリホースはイギリスが99年間租借した香港の「新界《しんかい》」について、期限が切れる1997年以降もイギリスが租借を継続したいと言ってきたのだ。

ここで周知のこととは思うが、簡単に香港の植民地政策と租借問題に関しておさらいをしておきたい。1840年にイギリスと清《しん》王朝の間で戦われた「アヘン戦争」は、1942年に清王朝の惨敗に終わり、「南京条約《なんきんじょうやく》」により香港島はイギリスに永久割譲された。続けて1856年に起きた「アロー戦争」に敗北した清王朝は「天津《てんしん》条約」（1858年）、「北京条約」（1859年）などにより九龍《きゅうりゅう》半島もイギリス領として奪われる。一人勝ちのイギリスの植民地政策が進む中、他の欧米列強も競って中国を植民地化していくようになったため、イギリスはさらに強気に出て、1898年7月1日に、「展拓香港界址専条《てんたくほんこんかいしせんじょう》」という条約を締結し、九龍以北で深圳河以南《かいなん》の「新界地区」をも「租借期限を99年間」として租借したのである。永久割譲でなく租借としたのは、このときすでに列強諸国の中国植民地化が進み、そのバランス上の配慮である。「お前、取り過ぎだろう」と批判されないための措置だ。1912年に清王朝が崩壊して「中華民国」が誕生しても、この租借権は引き継がれた。

マクリホースは、この「新界」に関して中国に打診してきたわけだ。

それはあまりに唐突で中国外交部には回答を準備する時間がなかったので、まず中共中央にお伺いを立て「中国は将来、香港を回収する」と答えるのが精いっぱいだった。

そもそも毛沢東は、まだ新中国が誕生する前の1949年4月辺りのころから、「中国は当面、香港を奪還するつもりはない」という戦略を打ち出している。なぜなら国民党にはアメリカが付いており、香港がイギリス領のままであれば、中国はイギリスと利害をともにすることができると毛沢東は考えたからだ。朝鮮戦争におけるアメリカの対中包囲網に遭遇した毛沢東は、なおさらのこと「香港はイギリスに預けたままにしておく」という戦略を持続させることにした。イギリスにしても、香港を介して極東におけるかつての「イギリス帝国」の威光を守るためにも、第二次世界大戦後は、アメリカの対中包囲網に参加しようとはしていない。

これは現在のイギリスの対中政策にも表れており、特にEUから離脱したイギリスは、（一国二制度の期限である）2047年が来るまでは、香港を何らかの対米拠点にするだろう。

1979年3月にマクリホースが突如訪中して「新界」を手放さないようなことを言い始めたのは、そのアメリカが対中包囲網をやめて1979年1月1日に「米中国交正常化」文書に正式に署名したからである。

その意味では1978年4月に「香港澳門弁公室」を設立させた華国鋒政権は、廖承志の提案があったとはいうものの、大したものだと言わねばなるまい。

一方、第二次世界大戦以降、すっかりアメリカに先を越されて過去の権威を失いつつあったイギリスだったが、1979年5月に「鉄の女」マーガレット・サッチャーが首相として登場すると、事態は一変した。

1982年3月19日、アルゼンチン海軍の艦艇が、フォークランド諸島のイギリス領サウス・ジョージア島に寄港し、イギリスに無断で民間人を上陸させると、サッチャーはただちに原子力潜水艦派遣を決定。4月25日にはサウス・ジョージア島にイギリス軍が逆上陸して、即日同島を奪還した。アルゼンチン軍の抵抗があったものの、イギリス軍は戦局を有利に進め、6月14日にはイギリス軍が圧勝し、アルゼンチン軍が降伏して戦争は一瞬で終わった。

サッチャーが「中国への香港返還問題」で中国の鄧小平と会ったのは、このすぐあとのことである。

フォークランド戦勝によって支持率が73％にまで上昇していた「鉄の女」は、9月22日、美しい金色の髪をたなびかせながら、堂々と北京にやってきた。99年間の租借を約束した新界は検討対象とする可能性はあっても、香港島および九龍半島は永久割譲なので渡すわけにはいかないというのが基本姿勢だった。基本、これまで締結してきた条約はいつまでも有効だというものだ。

そして運命の9月24日、サッチャーは人民大会堂の一室（福建の間）で鄧小平と会うのである。

しかし鄧小平の「今日はどれを返すか返さないといった話をするために会っているのではない。いかにして中国に返還するかという問題があるだけだ」という言葉と「何なら、別の方法を使って1997年よりも早く返していただく手だってないわけではない」という脅しに圧倒され、会議を終えて外に出たサッチャーは、人民大会堂の階段で足を踏み外し地面に倒れてしまう。その跪《つまず》いたような恰好が全世界に動画として流れたので、香港の株は暴落してしまった。

鄧小平が示唆したのは中越戦争のことで、イギリスに仕掛けてもいいんだよという意味だ。今ではアメリカが中国側に付いているし、中国人民解放軍の数はリストラする前だと400万人はいた。それに比べてイギリスはフォークランド紛争に勝利しはしたものの、多くの艦隊を失い死者も出している。香港のために中国と一戦を交えるのは不可能だっただろう。

鄧小平はそのサッチャーに追い打ちをかけるように「香港はフォークランドではないし、中国はアルゼンチンではない！」と一気にまくし立てた。その勢いに負けたものと推測される。

こうして鄧小平・サッチャー会談は、最初から物別れになってしまったのである。

唯一決まったのは、「一国二制度」期間を「50年」としたことくらいだろうか。

イギリス側はできるだけ長い期間（たとえば100年など）を設定したかったが、中国はできるだけ早く完全に中国のものとしたかった。だから最初、10年とか15年という数値を出してみて、イギリス側が激しい拒否反応を示したので、鄧小平は「ならば30年」と増やしてみた。すると「うーん……」とイギリス側代表が顔を見合わせたので、「なら、分かった。50年でどうだ?」と言ったところ、イギリス側は総立ちして拍手喝采したのである。

これは中国で昔からある物を買うときの「値引き交渉」の際に使う手で、さすが商売上手な客家《はっか》出身だけのことはある。

鄧小平・サッチャー会談後、英中両国間で22回にわたる討論があり、最終的に1984年12月19日に「香港問題に関する中英共同声明(中華人民共和国とグレート・ブリテンおよび北アイルランド連合王国政府の香港問題に関する共同声明)」(略称:中英共同声明)が公布された。

こうして香港・マカオに関する特別行政区「基本法」制定へと時は流れていく。

五 コモン・ロー(英米法)と習仲勲

習近平が香港に強権な理由

一国二制度とは「一つの中国」ではあるものの、「中国大陸では社会主義を、香港では資本主義を実施する」という意味での「二制度」を規定したものであって、ここには「香港の自由と民主を保障する」という意味合いはまったくない。「香港の高度の自治」を認めているのはあくまでも1992年に発布された「中華人民共和国香港特別行政区基本法」においてである。

この基本法を制定するに当たって、大きな問題の一つとなったのは、実は「法制度」だ。イギリスの統治下にあった時代、香港の最高裁における判決は、最終的にはイギリスの枢密院まで上告することができた。それくらい香港におけるイギリスの法統治というのは絶対的で強力だった。その根幹をなすのはコモン・ローである。

コモン・ローというのは、いわゆる「英米法」のことで、現在では（スコットランドを除く）イギリス本国のみならず、多くの英語圏の国やイギリス連邦の国々の法体系の基礎を成す。アメリカでさえ、ルイジアナ州（元フランス領）とプエルトリコ（元スペイン領）を除けば、やはりコモン・ロー体系を採用している。フランスが統治していたケベック州を除いたカナダも、またイギリスの元植民地として代表的なオーストラリアもニュージーランドも皆、コモン・ロー体系の中に入る。

これらはすべて「コモン・ウェルス」の国々で、今でも緩い連邦でつながっている。

このコモン・ローを中国返還後の香港で継続するか否かは香港の命運を分ける大きな課題だった。そうでなくとも中国は文革が終わったばかりだ。そんな中国に香港が返還されることに香港の民は大きな不安を抱いていた。

そこで鄧小平・サッチャー会談後で、まだ中英共同声明が出される前の1983年5月3日、香港の知識人の代表者12人から成る「青年才俊団」（青年訪中団）が新華社の仲介により北京に招聘《しょうへい》された。「青年才俊団」が行った先は中南海で、会った相手は中共中央書記処書記を務めていた「習仲勲」である。

なぜなら前述したように習仲勲は「八二憲法」を制定する際の憲法改正委員会の主任であったただけでなく、全人代の法制委員会の主任でもあったからだ。

特別行政区は「全人代」が管轄することが「八二憲法」で決められている。したがって香港特別行政区における「法体制」に関して習仲勲と話し合いをするというのは非常に理に適った選択だった。

第五章でも述べたように習仲勲は香港を視察したときに、「香港の法制度は実に素晴らしい」と述べている。したがって当然のことながら香港で使われているコモン・ローを肯定し礼賛したことが窺われる。

この12人の青年訪中団の中には、新進気鋭の弁護士や政治家あるいはビジネスマンなどもおり、代表団のすべてはのちに香港で活躍する粒よりの人材たちだった。その中の一人で弁護士の李柱銘《りちゅうめい》はのちに、「この話し合いの中で、特別行政区における（法体制を含めた）制度構築がほぼ成されたと言っていいだろう」と回想している。

実は李柱銘は香港に戻るとすぐに新華社香港支社の第2社長になっていた李菊生《りきくせい》に会って、コモン・ローの話をしている。

この李菊生こそは、第五章で触れた、１９７９年12月6日から始まった習仲勲の香港訪問のときに接待した人たちの中にいた、新華社の副社長である。12人の青年訪中団を手配したのも新華社で、李菊生は習仲勲が広東省で香港との交易のために全力を尽くしたことを熟知している。おまけにこのとき習仲勲は法制委員会の主任を務めていたので、青年訪中団の会談相手として習仲勲以外の人物を選ぶことはあり得ないほどだったにちがいない。

もともと新華社香港支社は、北京政府の香港における「大使館」的な役割を果たしていた。香港は中国の領土だと位置づけている北京政府にとって香港に「大使館」を置くのは不適切なので、新華社香港支社を外交の窓口としていた。そこで香港返還交渉が始まると、新華社香港支社を、香港に設置した北京政府側の正式の交渉窓口と定めることになった。

一方1983年4月に鄧小平は、その責任者として元江蘇《こうそ》省の書記だった許家屯《きょかとん》を指名し、許家屯を新華社香港支社の社長にしている。その年の春節（2月）に鄧小平が江蘇省に遊びに行き、許家屯が鄧小平を案内したのだが、鄧小平は「江蘇省のGDPが中国1で、上海市を抜いている理由」に強い関心を示した。許家屯は、華国鋒が推進していた「洋躍進」に共鳴して実行しただけだと説明し、しかし江蘇省の保守系長老から激しい批判を受け、ちょうど江蘇省書記を解任されるところまで来ているという趣旨の話をした。

すると鄧小平は許家屯の戦略と実績にひどく感心して、許家屯を抜擢《ばってき》することにしたという（許家屯の回想録『許家屯香港回想録』より）。華国鋒の経済政策を「洋躍進」、「経済改革の冒進」などとして華国鋒を引きずり降ろしていながら、鄧小平が実は華国鋒のこのやり方を「羨《うらや》ましい」と思い、「自分のものにしたい」と思っていたのが窺える証左のようなものだ。

その結果、胡耀邦は鄧小平の指示により許家屯を中国政府駐香港代表に選出したのである。つまり新華社香港支社が、香港の中国返還に当たっての香港における中国側代表処（中国政府の駐香港代表）という位置づけになったのだ。

そこで早くから新華社香港支社にいた李菊生が中心となって、青年訪中団を組織したものと考えられる。したがって李菊生は、この交流の責任者を担っていたのだろう。

李柱銘を含む青年訪中団は、香港に戻るとすぐに報告のために新華社に出向いたのだが、新華社では盛大な宴会で青年訪中団をねぎらった。毛沢東はかつて「革命不是请客吃饭（革命とは客を食事に招いてもてなすことではない）」と言ったが、新華社香港支社の社長となった許家屯はその逆で「革命就是请客吃饭（革命はまさに客を食事に招いてもてなすことだ）」を実行して香港の有力者を説得する戦術としたと揶揄《やゆ》されるほど、新華社香港支社は「宴会」、「食事接待」を重んじた。この言葉は「不」と「就」を一文字置き換えただけですべてを言い表すことができるので、当時は「受けが良くて」評判になり、どんな話し合いでも、ともかく豪勢に宴会を催すのが常だったのである。そのために中国政府から余分に予算を獲得したほどだ。

このときも李柱銘は宴会のご馳走のあと、特に李菊生と話し合って、コモン・ローに関する習仲勲との会談報告だけでなく、実際に「中国に返還されたあとの香港での具体的な司法の在り方」に関して詳細に報告し論議したという。

それによれば、「最高裁判決」の問題や「最高裁を含めた裁判所における裁判官」の問題などが話し合われたようだ。すなわち、現行の香港司法に従えば、最高裁における最終判決はイギリスのロンドン枢密院まで送り込んで、そこの判断に従う慣例になっているが、１９９７年に香港が中国に返還されたあとに、まさか中華人民共和国香港特別行政区での最終判決をロンドン枢密院に仰ぐということはできないだろう。しかし香港が中国に返還されたあとも、司法が安定していなければ、国際的な金融センターである香港に、外国の投資者は安心して投資することはできなくなる。

こういった議論の中で、「最終審の裁判所をロンドンではなく香港に置くことにして、香港の弁護士を用いて、香港の判例に基づいて判決を下すというのはどうか」という提案が李柱銘から出され、かつ「最高裁判所の裁判官を含め、香港司法の裁判官を他のコモン・ロー地区（コモン・ウェルス）から招聘して、イギリスだけに頼らないというふうにすれば公平になり、イギリス統治色を薄めることができるようになるのではないか」という趣旨の提案がなされた。

李菊生は賛意を表明し、それを習仲勲にフィードバックしたものと思われる。その部分に関する記録を見つけることはできなかったが、習仲勲と香港青年訪中団の仲介をした李菊生が、青年訪中団の報告会とその後の討議を習仲勲に報告していないことはあり得ないだろう。

中国にとって香港返還が魅力的なのは、香港が金融センターとして輝いているからで、それがどんなに眩《まぶ》しいものであったかを、李菊生は、広東省における習仲勲の闘いを通して嫌というほど知っている。それもあり、当然、この日の議論は青年訪中団が会談を行った習仲勲に李菊生を通して報告されたことと確信する。そうしていなければ逆に業務怠慢ということにもなろう。

『許家屯香港回想録』によれば、李菊生と許家屯の仲は悪く、許家屯が進歩的で民主的であったのに対して、李菊生は保守的であったという。しかしその両者とも習仲勲には何度も会ったり報告したりもしているので、習仲勳が担当していた法制局に報告していなければおかしい。

李柱銘も許家屯も基本法起草委員会の委員になっているので、李柱銘らが習仲勳と情報を共有したコモン・ローに関しては中英共同声明にはもちろんのこと、基本法にもしっかり反映されている。

その後発表された「中英共同声明」の「附件1第3部」および1990年4月に発表された基本法の第82条と92条に、「香港の司法において外国籍裁判官を任命することに関する規定」が明記されるに至った。

第82条には「香港特別行政区の最高裁判所は香港以外の他の地区のコモン・ローを適用している国から裁判官を招聘してもいい」という文言があり、第92条には「香港特別行政区の裁判官や司法のメンバーは、（香港以外の）他の地区のコモン・ローを適用している国から選抜してもいい」という条文がある。ただし逆に第90条では「首席裁判官（裁判長）は香港籍でなければならない」という条文があり、その結果、習近平政権が2020年6月に香港国安法（国家安全維持法）を制定する時点における香港最高裁判所の判事は17人中15人が外国籍になっている。

最後の章で述べるが、2003年以降、香港では何度も民主を求める反中デモがくり返し展開されたが、そのデモにおけるトップリーダーたちが逮捕されても、裁判所の裁判官は西側の民主主義的価値観を持っているから、わずか1カ月、最大でも3カ月程度の懲役で釈放されてきた。彼らはみな、ちょっとした小旅行にでも行ってきたような爽《さわ》やかな明るい表情で監獄から出てくる。このままでは民主活動はやむはずがない。

だから習近平は何としても父・習仲勲が容認したこのシステムの欠陥を是正すべく、2019年には「逃亡犯条例改正案」を香港政府に出させたりしているが、これは自分の親が残した「負の遺産」を自分の手でケリを付けたいという気持ちの表れの一つと受け止めることができる。

なお、習仲勲と会った李柱銘は、次に述べる六四天安門事件に抗議して基本法起草委員会の委員から抜け、今では「香港民主の父」と呼ばれるほど、香港の民主活動を牽引していく大物となっていった。そして鄧小平が指名した許家屯は天安門事件により中国の非民主性が嫌になり、アメリカに亡命した。

六　胡耀邦の失脚と天安門事件——そして趙紫陽も失脚させた鄧小平

鄧小平と陳雲の対立

1989年6月4日、天安門に集まった民主を求める若者たちを武力によって鎮圧する事件が起きた。これを日本では「天安門事件」と呼ぶが中国では1976年の第一次天安門事件があるので、1989年の方は「第二次天安門事件」と呼ぶこともあるが、主として「六四事件」と呼ぶことが多い。もっとも、呼称がどうであれ、中国の歴史からは抹殺されているので、中国のネット空間でこの事件に関して検索することは困難である。

なぜなら武力弾圧を命じたのが鄧小平だからだ。

天安門事件全般に関しては数多くの資料が世に出ているので、本書ではそれは論ぜず、鄧小平がいかにして胡耀邦《こようほう》と趙紫陽を失脚に追いやったか、その舞台裏を考察することによって鄧小平の人間像と中国共産党一党支配の実態を浮かび上がらせたいと思う。

胡耀邦と趙紫陽は、華国鋒を打倒したのちに鄧小平が「この二人さえいれば、天が落ちてきても怖くない」と絶賛した人物だ。鄧小平は二人を自分の傀儡《かいらい》として動かそうとしていたので、総書記と国務院総理に据えるのも鄧小平の自由なら、それを降ろすのも鄧小平の意思一つとなる。しかしそうなると、これはもう毛沢東以上の独裁体制と言わねばなるまい。趙紫陽は「鄧小平の一声は神の声のごとくであり、誰も逆らえなかった」とまで言っている。

その舞台裏のファクトチェックは、主として趙紫陽自身による録音テープをまとめた『改革歴程』（香港「新世紀出版社」、2009年）や趙紫陽を取材した元新華社の記者だった楊継縄《ようけいじょう》氏による『中国改革年代的政治闘争』（香港、Excellent Culture Press、2004年）、胡耀邦のブレインだった阮銘《げんめい》（1988年にアメリカに亡命）が書いた雑誌連載『鄧小平帝國三十年』（台湾、玉山社、2009年）あるいは李鋭《りえい》の『李鋭口述往事』などに基づいた。

実は趙紫陽は2005年に他界しているが、1989年6月に自宅軟禁が始まって以来、誰にも言わずに秘かに、天安門事件前後の鄧小平の言動と、鄧小平によって失脚に追いやられた胡耀邦と趙紫陽の詳細にわたる真相を録音テープ（60分間テープ30本分）に録音していたことが分かった。趙紫陽自らの声による証言なので信憑性《しんぴょうせい》は何よりも高いものの、何といっても趙紫陽は総書記としての現役時代にはすでに長老からボイコットされていたので、その陰で何が起きていたのかを知らないまま軟禁されてしまったから、「何が起きていたのか、さっぱり分からない」としている部分が多い。その意味では周辺の者の記憶、経験などを綴《つづ》った第一次情報が、案外に真実を物語っている側面もある。

それらを総合的に突き合わせ、私なりの視点で、本書に必要な最低限の推移を以下に記す。

まず、天安門事件は１９８９年４月15日に胡耀邦が他界したことに対する追悼デモから発しているが、そもそも胡耀邦を死に追いやったのは１９８７年１月16日に鄧小平が胡耀邦を失脚させたからだ。それでも政治局会議にだけは出ていた胡耀邦は１９８９年４月８日に会議中に激高して心筋梗塞《こうそく》を起こし、一度回復したが15日に悪化して死亡した。人々は彼の死を「憤死」と位置づけ、鄧小平に対する激しい怒りが爆発したのである。

では、あんなにまで絶賛した胡耀邦を、なぜ鄧小平は失脚させたのか。

そこには実は鄧小平と陳雲《ちんうん》の対立が横たわっていた。

鄧小平と陳雲は高崗《こうこう》（ガオ・ガーン）や華国鋒打倒において、常に緊密に連携し合い結託し合ったきた。しかしそれは陳雲にとっても「利益」になる結果をもたらすからであって、二人は信念で結ばれていたのではない。常に「メリットがある」から手を結んできたにすぎない。

そもそも陳雲は長征途中の遵義会議のあと、ソ連のコミンテルンの支援を得るために上海のコミンテルン支部に行ったのだが、上海は国民党の牙城《がじょう》と化し危険にさらされていたので、貨物船に紛れ込んでウラジオストックに直接行った。そこからモスクワに行きコミンテルン本部に中国共産党の窮状と毛沢東がトップに立ったことを知らせた。ここですぐに中国に帰れば良かったのかもしれないが、陳雲はそうはせず、2年間もモスクワに留まって、王明《おうめい》や康生《こうせい》らと親交を温めたのちに帰国するのである。だから毛沢東は陳雲を信用しなかった。

しかしモスクワ滞在中に陳雲は本物のマルクス・レーニン主義を叩きこまれ、社会主義国家とは何か、そして何よりも社会主義体制における「五カ年計画」という経済体制とは何かをしっかり学び取り、その良さ（?）を身につけて帰国している。新中国が誕生したあとも、鄧小平と結託して高崗を倒したのは、高崗が経済のことなど何も分からないのに五カ年計画を立てるための国家計画委員会主席などを務めていることが気に入らなかったからだろう。

高崗が自殺したあとは、陳雲が中心となって新中国の最初の五カ年計画を制定した。これが大成功を収めたと陳雲は自負しており、そのために毛沢東の陳雲への評価も多少は高まったので、鄧小平が言うところの改革開放経済ではなく、計画経済の方が良いという確固たる信念を持った「反改革派」＝「保守派」だったのである。

実は鄧小平と陳雲との溝は、もっと早くからあった。

第四章で述べたように、1978年10月12日、第十一回党大会三中全会前の政治工作会議で、陳雲が6発の砲弾を投げたと書いたが、その6発目は康生に関する問題で、実はこれは鄧小平への批判だった。というのは、康生は建国当初、健康（精神）状態がすぐれないとして山東省に引っ込んでいたが、上京したときに頼りにしたのは権力を手にしていた鄧小平だった。毛沢東が康生を王明の一味と知りながら粛清しなかったのは、上海の若き女優・江青《こうせい》を延安《えんあん》に連れてきたからだということを鄧小平は知っている。師弟関係にあった江青を毛沢東に紹介したことから、毛沢東は康生を大事にした。それを心得ている鄧小平はうまく康生を使い、小説『劉志丹《りゅうしたん》』で習仲勲追い落としに成功している。だから1975年に康生が他界したときには、鄧小平は康生の葬儀委員長を務め、かつ「永遠なる偉大な党員」といった類の、死去した偉大な共産党員を弔うときに付ける栄誉称号を康生にも冠した。

このことに陳雲は猛烈に反対した。なぜなら文革中、多くの無罪の共産党幹部を投獄させ失職させたのは康生で、陳雲自身も康生のいわれなき密告により失職に追いやられていたからだ。だから「康生の党籍を剝奪《はくだつ》すべきだ！」と6個目の爆弾を投げつけていたのである。この6個目の爆弾内容だけは事前に鄧小平に知らせていなかったので、鄧小平は「陳雲の5個の爆弾」を受けてスピーチすることになっていた原稿を、慌ててスピーチライターに書き直させたくらいだ。

このように、鄧小平と陳雲の間には隙間風《すきまかぜ》が吹いていたのだが、二人とも毛沢東亡きあとは中国を代表する二大長老となっていた。だから二人の衝突を表面化させるわけにいかない。表面化すれば内紛となり、一党支配体制が崩壊する恐れがある。二人ともそれだけは避けようとしていた。

そこで陳雲側に付いている保守派の長老たち（王震《おうしん》、薄一波《はくいっぱ》、李先念《りせんねん》など）は、鄧小平を責めることはせずに、鄧小平側に付いているとみなされる改革派の長老や、特に権力者（胡耀邦とか趙紫陽）を責めることによって自己表現をしていた。

陳雲自身とて同じだ。鄧小平を批判したいのに、それは控えて、その代わりに胡耀邦や趙紫陽を非難した。

鄧小平が陳雲に対して不満があるときには、その取り巻き連の長老にそっと胸の内を打ち明けて、「きっと陳雲に伝わるだろう」と期待するのである。こうして指導層は改革派と保守派に分かれてしまい、危ないバランスの中で鄧小平はそれでも自らの権威だけは維持しようとしていた。

胡耀邦批判に唯一反対した習仲勲

やがてまずは胡耀邦が矢面に立たされるようになった。というのは、鄧小平自身が胡耀邦に不満を抱くようになったからだ。たとえば改革開放の行き過ぎで若者や知識人が西洋の文化にかぶれ始めると、鄧小平はそれを「精神汚染」と称して「反精神汚染運動」を1983年辺りから提唱し始めるのだが、胡耀邦の対応が鈍い。そのうち反精神汚染運動は「反自由化運動」あるいは「反ブルジョア自由化運動」などと呼ばれるようになり、香港や他の西側諸国が中国の改革開放の本気度を疑うようになって、鄧小平としては腹立たしく思っていた。しかし進歩的知識人や若者からは、「これではまるで文革ではないか」という不満が出るようになった。

1986年12月になると、北京だけでなく上海や他の地方都市で小規模ながら学生デモが発生するようになった。それを知った鄧小平は恐怖におののくように激怒し、すべては胡耀邦の甘さから来ているのだと胡耀邦を激しく罵倒《ばとう》した。

それ以外にも鄧小平を怒らせることが数多く起きていた。

実は胡耀邦は香港メディア（リベラルな『百姓』）の記者の取材を受け、記者の「鄧小平が早く引退すれば良いと思いませんか」という問いに対して、「いやいや……」と言いながらも明確にバシッと「何を言っているんですか！　とんでもない！」という種類の否定をしておらず、さらに「早いとこ、あなた（胡耀邦）が中央軍事委員会の主席になった方が良いんじゃないんですか？　今の内になっておかないと（鄧小平が死んでから主席になっても）軍隊を掌握できないでしょう」といった主旨の質問に対して、これはさすがに明確に否定しているものの、その話題自体を発表させることを禁止しなかった。その報道を読んだ鄧小平は、「すべてはここまでだ」と決意したのだろう（と趙紫陽は録音している）。

鄧小平はただちに「胡耀邦以外の」トップ指導層5人（薄一波、楊尚昆、万里、胡啓立《こけいりつ》、趙紫陽）を鄧小平宅に呼び、どのようにして胡耀邦を下野させるかを秘かに打ち合わせるのである。1987年1月7日のことだ。その席には趙紫陽もいた。したがって鄧小平はこのときはまだ、趙紫陽まで更迭しようとは考えていなかったようだ。

鄧小平の声は「神の声」――。

趙紫陽がここで異議を申し立てれば、その瞬間に自分の首も飛ぶことを趙紫陽は知っていた。

趙紫陽はテープの中で、「たしかに胡耀邦には口が軽いところがある」と残念がっている。

たとえば1983年に訪日したとき、調子に乗って自分の一存で日本の若者3000人を毎年中国に招待するようなことを約束してしまっているが、「これは訪日前には話し合われたことはなかった」と鄧小平は非常に不機嫌になったこともあると回想している。また「鄧小平があんなにまで反自由化を実行しろと言ったのに、なぜ胡耀邦は無反応だったのか。それが今もなお分からない」とも嘆いている。だから胡耀邦降ろしに異議を申し出ることはできなかったと吐露している。

秘密の打ち合わせは何回か行われ、ついに1987年1月10日に「組織生活会（民主生活会とも）」が中央顧問委員会の名義により招集された。主宰は薄一波だ。胡耀邦によって助けられ、涙を流して感謝した、あの薄一波である。生活会は6日間にわたって開催された。

招集を受けたのは中央顧問委員会常務委員、中央政治局委員、中央書記処書記、国務委員、全人代党員副委員長、全国政治協商会議党員副主席および中央軍事委員会各大部門の首長と党中央各部の部長たちだ。

鄧小平と陳雲はあえて欠席。毛沢東が高崗を下野させるときの会議に倣ったのだろう。李先念は上海にいた。

それまで胡耀邦のお陰で文革の冤罪から政治復帰でき名誉回復された人たちや、特に胡耀邦宅に行って親交を深めたりした人たちを含めて、ほとんどすべての参会者が文革期のように胡耀邦を激しく批判し罵倒した。

その中でただ一人、反対の声を荒々しく上げたのは習仲勲一人だった。

彼はこのときまだ政治局委員として残っていたので、この生活会にいた。このときの習仲勲の発言に関して触れているのは楊継縄の『中国改革年代的政治斗争』などである。習仲勲は以下のように言っている。

――このような重要な会議なのに、なぜ事前に通知しないのですか？　それにこのような重要な人事を生活会などで決めてはなりません。党の規則に違反します！

良心に従って心の声を出すことができたのは習仲勲だけで、他の人は鄧小平に睨《にら》まれるのが怖くて黙り込むか、それまでの恩義を裏切ってひたすら胡耀邦批判に燃え上がるだけだった。

こうして胡耀邦は中共中央総書記から引きずり降ろされ、その代わりに趙紫陽が総書記に指名された。趙紫陽は鄧小平に「自分は総書記などやりたくない」と固辞したが認められず、「神の一声」で趙紫陽が中共中央総書記に就任した。同年1月16日の政治局拡大会議で総書記代行、10月20日の第十二回党大会七中全会で追認、11月2日の第十三回党大会一中全会で総書記と軍事委員会第一副主席に正式に選ばれた。国務院総理の後任には激しい保守派の李鵬《りほう》が選ばれた。

それは当然だろう。胡耀邦を更迭したということは、華国鋒降ろしのときの鄧小平の「ごり押し」が間違っていたということになり、「神の声」はくすみ始めたのだ。改革派には分《ぶ》が悪くなり陳雲率いる保守派が勢いを増すに決まっている。

李鵬は、ここぞとばかりに思いっきり意地悪なことを仕掛けてきた。

本節の前半で書いたように、１９８９年4月15日に胡耀邦を追悼する大小さまざまな追悼デモが天安門前を中心に全国各地で行われていたが、その最中、実は趙紫陽は4月24日から29日まで北朝鮮を訪問することが以前から決まっていたのだ。その訪問を中止するか、あるいは延期するなど、何かしらの緊急対応策ができたと思うのだが、趙紫陽はそのようなことをすると海外の人たちに「中国では何か不穏な動きがあるのではないか」という疑念を抱かせるので、予定通り実行することにしたと弁明している。

　趙紫陽はそのとき、当局が撮ってあった録画などを見て「デモは鎮静化しつつある」と判断したという。

　ところが趙紫陽が出発したその日の夜、保守派として有名な北京市の陳希同《ちんきどう》市長などが当時の全人代常務委員会委員長の万里に政治局常務委員会を開催するよう要求し、万里はこの要求を李鵬に伝えた。趙紫陽は訪朝に際して留守中の運営を李鵬に託していた。李鵬は翌日常務委員会を開催し、会議では抗議デモが極めて深刻な状態だということが強調された。趙紫陽は幽閉中の録音テープに「彼らはすでにデモが鎮静化しつつある事実を無視したのだ」という声を残している。

　そして李鵬ら保守派の報告を信じた鄧小平は、学生の追悼デモを「反共産党的、反社会主義的動乱だ！」と激怒したのである。「迅速な鎮圧を図れ！」ともどなっている。

　これは密室での会話のはずだった。ところが李鵬らは「しめた！」とばかりに、鄧小平の言葉を4月26日付の人民日報に載せてしまったのだ（「四・二六社説」事件）。鄧小平は李鵬のこの行動を不快に思ったが、すでに遅かった。人民日報の報道を見た学生たちが激怒し、デモは一気に拡大の方向に向かって行った。

鄧小平はかつて周恩来の追悼デモを率先して行い、それが「第一次天安門事件」へと発展して失職したが、あのデモは「反革命ではない」と主張し続けて、華国鋒を責めまくったのに、今度は自分が「学生たちの追悼デモ」を「反革命的だ！」と叫ぶ。

このときの鄧小平を趙紫陽は、「まるで保守派に操られた操り人形のようだ」と、回想録（録音テープ）で揶揄《やゆ》している。

帰国した趙紫陽は人民日報の社説を取り消すように鄧小平らを説得し、「四・二六社説」事件は緩和される兆しを見せていたが、5月15日にソ連のゴルバチョフ首相が訪中し、趙紫陽はゴルバチョフとの会談で決定的なミスを犯してしまった。

趙紫陽はゴルバチョフに「最終的な決定権は鄧小平にある」と、「真実」を言ってしまったのだ。ということは、このような学生デモの責任は鄧小平にあることになる。

鄧小平が趙紫陽を更迭すると心に決めたのは、この瞬間だった。

鄧小平は「神の一声」で絶対的な独裁者として君臨しながら、一方では「責任が鄧小平にある」という結論が出ることを極点に嫌った。なぜなら、「人民の声」が怖かったからだ。中国には三つの勢力があり、一つは「党内の改革派」で、もう一つは「党内の保守派」だが、最後の一つは「人民の声」で、これ以上に恐ろしいものはないと鄧小平は思っていたのだと、趙紫陽は分析している。

事実、5月17日に鄧小平の自宅で会合が開かれ、戒厳令を布くことが決まったときに、鄧小平は李鵬に「二度と再び、戒厳令を決めたのが私だなどと、密室での言葉を外部に公表してはならない」と厳しく言い渡している。

こうして6月3日の夜から4日未明にかけて中国人民解放軍が自らの国の人民に、しかも丸腰の若者たちに銃を向け、戦車で轢き殺そうとした。人民を守るためにあるはずの人民解放軍が、武力で民主化デモを鎮圧するという、あってはならないことが起きたのである。天安門広場は血の海と化した。毛沢東でさえ、このようなことはしていない。建国史上初めての冷酷な虐殺であった。

これにより人民は、そして世界は「鄧小平とは何者か」ということを知ったはずだ。それでもなお「鄧小平神話」に騙《だま》され、おののき、鄧小平を礼賛しなければ罪人であるかのように錯覚する人々の罪深さよ、そして愚かしさよ——。

6月23日と24日に開催された第十三回党大会四中全会で趙紫陽は全職を解任され、中共中央総書記に江沢民が選ばれた。推薦したのは陳雲、薄一波、李先念などの保守派だ。当然、江沢民は彼らの言うことを聞く。

この時点で鄧小平は敗北したのである。それを直視しなければ、中国共産党の党史は読み解けない。それが読み解けなければ、習近平政権とは何ぞやも、本当には理解できないだろう。

七　習仲勲、最後の失脚と鄧小平――南巡講話は江沢民失脚が狙いだった

最後まで言論の自由を訴えた習仲勲

一方、習仲勲を含む3人が1985年9月24日に（第十二回五中全会で）中共中央書記処書記を解任され、その代わりに李鵬を含む5人が新しく書記として書記処に入ってきた。

1981年6月の第十一回六中全会で習仲勲は中央書記処書記に就任しているが、そのときはまだ葉剣英が全人代常務委員会の委員長だったし、まだ生きていた。しかし鄧小平が1979年1月に中越戦争を仕掛けて中央軍事委員会主席に就任すると、葉剣英は形の上で軍事委員会副主席の座にとどまりはしたけれど、すべての実権を鄧小平に奪われ、1983年に全人代常務委員会委員長も退任している（1986年に他界）。したがって習仲勲は「鄧小平に睨みを利かしていた後ろ盾」を失ってしまったのである。

それでも胡耀邦がいたので、習仲勲はまだ中共中央政治局委員ではあり、全人代常務委員会副委員長の職にも残っていた。全人代常務委員会の委員長も副委員長も、今では「虚位」と呼ばれて実権はないものの、習仲勲は最後の力をこの職に注いでいた。

しかしその職さえ、ある日突然、「鄧小平の一声」で消失するのである。

それは1990年10月30日のことだった。

全人代常務委員会会議（第七回全人代第16期会議）の副委員長として、習仲勲は会議場にい

た。この日の午前中に銭其琛《せんきしん》（外交部長）がわずか20分間で簡潔に外交関係の法案に関して説明すると、習仲勲は立ち上がって「こんなに短時間で、ここまで重要なことを実に明解に説明してくれました。実に素晴らしい！　皆さん、彼にもう一度拍手を送りましょう！」と賛辞を述べたのだ。

それは、次のことを建議するための枕詞《まくらことば》だったのかもしれない。

本章の二で触れた全人代の代表の一人だった高錯氏（当時、全人代民法、国家法室副主任。のちに全人代法制工作委員会研究室主任）が、習仲勲生誕100周年記念に当たる2013年に記したところによれば、習仲勲は続けて以下のように述べたという。

――これまでの常務委員会会議の議案は、必ずしも十分なものではありません。今回の会議から、今後はこの会議のムードを改めて、もっと真剣にまじめに本当のことを言い合えるムードに変えていこうではありませんか。そのために、あと1日会議期間を延期したいと思うんですが、いかがでしょうか？

このように提議したという。しかし司会者は、「いや外地（北京以外のところ）から来ている委員は、列車のチケットや飛行機のチケットなどをすでに購入しており、いきなり会期を変更するのは不便を来たすので……」と言うと、習仲勲は「私は全人代常務委員会の仕事の仕方を変えたいと思っているんです」と抵抗した。

そしてその日の午後、いつも通り4つのグループに分かれ、習仲勲はこれもいつも通り、第4つのグループに参加して

——全人代は人民を代表しなければなりません。人民のための代弁者でなければならないのです。

とくり返し主張した。

一休みして午後4時半に再開し、本来ならこれで司会者が最後のひとことを言って散会になるのが常だった。しかし習仲勲はなおも食い下がった。

——皆さん、あと1時間ください。今日はどうしても皆さんにお話ししたいことがあるのです。歴史の話をして申し訳ないのですが、かつて西北革命地区では各根拠地によって意見が異なり、互いに猜疑心《さいぎしん》を抱いたりしました。中にはそのために尊い命を失った者もいます。だから私たちは「異なる意見を持った者」を「反対派」だと見てはならないのです。反対派というレッテルを貼り、それを打倒したりしてはなりません。異なる意見を保護し、異なる意見を重視して研究するようにしようではありませんか。

彼は必死だった。エネルギーがみなぎっていた。

しかし、これが習仲勲の最後のスピーチになろうとは、誰も予想できなかっただろう。

翌日も開きたいと主張した会議に、習仲勲の姿はなかったのである。委員たちは顔を出したというのに、第4グループの司会者が会場にやってきて「習仲勲副委員長は、病気になり、南方に休養に出かけたので、この会議には二度と出席しません」と告げたのだ。

あんなにまで元気で、どうか1日延期してくれと皆に頼んだ習仲勲が突然「病気」になるなどということは考えられないことだった。それに突然欠席するからには「急病」だから北京の近くの病院に入院するはずだ。それがわざわざ「南方」に、しかも「休養」に行くというのは、誰が考えても「不自然」な説明だった。「南方に休養に行く」ゆとりがあるのだったら、まずは全人代の会場に来て来場者に詫びをするなど、何らかの挨拶《あいさつ》があっていいはずだ。

しかし、そうはできない「事情」があったことは、誰の頭にも浮かんだことだろう。

若者の異なる意見であった「民主の声」を銃口でふさいだ鄧小平が習仲勲の「異なる意見を保護する制度を制定しよう」という叫びを許すはずがない。

一方、このときの全人代常務委員会委員長は万里だった。民主派として若者が期待した、あの万里である。

しかし天安門事件が起きる寸前、鄧小平が戒厳令を出すと決定した1989年5月17日、訪米していた万里が緊急帰国して戒厳令を取り消してくれる側に付いてくれることを趙紫陽も民主を叫ぶ若者たちも必死で待っていたのだが、万里は「民主を裏切った」のである。北京には帰らず、上海に行ってしまったのだ。

上海では江沢民らが空港に出迎えに来ていた。そして万里は鄧小平の戒厳令を支持すると宣言すると「病気」になって入院してしまい、北京でひたすら彼の帰りを待っていた趙紫陽の下にも若者の下にも戻ってこなかった。

この万里が委員長をしており、鄧小平側に付いてしまっているので、習仲勲の政治生命はこの瞬間に完全に終わったということができよう。習仲勲は二度と再び政界に戻ることはなくこの世を去っている。

鄧小平の敗北

趙紫陽の後釜に江沢民を据える話は戒厳令を出すと決定した5月半ばには決まっていた。

陳雲は上海の人間だし、李鵬はかつて電気工業部では江沢民の先輩だった。薄一波には別の思惑があった。息子・薄熙来《はくきらい》のために、江沢民の過去を黙っておいてあげるので、「その代わり薄熙来の将来を頼む」という交換条件である。

江沢民の父親は日中戦争時代の傀儡政権である汪兆銘《おうちょうめい》政権の官吏だった。だから江沢民は日本軍が建てた南京中央大学の日本語学科で学んでいる。日本軍とは仲良くしていたわけだから生活も豊かだった。だからあの革命戦争の時代にダンスやピアノなどを嗜《たしな》むことができた。

その日本が敗戦すると、江沢民は慌てた。父親の弟が革命烈士だったので、その弟に養子としてもらわれたと偽り、革命烈士の第二代として、日本敗戦後に初めて中国共産党に入党し、たまたま汪洋《おうよう》の父親・汪道函《おうどうかん》に支援されて出世の道を歩み始めただけだ。

そういった秘密を鄧小平に黙っておいてあげることを条件として薄熙来の未来を委託し、江沢民を推薦する側に回るのである。

鄧小平としては自分が負けたのだから、保守派の推薦を受け入れるしかない。

鄧小平自身、一党支配体制維持を最優先事項に置くという意味では、保守派でしかない。それでも改革開放経済を推進することを江沢民に誓わせた。

しかし前節にも書いたが、江沢民としては自分を推薦してくれた大物たちの言うことを聞いている方が良い。

そこで1991年の7月1日に、江沢民は中央党校に行ってスピーチをしているが（「七一講話」の中の一つ）、彼はそこで「（私有経済の重要な役割を果たす）個人事業主などぶっ潰《つぶ》してしまえ！」という趣旨のことを言っている。それを知った鄧小平は激怒し、1992年の春節に「南巡講話《なんじゅんこうわ》」をして深圳などを回り、「纏足《てんそく》女のようなヨチヨチ歩きをするなー！」と、これも下品な言葉で開放経済を進めろと檄《げき》を飛ばすのである（纏足とは、女性の足を大きくしないため、子供の時から足指を裏側に曲げて布で固く縛る風習のこと）。

これはちょうど、毛沢東が1966年にわざわざ上海に行って「敵は司令部にあり！」と叫んでから劉少奇《りゅうしょうき》を倒すための文革を始めたのと同じ構図である。

実はこのとき鄧小平は、今度は江沢民を更迭するつもりだったのである。改革開放経済を進めようとはしないからだ。しかし、それを察知した三人の長老が、鄧小平を止めたという。

陳雲は「江李（江沢民・李鵬）体制は不変だ」と言い、薄一波は「3度も同じ過ちをくり返してはならないと言うではないか。あなたは華国鋒を倒し、胡耀邦を倒し、趙紫陽を倒し、そして今度はまた江沢民を倒そうというのか。それでは、もう誰もあなたに付いていかなくなるだろうよ」と言った。李先念は上海にいたときに夫婦ごと江沢民の世話になったため、江沢民には好意的だったという。

そんなわけで鄧小平は江沢民を更迭するのを踏みとどまったのである。

「鄧小平神話」とは裏腹に、その後、江沢民はやりたい放題の金もうけに走り、全国津々浦々に腐敗が蔓延《まんえん》しまくったのだと、李鋭は分析している。

毛沢東も非道なことをしてきたが、中国共産党の歴史は、むしろ鄧小平によって建国時の高崗事件から天安門事件に至るまで歪《ゆが》められてきたのではないだろうか。鄧小平はすべて自分一人の野心のために好き勝手に陰謀をめぐらし覇道を極めてきた。

高崗の妻・李力群《りりょくぐん》がいみじくも「鄧小平は毛沢東よりも覇道（横暴）だ」と死ぬまで言い続けてきたのは正しかったと思う。

著名な中国問題研究者エズラ・ヴォーゲルに象徴されるように、少なからぬ欧米の中国研究者は鄧小平を「現代中国の父」と崇め、「改革開放の総設計師」と讃えているが、それは鄧小平が創らせた「鄧小平神話」であって、毛沢東が「抗日戦争のために戦った」という事実無根の「抗日神話」よりも、もっと罪深い側面を持っている。

なぜなら、「鄧小平神話」はいくつかの国に「中国が経済的に発展すれば、いつかは民主化するのではないか」という「幻想」を抱かせたからである。それにより中国を巨大化させ、今では中国は手に負えない存在となりつつある。その最大の「犯人」は日本の政財界であることに日本は気がつかなければならない。これに関しては次章の最後で考察する。

第七章

習近平、鄧小平への「復讐の形」

一　父が受けた迫害は習近平にどのような影響を与えたか

鄧小平が死ぬまでは息をひそめた日々

父親がどれだけ無念の思いをしてきたかを、習近平《しゅうきんぺい》は誰よりも強く痛感していたはずだ。その恨みを晴らしたいだろうが、自分が天下を取るまでは絶対に足をすくわれないようにしなければならないと思ったにちがいない。

1990年に習仲勲《しゅうちゅうくん》が鄧小平《とうしょうへい》によって最後に失脚させられたとき、習近平は福建省《ふっけん》にいた。1985年から88年まで福建省アモイ市の中国共産党委員会常務委員兼副市長を務め、88年から90年までは福建省寧徳《ねいとく》市の書記、90年から93年までは福州《ふくしゅう》市の書記などを務めている。

実はその福建省に習仲勲は1983年2月に行っている。胡耀邦《こようほう》から「春節休みにどこか南方にでも休暇に行ってはどうか」と言われた習仲勲は、「ならばぜひとも、福建省に行かせてください」と、珍しく自分の望みを申し出たのだ。そして2月17日にアモイ市の指導者たちと談笑し、「青年には責任を持たせることが肝要だ。そうすることによって鍛錬できる。責任を持たせないと永遠に成長できない」と言い、「若い幹部を育てるには、執務室に閉じこもった仕事をさせるのではなく、地方を回らせて各地の現場で鍛え上げなければならない」という言葉を残している（『習仲勲画傳』より）。

鄧小平のいる北京ではなく、ともかく中央から離れさせて地方で修業させるというのが習仲勲の考え方だったようだ。習仲勲のあのときの「福建行き」は、習近平のための「下見」だったのではないかと推測される。習近平は福建省には2002年までいて福建省の副書記および省長を務めたのち、2002年10月から浙江省《せっこう》に行っている。福建省には延々17年間もいたことになる。

アモイ市は1980年に経済特区に指定されただけでなく、1985年にはさらに領域を広げてアモイ島と鼓浪嶼《ころうしょ》のすべてが経済特区に指定されることになっていた。習近平がアモイ市に着任したのが1985年6月15日で、経済特区拡張が正式に決まったのが6月29日。習仲勲としては広東《カントン》省の経済特区を自らの手で創り上げたので、隣にある福建省の経済特区は息子に手掛けさせたかったものと思う。

さらに広東省は目の前に香港とマカオがあり、香港マカオとの交易も習仲勲が自ら手掛けたので、アモイ市の真ん前にある台湾との交易を習近平にやらせたかったのだろう。アモイ市の東海岸に立てば、目視で台湾が領有する金門島が見える。台湾問題は、香港・マカオ同様、中国にとって非常に大きな課題として横たわっているので、その経験を積ませたかったという思惑もあったのかもしれない。

習近平がアモイに着いた6月15日は習近平の誕生日だったことから考えても、いかにこの人事異動を習親子が喜んでいたかが窺《うかが》われる。

実は習近平がアモイ市に着任する1カ月ほど前の5月に賈慶林《かけいりん》が福建省の副書記として着任していた。賈慶林は本書の第四章に書いたチャイナ・ナインの一人で、のちの江沢民《こうたくみん》政権において江沢民の忠実な腹心となる人物だ。

習近平はアモイ市に行く前に福建省の省都である福州に立ち寄り、党委員会庁舎を訪れて、賈慶林に挨拶《あいさつ》に行っている。このとき賈慶林は、「低姿勢で実直な感じの」習近平をすっかり気に入ったという。

中央では反精神汚染運動が激しくなり胡耀邦の立場が揺らぎ始めていた。

こういうときは、ただひたすら静かにしているしかない。

9歳のときに父親が突然失脚して家からいなくなったあの恐怖は、習近平に「政治の空気」への敏感なアンテナと、政治運動が過ぎ去るまでおとなしくしていることを学ばせている。主義主張を表面化させると、いつ、どのような勢力に足を引っ張られるかしれない。いきなり政治生命を失う恐ろしさを、物心ついたときから身に染みて知っている。

ましてや父親が鄧小平によって生涯を台無しにされており、その鄧小平はまだ健在だった。だから習近平は「謙虚で姿勢を低くして、敵を作らず、誰に対してもニコニコと好感を与え、穏健でいる者が最後に笑う」という政治哲学を学んだという。

そうでなくとも、小さいときに父親から「団結」の大切さを学んでいた習近平は、『水滸伝《すいこでん》』の中の宋江《そうこう》が好きだったとのちに回顧している。英雄でもなければ、特にカリスマ性があるというわけではないが、周りの信頼を得ることによって仲間が増えていき、気がついたらリーダーシップを手にしているというタイプだ。

特に鄧小平が健在な内は、わずかでも目立ってはいけない。目立てば潰《つぶ》される。だから19

97年に鄧小平が他界するまでは息をひそめるように暮らしていた。プライベートでは1987年に現在の妻の彭麗媛《ほうれいえん》と再婚している。初婚は耿飇《こうひょう》（ゲン・ビャオ）の下で働いていた時期で、相手は外交官でもあった耿飇に紹介された駐英大使・柯華《かか》の娘・柯玲玲《かれいれい》だった。柯玲玲との結婚当初は習近平の両親と同居していたが、習仲勲が中南海に入ったのちに二人で別居してからは、外まで喧嘩《けんか》の声が響いていたと、近隣に住んでいた大学教授がのちに回顧している。二人の生活レベルも感覚も違いすぎ、ロンドン生活の長い柯玲玲がこんな未発達の中国にいるよりはイギリスに移住しようと主張して聞かないので離婚したのだという。

彭麗媛は中国人民解放軍に所属する国民的歌手であったことも手伝ってか、習近平は100回ほど取材を受けているが、すべて拒否したと語っている。

初めて内心を少しだけ吐露したのは2000年のときだ。鄧小平の死から3年経っており、そろそろ大丈夫かと考え、ようやく決意したものと推測される。共青団系の雑誌『中華児女』(児女＝子女）第7期（2000年）に長文の取材記事が出ている。

以下、この取材も参考にしながら、1962年に習仲勲が小説『劉志丹《りゅうしたん》』で失脚したのちの習近平の行動と心情をご紹介する。

「黒帮」といわれた虐めとの闘い

1962年、9歳になっていた習近平は軍関係の高級幹部の子女が通う「八一学校」に通っていた。しかしある日突然、母親とともに中南海の住処を追われた。なぜ父親が急にいなくなったのか、なぜこれまでの住まいを追われるのか、習近平には分からなかった。母親の斉心（チーシン）に聞くが、母はただひたすら泣くばかり。その母親もまた、河南省の労働改造所（重労働をさせて思想改造をさせる収容所）に押し込まれてしまう。

子供たちだけが残され、不安な日々を送る中、姉の橋橋（チャオチャオ）が母親代わりをしてくれた。

1966年になると文革が始まり、さらに過酷な現実が襲いかかってきた。

北京では首都紅衛兵聯合行動委員会（聯動）が組織化され暴れ始めていた。政治犯の子供である習近平は、紅衛兵運動に参加できないどころか、黒帮《ヘイバン》（犯罪組織、悪党）として激しく虐《いじ》められた。

習近平は「八一学校」の紅衛兵たちによって構成される革命委員会が監督する「学習班」に送られた。「学習班」というのは黒帮の子女たちを再教育するための収容所のようなもので、そこで思想改造を迫られる。再教育と言っても、批判大会に掛けられて罵倒《ばとう》されるだけでなく、実際は「しごき部屋」に閉じ込められて殴る蹴《け》るの暴力を受ける場合が多い。

習近平は自分の過去に関して滅多に話さないが、2000年の取材で「私は頑固者で、虐められるのも耐えられなかったから、造反派に睨《にら》まれて、悪いことが起きると何でも私のせいにされた」と語っている。そのため喧嘩して北京の公安に引き渡されたこともある。13歳になると群衆による批判大会で罵声や批判を浴び、15歳になると「少年反革命罪」という有罪判決を受け、「少年管教（管理教育）」という少年鑑別所のような所に送られたそうだ。

当時虐めた側にも虐められた側にも複数の人がいるので、習近平が出世すると、「思い出話」をする人が次々に出てきた。その中には習近平が当時、軍のコートを着て、ナイフをポケットに潜《ひそ》ませて造反派の呼び出しに応じたという一幕もあったと語る人もいる。習近平自身が取材で述べているように「虐められてなるものか」という気持ちとともに、父親に対して「見返してやる」という思いが、このときからあっただろうと推測される。

1968年末になると、毛沢東は「知識青年は農村に行き貧困農民による再教育を受ける必要がある」という指示を出した。これを「上山下郷《じょうさんかきょう》」運動という。「辺境な山に登り農村に下る」という意味だ。そして「上山下郷」を受けて辺境地域に行かされることを「下放《かほう》（シャーファン）」と称する。「知識青年」は一定程度の教育を受けた都会の若者を指し、中国では「知青《チンズー》」と呼ぶ。「あの人はズーチンだった」とか、「私もズーチンだったよ」という言い方をする。「上山下郷」運動によって下放された「知青」の数は、中国政府の統計で1600万人とされているが、実際は、それよりも遥かに多いだろう。

1969年1月13日午前9時、15歳と5カ月の習近平は、最年少の「知青」として、陝西省《せんせいしょう》行きの下放専用列車の中にいた。習近平は自ら選んで父親が創り上げた革命根拠地であった陝西省延安《えんあん》を選んだのである。延安行きの列車が発車する北京駅のプラットフォームは、わが子を見送る両親や親戚、あるいは友人などでひしめき合っていた。列車の中にいる「知青」たちは、窓から身を乗り出して別れを惜しんでいる。見送る方も見送られる方も、まるでこれが永遠の別れであるかのように泣き叫んでいる。

4号車の硬座（板だけで作られた座席）に座っていた習近平は、窓から顔を出すわけでもなく、ましていわんや泣くでもなく、ただ一人静かに笑っていた。

窓から顔を出さないのは、彼を見送る人が誰もいないからだ。父親は投獄され、母親は労働改造所にぶちこまれている。親戚も、とばっちりを受けるといけないので、寄り付かない。

笑っていたのは、「これでようやく半殺しの目に遭わなくてすむ」と嬉《うれ》しかったからだという。早く田舎に行きたかった。延安は父親が革命の根拠地を築いた「西北革命根拠地」のメッカだ。

「群衆の中に戻る」ことを決意

習近平が他の知青と違っていたことが、もう一つある。

それは誰よりも荷物が重いことだった。その荷物の中には本がぎっしり詰め込まれていた。勉強するための本ばかりではなく、『三国志演義《さんごくしえんぎ》』や『水滸伝《すいこでん》』あるいは『紅楼夢《こうろうむ》』に到るまで、のちに禁書とされるものさえ入っていた。ともかく読書が好きな青年だった。

延安めがけて走り始めた列車の窓の外には、「打倒内奸劉少奇！」（裏切り者、劉少奇を打倒せよ！）といったスローガンや、藁《わら》を用いて作った、劉少奇の首が斬《き》り落とされている様を表現したカカシのようなものが至るところで見られた。

列車が黄土《こうど》高原に差し掛かると、乾燥した土煙が車窓を覆った。

習近平はたまたまトイレの前の座席に座っていたのだが、我慢しきれずにトイレに急ぐ下放知青が近づいてくると、習近平はサッと手を差し伸べてトイレのドアを指し示したという。それは国家指導者になったあとの習近平が、外国の賓客を座席に招くときの手の動きと同じだと、当時、同じ列車に乗っていた知青（匿名）が手記として「博訊新聞網」（boxun.com）に記している（2012年11月22日）。

昼の12時ごろ、専用列車は陝西省西安市の駅に着いた。すると現地の党と軍隊の代表者が「毛主席の近くにいる子供たちが陝西省北部の老革命区にやってきたことを歓迎する」と書いた横断幕を掲げて、駅のプラットフォームで待っていた。その中の指導者と思われる軍服を着た人が祝辞を述べると、習近平が「あ、この人、知ってる」と小さな声で言ったのを、「匿名」氏ははっきりと覚えていると書いている。習近平は、それきり、何も言わなかったという。

陝西省の方言で、若者のことを「娃娃」（赤ちゃん）と表現する。横断幕には、この「娃娃」という文字があった。

下放目的地である延安市延川《えんせん》県に着いたのは夜中だった。電気が少ない土地なので、灯りはついていない。山に掘られた窰洞《ようどう》（ヤオトン）と呼ばれている横穴式の住居の入り口から、わずかに灯が揺れるように洩《も》れているだけだ。

「偉大なる毛沢東」の革命の聖地は、父親がもともといた場所だ。父親が築いた革命根拠地である。この紅い革命を起こし、国務院副総理にまでのし上がった父が、今は囚人として引き回され、その息子はこの革命の地でノミやシラミと戦いながら黒帮の子として土間で寝なければならない。

その覚悟はまだ甘かった。

延安市延川県に到着したあと、習近平がカバンの中を整理しようとしたとき、その中に北京から持ってきて干からびてしまったパンが残っているのを見つけた。とても食べられるような代物ではないと思い、それを通りかかった犬に餌《えさ》として与えたところを、農民が見ていたのだ。延安の農民たちは、まだパンという「文明的なもの」を見たことさえない。

習近平はのちに取材で次のように語っている。

「私は別に浪費家ではない。カバンを整理しようとしたら、中に北京から持ってきたパンの欠片が残っているのに気がついたのだ。それはもう時間が経ちすぎて干からびていた。捨てるよりは犬にあげた方がいいだろうと思っただけだ。その光景を見た農民が『それは何か？』と聞いたから『パンだ』と答えた。するとその農民が、『自分たちが食べたこともなければ見たこともないパンを犬に餌として与えた』と周りに言いふらしたものだから、一が十になり、十が百になって、一瞬にして延安中に広がってしまったんだよ」

こうして一気に悪名がとどろいてしまった。

一方、昼間の過酷な重労働だけでなく、夜はノミやシラミに容赦なく咬《か》まれ、そこが真っ赤に腫《は》れあがる。皮膚が弱かった習近平は真っ赤に腫れあがった場所がすぐ水膨れになり、やがてただれて化膿し、全身を覆うようになった。痛さと痒《かゆ》さで寝ることもできない。

寝床は刻んだ藁《わら》の上。顔のすぐそばには家畜の顔がある。

朝食から昼食までの間、一瞬だけ休むことが許される時間がある。それはタバコを吸う時間だ。黄土高原の農民は、昔から長いキセルの先に葉タバコを詰め込み一服するのが習わしだ。タバコが吸えない習近平は、ともかく数秒間でもいいから休みたいという気持から、農民のこの習慣を覚えた。結果、ヘビースモーカーになったという。

「ちょっと用を足したい」と言えば、人の目を盗んで休む口実になるということも学んだ。それ以外に休むということは認めてもらえない。

あまりに苦しい農作業に耐えられず、習近平は3カ月で北京に引き返してしまう。ところが北京ですぐに見つかってしまい、また捕えられてドブ掃除や下水道工事などの強制労働に従事させられただけでなく、罵倒が始まった。

半年後に収容所から出してもらったが、このとき年老いた親戚の叔父と叔母が会ってくれて、習近平に言って聞かせたことがある。叔母はかつて習近平の母親を共産党に入党させ革命の道へと誘《いざな》った人間で、叔父は八路《はちろ》軍戦士として革命戦争を戦った経験の持ち主だ。

「あのころ私たちはね、つねに群衆（大衆）の懐の中に入りこんで、彼らとともに生きる道を探って来たから、新中国が誕生したのよ。あなたの両親も同じだった。あなたは今その群衆から離れようとしている。群衆を頼らなくて、誰を頼ればいいというの？　毛沢東の教えを忘れたの？」

習近平は強い衝撃を受けた。

「そうだ……！　自分はまだ、〝群衆の中に到り、群衆の中に溶け込む〟という肝心のことを分かっていなかったのだ。延安に戻ろう！　そこから出発するのだ」

「群衆の中に戻る」という決意を胸に、習近平は自ら選んで延安の農村に戻っていったという。

「自分は苦労から逃げようとしていた。生き残る道は農村にしかない。群衆の中で生きる以外に道はないのだ」と決意したと、習近平は当時を振り返っている（中国共産党用語に基づいた多少の誇張と、自分の現在と将来を正当化するための粉飾はあるだろうが、少なくとも習近平自身がこう語っているので、そのまま記す）。

10回以上の申請で悲願の入党

それからの習近平は、365日休むことなく農作業に従事し、放牧も引き受け、100キロ近い麦を背負って何十里もある山道を行き来する（中国では1里は0・5㎞で、日本では3・93㎞）。どのような重労働でも耐えた。

農民の中に溶け込むために、延安方言も学んだ。

夜は夜で勉学に励んだが、そのうち、習近平のヤオトンを尋ねてくる農民も増え始めた。北京から運んできた重い荷物の中に入っていた『三国志演義』や『水滸伝』などを、延安訛《なま》りで講釈してあげると、農民たちは引き込まれるように聞き入り、それを楽しみに集まるようになった。

このとき「延安訛りが持つ力」と「大衆の中に入りこんでいくことの意義」を実感したのだと、習近平は『中華児女』の取材で語っている。

何とか自分の力でここから這《は》い上がりたいと、共青団に入団するために8回にわたって入団申請もくり返した。最初のうちは反革命分子の申請など受け付けるはずもなかったが、延安の農民の中に溶け込んでいった習近平に好感を抱く村人や幹部が増えていた。その結果、1972年、ついに共青団への入団が許可された。

そして1974年には、中国共産党員として入党許可が下りたのである。これも10回以上の申請をくり返して、ようやく得た成果だった。

「黒帮」の息子として批判の対象となっていた習近平が、晴れて共産党員になれたのだ。おまけにその年の冬、習近平はなんと、梁家河《りょうかか》大隊党支部書記に選ばれたのである。21歳の冬の日のことだ。こうして第五章の二で述べた、習仲勲が工場長に懇願して得た証明書へとつながり、習近平は清華大学に工農兵学員として入学を果たした。それ以降の動きに関してはすでに述べたので、くり返さない。

習近平は2000年に福建省の副書記および南京軍区国防動員委員会副主任などを経て、2002年10月に浙江省に異動する。浙江省では中国共産党浙江省委員会常務委員・副書記および省長に任ぜられた。翌年には書記に昇格している。

江沢民から上海市書記になってくれといきなり声がかかるのは2007年のことで、そこから今日の中共中央総書記・中央軍事委員会主席・国家主席への道が開けていくのだが、残念ながら習仲勲がそれを知ることはできなかった。2002年5月24日に北京で病死しているからだ。

習近平の心の中で煮えたぎる鄧小平への復讐が少しずつ顔を表し始めるのは、2012年に国家のトップに立ってからのことである。1962年から数えてちょうど50年。半世紀にわたる忍耐の末の「復讐の形」を見てみよう。

二　習近平の鄧小平への「復讐の形」と国家戦略

50年間にわたる忍耐が火を噴いた

2012年3月14日、重慶市の書記だった薄熙来《はくきらい》が失脚した。失脚させたのは胡錦濤《こきんとう》政権だ。改革開放以来の腐敗の蔓延《まんえん》と貧富の格差に不満を抱く多くの中国の若者を惹《ひ》きつけ、文革と同じスタイルで「唱紅打黒（紅い歌を唱い、悪い奴らを倒す）」運動を激しく煽《あお》っていた。2007年10月に開催された第十七回党大会でチャイナ・ナインに入りたいと野心全開で挑んだが、入っていなかった。頼みとする父親の薄一波《はくいっぱ》が同年1月に他界したことも影響しただろう。

江沢民としては、薄一波の脅しに従い、薄熙来を将来の国家のトップに持って行くべく策略を練っていたが、頭の上にのしかかっていた圧力がなくなったとなると、何も無理をすることはないことになる。そもそも、こんな野心ギラギラの薄熙来をチャイナ・ナインに入れるのは自分にとっても良いとは限らないし、あんな性格だから、いつなんどき、この私（江沢民）を裏切り、その過去を暴かないとも限らないと思ったにちがいない。いずれにせよ江沢民は薄熙来ではなく習近平を選んでいた。

薄一波が死去したのが２００７年１月15日で、習近平を上海市書記に呼んだのが２００７年３月24日だ。薄一波死去２カ月後のことである。この時点で、江沢民はすでに薄熙来を捨てていたことが分かる。したがって２００７年10月に開催された第十七回党大会一中全会では、チャイナ・ナインの名前に薄熙来の名前はなかった。

だから５年後の２０１２年秋に開催されることになっていた第十八回党大会のチャイナ・ナインに何とか入ろうと、薄熙来は激しい「唱紅打黒」キャンペーンを展開して社会に不満を持つ若者を惹きつけ暴れまくっていた。「さあ、これでもまだ、この私を認めないつもりか」と主張したかったのだろう。薄熙来は文革のとき、いち早く紅衛兵として暴れまくった者の一人なので、若者の激しい運動が国を動かせると思ったにちがいない。

それに対して習近平は第十八回党大会が開催されるギリギリまでひたすら静かに低姿勢を保っていたので、周囲はその意味でも習近平を支持する方に傾いていった。もちろん２０１０年から中央軍事委員会副主席に選ばれていたので、習近平がトップに立つことは見えていたものの、それでも党大会までは忍の一字で低姿勢を「装っていた」のである。

その結果、２０１２年11月15日の第十八回党大会一中全会で、習近平は中共中央総書記および中央軍事委員会主席に選ばれ、２０１３年３月に開催された全人代で国家主席に選ばれた。

このとき多くの人民は習近平に期待した。

温厚で低姿勢なだけでなく、生活が質素で腐敗とは無縁だ。父親の習仲勲の人柄は、多くの関係者に良い印象を与えていた。非常に民主的で言論の自由を重視し、少数民族を大切にしたことでも有名だ。だから習近平もきっと習仲勲のように言論の自由を認め、少数民族を大切にするにちがいないと期待したのだ。

そのころ私は中国大陸にいる民主活動家たちとグループでメールを交換していた。最初は数十名だったのが数百名になり、ひょっとしたら数千名に膨れ上がったかもしれないころにCCの宛先が消えブラインドCCになって、最終的に何名になったのかは判然としない。その中に何度も北京で会っていた、1950年代初期の反右派闘争で投獄された生存者も入っていた。彼は「習近平には期待したい。きっと今度こそは、われわれは本当に自由になれるかもしれない」と望みを託していた。

ところが、どうだろう――。

まるで真逆のことをやり始めたではないか。

言論弾圧どころではない。毛沢東返りまで始めたのだ。

「トラもハエも同時に叩く」は毛沢東の「大虎も小虎も同時に叩く」の模倣で、それでも反腐敗闘争をするのはいいが、「洗洗澡（お風呂に入りましょ）、治治病（病気を治しましょ）」など、毛沢東が農民を啓蒙《けいもう》するときに使った言葉で、「群衆路線」を語り始めた。

えっ？　毛沢東時代に戻るのか――？

「この親不孝者めが！」と諫《いさ》める人もいれば、何が起きようとしているのかが分からず戸惑ったり、失望する人などが増えてきた。私もその「失望した人たち」の一人だ。「何が起きようとしているのか」と戸惑った者の一人でもあったかもしれない。

だからこそ、「なぜ?」、「何が起きようとしているのか」、そして「背後には何があるのか」を追い詰めてきた。父親の習仲勲が根源にあるということだけは直感的に分かっていた。そのためこれまで出版した本において習仲勲を掘り下げてきたつもりだったが、それはあまりに浅かった。「どうもおかしい、どうもおかしい」と思いながら、ようやくたどり着いたのが本書で考察した「鄧小平の正体」である。この分析にまで至って、やっと習近平政権の真相が見えてきたように思う。

ここまで述べてきたような50年間にわたる「復讐の念」と「それを果たすための忍耐」を続けた者の心理を推測すれば、習近平の「豹変《ひょうへん》」とも言える突然の変化も納得がいくし、その戦略の真相と決意のほどが初めて見えてくる。

注意しなければならないのは、父親の仇を討つための鄧小平への復讐という意味においては絶対に譲らない決意が強いものの、言論弾圧や少数民族弾圧など習仲勲の理念に背き、父親を反面教師として一党支配体制維持の方を優先的に選んだ側面もあり、単純な「仇討ち」ではない要素が混在しているということだ。

父親の理念に背いた部分に関しては、習近平の国家戦略としての「決意の脆弱性」、あるいは「良心の呵責」が潜んでいるはずだ。だから西側諸国は、そこを突いていくといい。

もっとも、「この自分が一党支配を維持させてみせ、その期間をできるだけ長くすることによって鄧小平への復讐を完結させる」という意味では、「復讐の形」こそ違え、すべては「鄧小平への復讐」で一貫しているとも言える。

ただ、それらは複雑に絡んで、一筋縄ではいかない。

なぜなら「鄧小平神話」が創り上げられてからすでに30年の月日が経っており、その意識に逆らうことは一定の困難を伴うからだ。

それでも父の無念の思いは晴らしたい……。

このような混然一体となった中、せめて「あの長征の行き着く先がなかったら、中国革命は成功していない。中華人民共和国は誕生していないだろう。だから少なくとも西北革命根拠地あってこその中華人民共和国の誕生であった」ということだけは明確にしたいと思ったにちがいない。そして改革開放を汗まみれになって実際に進めたのは習仲勲であり、経済特区という概念を創り出したのも習仲勲であることは明示したい。習近平の胸にはこういった複雑な思いがあったと推測される。

だから習近平がトップに立ってから最初に視察したのは深圳《しんせん》だった。2012年12月7日から11日にかけての広東省視察で、最初に行ったのは深圳の「経済特区」だったのである。これにより、あたかも「改革開放路線を引き続き行いますよ」というシグナルを発しているように見せかけながら、心の中では「見てろよ！　ここはあなた（鄧小平）に苛め抜かれたわが父が創った経済特区だ！」と自分に言い聞かせている習近平の胸の内を見るような思いがする。

その証拠に、習近平はこの深圳視察を、1992年の鄧小平の「南巡講話」に引っ掛けて「習近平南巡」と呼ばせている。

他の行動も、国家戦略も同様だ。

表面的には人民に抵抗がないであろうような政策を動かしながら、心の中では「見てろよ！」と鄧小平に言い、そして父親には「無念の思いを晴らしてやるからな」と誓っているであろう習近平の姿が透けて見えるのである。

それを基本に据えながら一党支配体制をより強固なものとし、アメリカとも対等でいられるような軍事強国、経済強国を形成するという世界の新情勢に対応するための戦略が習近平の国家戦略となっていると受け止めることができる。

国家戦略を練るための基軸

それらがいくらかでもスッキリと見えるように、この際、細部にはこだわらずに、柱となる大きな枠組みのみを拾い上げていきたい。

まず、鄧小平が残した負の遺産をいくつか列挙してみよう。

❶全国に蔓延した腐敗。
❷社会主義国にあるまじき激しい貧富の格差。
❸ソ連式軍事体制を引きずったままの軍事力の弱さ。
❹毛沢東による「長征」や西北革命根拠地を否定したことによる中国共産党の権威失墜。
❺経済成長のみを重視したことによるハイテク産業の遅れ。

などがあり、習仲勲の強い理念と足跡として、

①少数民族を大切にしたこと。

②党内外において異なる意見を認めること。
③西北革命根拠地の延安があったからこそ中国共産党軍は国民党軍に勝利することができ、中華人民共和国が誕生したのだという現実。
④香港・マカオを含むグレーターベイエリア構想と香港問題。
⑤香港の中国返還に当たって、香港の法体制を礼賛しコモン・ローを認めたこと。
などを挙げることができる。
新しい世界情勢の変化としては、
◎2010年からGDPにおいて日本を抜きアメリカに次ぐ経済大国になったことによって、アメリカが中国を、アメリカを凌《しの》ぐかもしれないという脅威の相手とみなし始めたこと。
◎ネットという新しい情報伝達手段が極端に発展したこと。
などがあるが、世界新情勢に対する国家戦略に関しては次節で考察することにして、ここでは❶〜❺および①〜⑤の要素を睨《にら》みながら、中国を強大化させ、かつ一党支配体制を維持させるという基本条件を満たした上で、習近平がどのような鄧小平への復讐を試みているのか、また親の思いとのジレンマに陥っているのか、主たる国家戦略と行動の枠組みを以下に示したい。

【1】腐敗撲滅運動

2012年11月8日、第十八回党大会初日で胡錦濤は中共中央総書記としての最後のスピーチを行った。その中で彼は「腐敗問題を解決しない限り党が滅び、国が亡ぶ」と強調した。それを受けて11月15日の第十八回党大会一中全会で、新しい総書記として行った初めてのスピーチで習近平もまた「腐敗問題を解決しない限り党が滅び、国が亡ぶ」と叫んだのである。

中国数千年の歴史の中で、ほとんどの王朝は腐敗で崩壊している。コネ社会が文化として土壌に深く浸み込んでいる中国では、少数者が時の権力を握り、その権力者が商売に関しても許認可権を持っていれば、それは殺生与奪の権を握っているに等しく、一瞬で腐敗天国と化す。

天安門事件のときでさえ、改革開放による党幹部の腐敗が叫ばれていたのに、鄧小平はそれを銃口で黙らせて、江沢民にすべての権限を渡して「先に富める者が富め！」と号令を掛けた上で党の権限だけは強化したのだから、「先に富める者はひたすら富んで利益集団を形成し」、全国津々浦々に腐敗が蔓延してしまったのは当然の帰結だろう。

闇の腐敗のデータなので中国側データを信じないとして、いちおう、2012年12月にアメリカの金融監督機構が「腐敗によって海外に不正流出したチャイナ・マネー」に関する報告書を出しているので、それを見てみよう。この報告書によれば、2011年以前の11年間で中国の党幹部らの腐敗による不正流出額は3・79兆米ドル（400兆円強）である。大まかに10で割ったとして、毎年40兆円からのチャイナ・マネーが不正に海外に持ち出されていることになる。個別のデータによれば2010年は4200億米ドル（40兆円強）、2011年は6000億米ドル（60兆円強）となっているので、このデータは妥当だろう。毎年の不正マネーの額は日本の平均的国家予算の半分ほどに相当することになる。

海外に持ち出しただけでもこの額なので、中国国内における腐敗金額を入れれば、天文学的数字になるだろう。江沢民時代に盛んになり、胡錦濤時代にどんなに反腐敗を胡錦濤が叫んでも、江沢民がチャイナ・ナインに刺客を送り込んでいたので、多数決議決で胡錦濤は勝てなかった。その悔しさを習近平に託し、「その代わりに中共中央政治局常務委員（7人になったので、チャイナ・セブンと命名）のメンバーは習近平の好きなように（やり易いように）選んでいい」と、胡錦濤は譲歩したほどだ。

したがって習近平は胡錦濤との約束を守り、2013年1月に中共中央紀律検査委員会全体会議で「虎もハエも同時に叩く」をスローガンとして反腐敗運動の号令を掛けた。虎（大物党幹部）であろうとハエ（官位の低い党員幹部あるいは非共産党員を含む民間人商人など）であろうと、同じように平等に逮捕するという意味だ。その結果、党員系列だけで摘発処分された腐敗分子は習近平政権第一期（2013〜2017年）だけでも169・2万人に上る（2013年：18・2万人、2014年：23・2万人、2015年：33・6万人、2016年：41・5万人、2017年：52・7万人）。これは中共中央紀律検査委員会と中華人民共和国国家監察委員会が2018年3月に合併して設立した全国紀検監察機関が発表したデータである。

日本ではこれを「習近平の権力基盤が弱かったので政敵を逮捕し権力基盤を固めるためだった」と評することが多いが、とんでもない勘違いだ。大手メディアでさえ2016年辺りからは「いよいよ政敵もいなくなり政権が盤石となったので」という表現を枕詞のようにしていたが、それなら2017年以降はなぜ増えているのか。さらにそういった権力闘争論者が言うところの「政敵を倒すためで、これによりようやく習近平政権の基盤が盤石になった」というのであるなら、2018年以降も腐敗分子逮捕者が増加し続けているのはなぜだろうか。政権が盤石になって一段落ついたというのならば、その後わざわざ恨みを買うような腐敗分子逮捕を続けなければいいではないか。2018年以降の処分者の数を見るならば、2018年：62・1万人、2019年：58・7万人、2020年：60・4万人と、2017年を上回っている。

権力闘争論者は、この数値の前に論理破綻《はたん》を起こしていることを肝に銘じるべきだろう。

政権がスタートする時点で、習近平ほど盤石な権力基盤でスタートした政権は、建国以来ないといっても過言ではないほどだった。胡錦濤政権から習近平政権へのバトンタッチほど友好的で信頼に満ちた政権移譲はなかったと言っていいだろう。

それでも反腐敗運動を展開しなければならなかったのは、胡錦濤の総書記としての最後のスピーチにもあったように、「腐敗問題を解決しなければ党が滅び、国が亡ぶ」ほどに腐敗が救いがたい状況になっていたことと、これが「鄧小平が残した負の遺産」なので、習近平としては何としても自分の手でその後始末をしたかったという気持ちがあったものと考えられる。

反腐敗運動は権力を盤石化したのではなく、逮捕すれば恨みを買うため「敵を作る」。何もしなければ恨まれないで済むものを、徹底して腐敗分子を逮捕投獄するのだから、一族から恨まれ、権力基盤は危なくなる。まったく逆だ。

それでもなお、なぜ反腐敗運動に挑んだかというと、❶に相当した上記の理由以外に、何としても軍事力を強化したかったという、❸に関連した理由があるからだ。次に述べるように習近平は鄧小平が着手できなかった軍事体制の弱点を徹底して解体し近代化させたかったのだが、それをするには軍部内にあまりに激しく腐敗がはびこっていて、軍事体制改革ができなかったからである。つまり❶と❸は連動している。その象徴は、たとえば徐才厚《じょさいこう》や郭伯雄《かくはくゆう》などの元中央軍事委員会副主席の逮捕投獄などからも明らかだ。

なお、2021年1月22日、習近平は中央紀律検査委員会（第五次）全体会議で「伝統的な腐敗と新しい形の腐敗が入り乱れ、絶え間なく腐敗が発生している。少しでも気を緩めたら国家政治安全をさえ脅かす。反腐敗闘争は永遠に道半ばだ」と言っている。

【2】軍事体制改革と軍民融合ハイテク国家戦略

軍部の腐敗分子に関しては、幹部から末端まで、2014年末までにほぼ逮捕したので、軍事体制改革を阻害する要因はなくなった。それまでの中国の軍事体制は、建国時にソ連の方式を模倣したままだったため、命令系統がストレートでなく、総参謀部に権力が集中して即戦力に弱く、総参謀部や総後勤部（後方勤務で不動産を所有）などが腐敗の温床になっていた。

真っ先にこの利益集団を解体したので阻害要因がなくなり、2015年12月31日に、それまでの軍区を戦区に改め、戦種もロケット軍（ミサイル部隊）を新設するという「軍事大改革」を行った。中国の陸軍はそれまで「7大軍区」に分けられ、総参謀部が管轄していた。7つの軍区には「瀋陽《しんよう》軍区、北京《ペキン》軍区、済南《さいなん》軍区、南京《なんきん》軍区、広州軍区、成都《せいと》軍区、蘭州《らんしゅう》軍区」があり、これは1985年6月に開催された中央軍事委員会拡大会議で鄧小平が決定したものである。このとき100万人の兵力削減を行うと同時に、11大軍区を7大軍区に統廃合した。

　しかしまるで軍閥のように独立王国化したに近い状況にまでなっていた「軍区」という概念は、陸軍や野戦部隊を中心とした守備で、現在のハイテク化した国際軍事情勢には適合しない。そこで7大軍区を5大戦区に分けて、「陸海空軍＋ロケット軍」全体で「聯合作戦体制」を組み、即戦力を高めていこうという軍事大改革を行ったのである。軍区を管轄していた総参謀部を介さず、習近平が主席を務めている中央軍事委員会が直接「戦区」に指令を下し、ハイテク化したサイバー空間という国際軍事情勢に対応していくというのが狙《ねら》いだ。

　中国がそれまで保持していた短距離弾道ミサイルDF‐16（東風16、核弾頭搭載可能。グアムを射程に置ける）や準中距離弾道ミサイルDF‐21D（東風21D、核弾頭搭載可能。射程約1500キロ）などは、どちらかと言うと他国から攻撃された場合の「抑止力」として作用していた側面が大きいが、ロケット軍創設以降は、原子力潜水艦や核弾頭搭載弾道ミサイルなど、積極的攻撃にも瞬時に動ける即戦力を伴う立体的な核戦力掌握となったと言える。

　そのために必要なのはハイテク国家戦略であり、それに沿った軍民融合国家戦略である。

　ハイテク国家戦略だけならば、軍に巣くっていた腐敗利益集団とは無関係に動けるので、2012年12月の「習近平南巡」から戻るとすぐに「中国製造2025　ハイテク国家戦略」に関する諮問委員会を中国科学院の院士たちに命じて設立し、戦略を練り始めた（詳細は拙著『「中国製造2025」の衝撃　習近平はいま何を目論んでいるのか』）。結果として2015年5月に李克強《りこくきょう》国務院総理によって「中国製造2025　ハイテク国家戦略」が正式に発布された。

ここで重要なのは、それと同時並行で「軍民融合ハイテク国家戦略」が動いていたことである。「習近平南巡」から戻ったあとの2012年12月23日、習近平は軍事委員会常務委員会を開催し、「軍民融合はわが軍を建設する基本だ」と言い、12月26日の軍事委員会拡大委員会で過去の軍隊建設を振り返って、「われわれは何としても軍民融合の道を歩まねばならない」と強調した。

2013年3月11日および2014年3月11日、全人代の解放軍代表団全体会議で「軍民融合を国家戦略のレベルに引き上げなければならない」としながらも、**「体制的障害と利益集団の存在が障害として立ちはだかっており、未だに融合できない状況が続いている」**と、「軍民融合を阻害しているのは利益集団である」ことに警鐘を鳴らしている。2015年3月12日、習近平は「軍民融合発展戦略」を正式に発表した。これにより「中国の夢、強軍の夢」が実現されるのだと彼は声を張り上げた。

「軍民融合」とは「経済建設と国防建設を一体化して国家の繁栄と安全を守っていこう」というもので、建国以来のソ連式軍事力増強方法からの徹底的な脱却を図ったものだ。旧ソ連では米ソ冷戦の中、アメリカと対抗して近視眼的に軍事力増強を優先したために膨大な国防費を使い果たし、かつ軍事産業に関してはもっぱら国営企業に頼っていたので、膨大な国費の消耗と、国営企業という非能率的な生産体制によって旧ソ連は崩壊したという側面を持つ。

また鄧小平は改革開放を始めると同時に中越戦争を起こし、「引き分け」に終わったとしているが、実際は「勝てなかった」＝「敗北している」。そこで鄧小平は無駄な中国人民解放軍を100万人削減して、毛沢東時代に沿海の地を避けて建てられた内陸部の多くの軍事産業基地をオートバイや自動車製造の民間工場に転用した。その流れの中で軍民融合を図ろうとしたが、稚拙な産業基盤に、結局はソ連式軍事体制にしか頼れなかったことから失敗している。

しかしナノメートル（nm）単位におけるハイテク部品によって軍事産業が成立している今日、そのナノメートル製品は、はたして民生用に使われているのか軍事用に使われているのか、区別が難しい。

だからこそ中国との経済協力や技術協力にも細心の注意が払われなければならないのだが、日本はザルだ。中国問題研究者やメディアが、「反腐敗運動は政権闘争であり、権力基盤を強化するためだ」などと合唱して、間違ったシグナルを送り続けたので、日本は中国の軍民融合戦略にも千人計画にも長いこと無頓着で来てしまった。

本来なら日本は軍民融合に関するハイテク部品のリストを作成して規制しなければならないところだが、今さら遅い。中国の軍事力は今や世界トップに昇りつめつつある。2020年9月にアメリカ国防総省が発表した報告書によれば、今や中国の軍事力はアメリカの軍事力を超えつつあり、特にミサイルや造船技術などにおいてアメリカを凌《しの》いでいるそうだ。

これら❸や❺を睨んだ国家戦略でアメリカを凌駕《りょうが》していくということこそが、「習近平の鄧小平に対する勝利」なのである。こういったことも習近平の、鄧小平への「復讐の形」の一つだとみなすことができる。

【3】建党100周年記念までに貧困層を無くす習近平の国家戦略

これは言うまでもなく❷を克服する戦略だ。

習近平政権が誕生したとき、わずか0・4％の人口が13億人の99％の富を占有していると言われた。貧困層の数は1億人を超し、人民の不満は限界に達していた。腐敗問題だけでなく、貧富の格差の底辺にいる極貧層に関しても臨界点に達していたのだ。

その原因はひとえに鄧小平が言い始めた先富論にあることは誰でも知っているが、しかし先に富んだ者が自らの富を貧しい者に分け与えようとすることはなかった。

もちろん先に富んだ者が、たとえば企業を立ち上げて多くの従業員を雇用し、従業員の生活レベルを上げていくという意味においては、「先富」から「共富」に少し近づいて行ったことは言える。しかしそれでも取り残された1億人以上の貧困層が寒村で原始時代のような生活を送っているのが現実だった。

これで社会主義国家と言えるのか。

そこで習近平政権は、2021年の建党100周年記念までに「貧困村」を完全に無くすという政策を立てた。その結果、2020年11月23日には、「貧困村」はゼロに達した。

貧困層の基準は「年収2300元以下」であることで、国家統計局による『2019年国民経済と社会発展統計公報』や『2019年貧困監測報告』などに基づいて過去のデータも拾い出し、図表7-1に2011年から2019年までの貧困人口推移を示した。ここに「農村」

図表7-1　2011-2019年末全国農村貧困人口推移

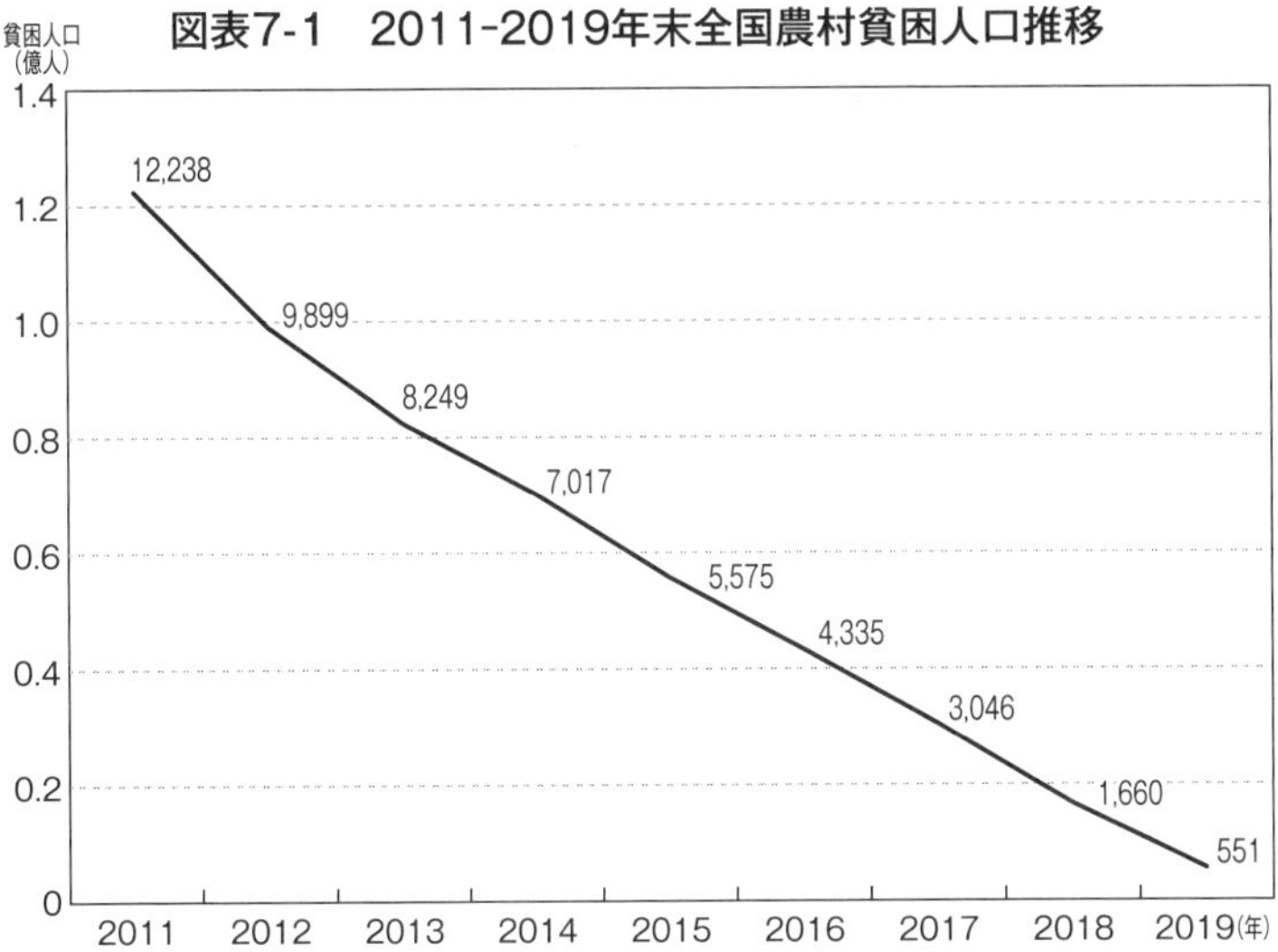

とあるのは、人口の統計を取るときは「戸籍」に基づくからだ。都会にいる貧しい農民工は「農村貧困人口」として計算され、都市戸籍の貧困層には生活保護が与えられる（細かな条件があるが、それは本書では論じない）。これらの報告書によれば、２０１２年から２０１８年までの前年度貧困人口平均減少幅が、改革開放以来で最も大きく、25・7％に達したという。約1億２０００万人から２０１９年には５５１万人にまで減少している。人口数から見ても、一応目標を達成したと習近平政権は見ている。

これもまた習近平の、鄧小平への、ある意味での「復讐の形」の一つなのである。

ただし一つ気になるのはジニ係数（貧富の格差を示す指標。0から1までの範囲。1に近いほど格差が大きい）の推移だ。

改革開放以来、ジニ係数はうなぎ上りに上昇し、これもまた社会主義国家とは言えないレベ

図表7-2　中国のジニ係数推移(1981-2019)

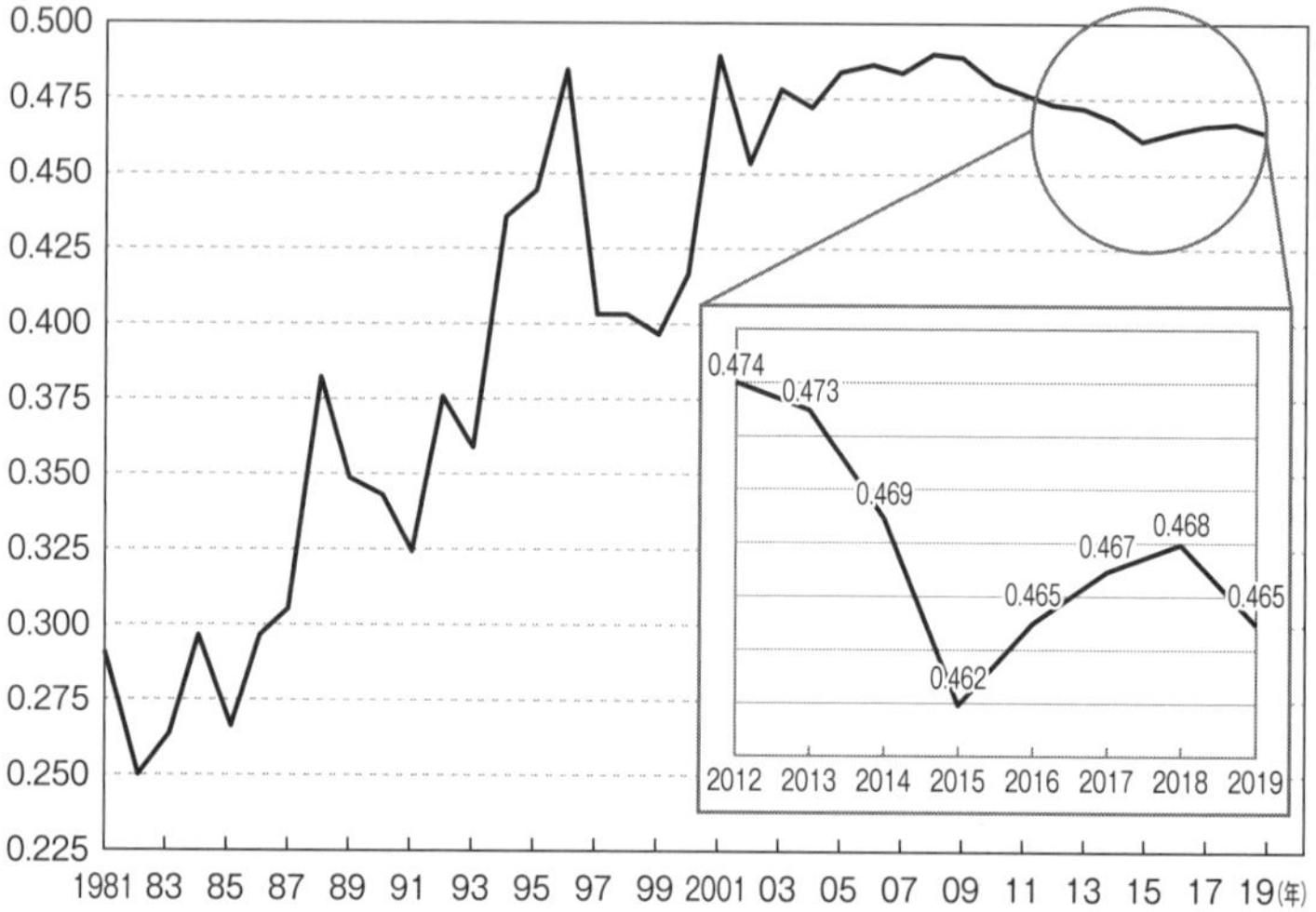

ルに達しているため、習近平は貧困人口の削減だけではなく、ジニ係数も小さくしようと努力していた。

図表７‐２に見られるように習近平政権に入りジニ係数はいくらか減少し始めたものの、２０１５年からは再び上昇している（この図は国家統計局のデータを基にしながら遠藤が別途つなげて見やすいように工夫したものである）。

この上昇理由こそが２０２０年以来、アリババやテンセントなどの巨頭ＩＴ企業に対して独占禁止法違反などで処罰を与えようとしている原因の一つである。日本のメディアでは「中国政府が民間企業にまで介入しようとしている」として習近平政権の横暴を指摘する傾向にあるが、それは的外れな批判だ。民間企業への介入など、改革開放以来、ずっとやってきたことで、何も目新しいものではない。中国への批判は歓迎するが、そのような的外れの視点を持っていると、今、中国が何に向かって動こうとしているのかを見定めることに失敗する。

では何が起きているかというと、実はアメリカのＧＡＦＡ（Google Apple Facebook Amazon）も同様だが、中国でも上場している中国ＩＴ企業でネット販売を主業としているＢＡＴ（Baidu Alibaba Tencent）などはまったくの一人勝ちで巨万の富を手にし、他の小売業をはじめとした中小企業が太刀打ちできない状況を形成している。富が富を呼び、金が金を生み、金融や不動産などにも手を出しているので、実体経済とはかけ離れた「数値としての巨額の財産」だけが、あたかも「虚空間」で膨らんでいく状況を作っている。蓄積した財産は、市場の実体経済で「消費者」として消費されていくこともないので、庶民の実体経済を結果的に圧迫していく。

つまりこのまま放置しておくと、ジニ係数の果てしない上昇だけでなく、中国経済の減速を招くのである。最悪の場合は、中国経済の崩壊を招くかもしれない。

だからアリババやテンセントなどの系列会社に対して独占禁止法の処罰を与えた。

この「２０１５年のターニングポイント」は非常に重要で見逃せない現象だ。

なお、１９９８年の前後にジニ係数の減少が見られるが、これはアジア金融危機を反映したもので、このことからも90年代末からのジニ係数の高止まりは、貧乏人が増えたからではなく、金持ち層が増えたことによるジニ係数の増加であることが見て取れる。事実、ここではデータは取り上げないが、国家統計局のデータにより、高所得層の富が膨らみ「金が金を呼ぶ」現象が続いていることがわかる。それは中国人観光客の爆買い現象からも想像がつくだろう。

今はただ新型コロナ・ウイルス肺炎（コロナ）の流行で一時的に下火になっているだけだ。

【4】一帯一路

一帯一路巨大経済圏に関しては周知のことなのでここでは説明しないが、しかしその背景に、実は習仲勲の「中華民族の歴史を大切にせよ」という教えがあったことは、本書の目的から考えると、ご説明しておいた方が良いだろう。

『習仲勲画傳』や『習仲勲傳』によれば、習仲勲は西安市の「回音壁《かいおんへき》」という城壁を守るために何度も特別指示を出している。

この城壁は西暦582年、隋《ずい》の文《ぶん》帝時代に名建築家の于文海が宮殿都市と帝都の建設を命ぜられて建築した郭城である。1370年、明代の洪武《こうぶ》帝時代に拡張再建された。

ところが新中国が誕生した後の1950年になると、西安市は城壁撤去の計画を立てた。それを知った習仲勲は、西北軍政委員会第三回集団執務会議で、「絶対に城壁を撤去してはならない！」と厳しい指示を出している。それにより城壁撤去計画は中止された。大躍進時代（1958〜61年）に入ると、全国で城壁撤去運動が巻き起こり、西安市政府は再び城壁を撤去する方針を批准し、その報告書を陝西省政府に送ってきた。このとき陝西省の書記が中南海にいる習仲勲に電話をかけ、どうか止めてくれないかと頼んできたため、習仲勲は文化部に連絡して西安の城壁を保護すべきだと強調した。1959年7月1日のことだ。そこで文化部は習仲勲の指示と意図に従い、おおむね以下のような建議書を国務院に提出した。

――城壁は雄大な建築物であり、規模も広大で、わが国に保存された最も完璧で規模の大きな封建時代の都市建設の一つだ。封建社会の都市計画を研究するためにも、軍事の歴史の実例でもあり、古代の建築工事と建築芸術を研究する重要な参考資料にもなる。西安の城壁は、現在の都市計画においても工業建設の発展の邪魔になるものではない。

そこでわが部（文化部）は、城壁は保存すべきであり、保護されるべきものと考える。

こうして何とか城壁の撤去は中止され、そればかりか1961年3月4日には西安の城壁は全国重点文物保護リストに入った。1962年に小説『劉志丹』で鄧小平が習仲勲を失脚させるために動いた寸前のことだった。だというのに文革によって、再び城壁は破壊された。

習仲勲がようやく政治復帰したあとの1980年代、文革で破壊された壁の修復に関して陝西省の関係者が習仲勲に請願してきた。このころ鄧小平が全盛を謳歌《おうか》していたので、習仲勲にはすでに大きな力を発揮する空間は残っていなかったが、それでも習仲勲は以下のような言葉を残して関係者を励ましている。

――中国は古い文明国です。それは中華民族が誇るべき大いなる遺産なのです。先祖が遺したものは、しっかり保存しなければなりません。そうでなかったら、外国人に対して「中国は古い文明国だ」と言っても信じてもらえないでしょう。実物が無くなっているのだから。破壊された部分はつなぎ合わせてでも完全な形の城壁に戻さなければなりません。

時間的に少し遡《さかのぼ》るが、中国の建国10周年記念を祝うときも、北京では大建築を計画し、中共中央や国務院指導層の執務ビルを新たに建てようとしていた。このとき周恩来が習仲勲に意見を求めたところ、習仲勲は以下のように答えたとある。

――人民大会堂は人民の代表が国家の大事を議論する場所です。だから、これは建設する必要があります。しかし中南海はかつて袁世凱《えんせいがい》や段祺瑞《だんきずい》なども執務した場所です。少し手を入れれば使えます。

と言って中南海を撤去することに反対した。袁世凱や段祺瑞は清末の政治家で、中華民国になってからも中南海に住んでいた。しかし蒋介石《しょうかいせき》はここに住んだことがない。毛沢東は習仲勲のこの意見を喜んだと推測される。毛沢東は中南海が気に入り、外国の賓客と会う時も人民大会堂の客間を使わず、いつも中南海を使ったくらいだ。習仲勲の思いは伝わっていただろう。

こういった中華民族の古来からの文明を尊ぶ精神は、きっと習近平にも深い影響を与えたのではないだろうか。１９８２年に河北《かほく》省正定《せいてい》県に下った習近平は、さっそく正定県にある遺跡・文物に当たっている。河北省には春秋戦国《しゅんじゅうせんごく》時代からの歴史があり、特に正定県は『三国志演義』に出てくる趙雲《ちょううん》（趙子龍《ちょうしりゅう》）を輩出した名所として有名だ。１９５８年、毛沢東が正定県の代表と会ったときに、「正定は良いところだ。何といっても趙子龍を出したところだからねぇ」と絶賛したという記録が残っている。

正定県には趙雲の逸話以外にも多くの古城や寺が残っており、至るところに遺跡文物がほぼ朽ちるような形で放りっぱなしになっていた。あるとき隆興寺西側に、元《げん》王朝時代の書道家であった趙孟頫《ちょうもうふ》が書いた「本命長生祝延碑」の石碑が泥まみれになっているのを見つけた習近平は、文化財保護に乗り出した。

ちょうどそのころ、CCTVで「紅楼夢」のテレビドラマ制作が計画され、どこかの地方政府に「栄国府」の臨時的なスタジオを作りたいと思っているという情報を知った。そこで習近平はすぐに名乗り出て、むしろ永久的な「栄国府」を正定県に建てようと申請を出したところ、たちまち許可が下りた。「栄国府」は今では一大観光地として人気を博している。

2011年秋、習近平は中央党校の校長として新入生に新学期の挨拶をしている。その中で以下のようなことを言っている。

●歴史は一つの民族、一つの国家が形成した発展と栄枯盛衰の記録であり、先人が遺した「百科全書」であり、先人のさまざまな知識と経験と英知の集大成である。
●指導的立場にある幹部は、中国の歴史を学び、有史以来の中国人民が創り上げてきた燦爛《さんらん》たる歴史文化を理解しなければならない。
●古代中華文明は、古代エジプト文明、両河文明（チグリス・ユーフラテス文明＝メソポタミア文明）、インド文明とともに世界最古の四大文明の一つだ。しかし、エジプト、両河、インドなどの古代文明は途中で途絶えてしまった。5000年も途切れることなく今日まで続いているのは中華文明だけだ。
●これはどの文明とも比べ物にならないほど、人類にとって大きなことだ。これが中華文明の特徴であり、中華民族の貴重な宝物であり財産だ。

こうして中国のトップに立ち国家主席に就任した2013年3月17日の全人代閉会式におい

て、習近平は「中華民族は5000年を超える悠久の歴史を持ち、中華文明は人類に不滅の貢献をしてきた」として「中華民族の偉大なる復興」と「中国の夢」を国家スローガンとするのである。この流れの中で古代ローマと西安を結ぶ「一帯一路」巨大経済圏を唱えたのだ。

その意味では「一帯一路」巨大経済圏構想には、父・習仲勲への思いがあり、これもまた鄧小平への「復讐の形」の一つではないかと思えてくる。本書では冒頭で触れただけで、習仲勲の歩みの中で、これらのエピソードまで書き込むと流れが中断されるので書かなかったが、習仲勲の歴史への思いは尋常ではなく深い。それもあり、習近平は、「一帯一路」構想を、どんなことがあっても絶対に譲らずに発展させようとするだろう。

2021年1月11日の中国政府発表によれば、一帯一路参加国は140カ国になったとのこと。2020年もまた増えていることを示している。

【5】香港問題とグレーターベイエリア戦略

習近平がなぜあんなにまで香港問題にこだわり、しかも香港国家安全維持法（国安法）にこだわったかは、もう説明するまでもないだろうが、ひとえに裁判官がコモン・ウェルスの国々から来ているということと、コモン・ローによって民主活動家も裁かれるということにある。これは⑤に関係する。

香港を中国に返還するときに、コモン・ローで良いのではないかと承認した担当者は当時全人代の法制委員会の主任だった習仲勲であり、基本法を管轄するのも全人代常務委員会なので、習近平としては、当時の父親の関与があった状況で基本法がコモン・ローに決まったということに対して責任を感じジレンマに陥っているものと推測される。当時の中国の法制度を考えるとコモン・ローを選ぶしかなかっただろうが、それでも12人の青年訪中団が会った相手は当時法制委員会の主任だった習仲勲だったので、言い逃れは難しい。

もっとも、問題になっている香港基本法第23条「香港特別行政区は国に対する謀反、国家を分裂させる行為、反乱を扇動する行為、中央人民政府の転覆、国家機密窃取のいかなる行為も禁止し、外国の政治組織・団体が香港特別行政区内で政治活動を行うことを禁止し、香港特別行政区の政治組織・団体が外国の政治組織・団体と関係を持つことを禁止する法律を自ら制定しなければならない」は、1989年2月19日の草案では「香港特別行政区は国に対する謀反、国家を分裂させる行為、反乱を扇動する行為および国家機密を窃取する、いかなる行為をも禁止する法律を自ら制定しなければならない」となっており、外国の干渉を対象とする文言が増えただけで、どちらも「自ら制定しなければならない」となっている。

したがって、いずれにせよ香港国安法に相当したものを制定させることにはなっていた。

習仲勲は基本法起草委員会のメンバーではないから、直接の責任はないのだが、習近平としてはコモン・ローを認めたという、そのこと自体に対する後ろめたさがあるのだろう。

ネックは裁判官だ。最高裁判所の判事さえ19人中17人はイギリスやアメリカあるいはオーストラリアなどのコモン・ウェルス諸国から来た裁判官なので、民主活動家を擁護するような判決しか出さない。これでは民主活動がいつまでも終わらないので、北京としては香港政府に逃亡犯条例修正案を出させて中国大陸で裁判を行うシステムを築こうとした。しかし香港政府に力がなく失敗したので、ついに基本法に決定権を持っている全人代常務委員会が動いて国安法の制定に至ったわけだ（2020年6月）。

それにしても、1997年7月1日から実施されている「中華人民共和国・香港特別行政区・基本法」は、2047年7月1日をもって施行期間を終わる。基本法では「一国二制度」（「一つの中国」の下で、「大陸：社会主義制度」で「香港：資本主義制度」）に基づいて香港に高度の自治を認めるとしながらも、この「一国二制度」は2047年6月30日24：00時をもって終了するとしているのである。次の1秒、7月1日0：00時から、香港は中華人民共和国の一般の「都市」同様になり、香港には「資本主義制度」は無くなり「社会主義国家」になる。

その瞬間まで「民主と自由」を仮に手にすることができたとしても、中英間で結ばれた条約に違反することはできないだろう。これは国連にも届けられている国際間の契約だ。だとすれば、香港の民主活動家たちは、この「2047年6月30日24：00時」という瞬間まで維持できるかもしれない「自由と民主」のために命を懸けているのだろうか？　何よりも、次の瞬間に「自由と民主」を放棄することになるということを自覚して突き進んでいるのだろうか？

この運命を変える方法は一つしかない。それは中国共産党が支配している「中華人民共和国」という国家の「一党支配体制」を崩壊させることである。それ以外に手はないということを、民主活動家も、そして世界も、特に日本は自覚しなければならないだろう。

香港問題が習仲勲と関係しているだけに、習近平はこれに関しては絶対に引かない。それだけは確かだ。

同じ流れはグレーターベイエリア（広東・香港・マカオ大湾区）構想にも見られる。深圳を中心として香港、マカオを結ぶ緩い経済圏構想は、広東省時代の習仲勲がすでに描いていた。だから習近平が政権を握ると、凄《すさ》まじい勢いでグレーターベイエリア構想に力を入れ始めている。香港に替わる（あるいは連携する）国際金融センターを深圳に構築すべく、深圳をモデル地区に指定し、深圳市内での一定程度の法体系制定の自由度を認めている。中国大陸ではシビルロー（ヨーロッパ大陸を中心に出来上がった大陸法）を用いているが、同じくシビルローを用いている日本（東京）がアメリカの影響でコモン・ローのように判例主義に傾くという柔軟性を持ち始めたように、深圳でも同様のことができるだろうと考えている。またデジタル人民元への転換を長期的目標にしながら、アメリカが香港に与える影響から脱しようとしている（詳細は白井一成氏との共著『ポストコロナの米中覇権とデジタル人民元』）。

香港返還から2年遅れの1999年に中国に返還されたマカオは、香港と同じように「中華人民共和国マカオ特別行政区」となっており、同じようにマカオ基本法が適用されているのに、香港でこれだけデモが頻繁に発生しているのに比して、マカオではほぼ一度も民主化デモが発生していないのはなぜかに注目しなければならない。

その理由は実に明瞭《めいりょう》。マカオには貧富の格差がなく、おまけに一人当たりのGDPはいつも世界上位を占めており、2位から4位の間を動いているからだ。それに比べると香港は一人当たりのGDPは一部金持ちによって押し上げられているので世界16位に留まっているものの、ジニ係数となると「0・539」と、世界の一、二位を争う高い値を示し、「常に暴動が起きていてもおかしくない」という水準に達している。原因を作っているのは香港の大富豪たちで、そのことへの批判が日本では皆無と言っていいほど論ぜられないのは偏向報道としか言いようがない。現実から目をそむけ、耳目に心地よい情報のみを流すメディアは真のジャーナリズム精神にもとる。ついでながらマカオのジニ係数は0・35で、日本の0・37よりも小さい。

日本の一部の「専門家」と呼ばれる人たちが「習近平が香港に厳しい圧力を掛けるのは、民主の波が中国大陸に及ぶのを恐れているからだ」などとコメントするのを散見するが、あまりに現実離れしており驚きを禁じ得ない。

中国大陸の若者は、特にトランプ政権になってからというもの、アメリカへの憧れを失い、民主が良いものだとは思わなくなっている。コロナの制御もアメリカが世界で最も脆弱だし、ましてやトランプ支持者が米議会に乱入するのを見て「これが本当の民主なのね。民主って素晴らしいって初めて思えたわ」と、ネットで皮肉が飛び交った。アメリカが唱える「民主主義」をせせら笑っているのだ。

トランプを中国語では「川普（Chuang Pu）」と書くが、トランプには「川建国（中国を再建国してくれたトランプ）」というニックネームがある。それほどに、中国に制裁を加えれば加えるほど中国の若者の愛国心は強まり、西洋型民主主義を嫌うようになったので、習近平にとっては一党支配体制が維持しやすくなっていたのである。

世界各地に爆買いに行く中国人観光客たちも、一党支配体制の中でリッチになったのであり、民主化すれば貧乏になると庶民自身が恐れている。「習近平が香港に厳しい圧力を掛けるのは、民主の波が中国大陸に及ぶのを恐れているからだ」というのは「日本人の願望」であり、「日本人の夢」を満たしてあげる解説でしかないことを、日本人は肝に銘じるべきだろう。

【6】少数民族に対する弾圧――日本ウイグル連盟のトゥール・ムハメット会長を取材

①でも列挙し、また第三章でも詳述したように、習仲勲は少数民族に対して非常に融和的で1990年に下野させられたのちもなお、少数民族との融和を主張している。しかし、それ故にこそ習仲勲は党中央からの批判を浴びたり下野させられたりといったことをくり返してきたからなのか、習近平は少数民族の扱いに関しては「父の二の舞を演じてはならない」と決め込んでいるとしか思えない。100万人に上るウイグル人が「教育」や「職業訓練」を名目に「強制収容所」に入れられて弾圧を受けていることは否定できない現実だろう。

そうでなくともウイグル人に対する弾圧は早くからあった。

あまり昔まで遡るのは避けて、改革開放後に話を限れば、ウイグル自治区では石油・天然ガスの開発が進み、中央アジア5カ国からのパイプラインはすべてウイグル自治区を経由するので、中国政府としてはウイグルの安定が欲しい。習近平政権になってからはパイプラインの拠点である阿拉山口（アラサンコー）などを含む地域が一帯一路の拠点の一つとなったため、一層のことウイグルの治安が重要視されるようになった。

そのため胡錦濤時代まではチベット騒乱などがあり、チベットとウイグルは同程度に少数民族弾圧の対象となっていたが、ＩＳ（Islamic State、イスラム過激派）を中心としたテロが盛んになることも手伝ってか、習近平政権になってからはウイグルを対象とした弾圧が強化される傾向にある。

まだ記憶に新しいことと思うが、２０１４年にはウイグル人が関係していると当局が見ているテロ事件が連続して発生した（２０１４年3月1日：雲南省昆明、4月30日：新疆《しんきょう》ウイグル自治区ウルムチ駅、5月22日：新疆ウイグル自治区ウルムチ公園、6月21日：新疆ウイグル自治区葉城《カルギルク》県公安局、7月28日：新疆ウイグル自治区莎車県、9月21日：新疆ウイグル自治区輪台県、11月28日：新疆ウイグル自治区莎車県）。

これらを受けて習近平は再教育施設を設営している。それまで中国では長いこと武力を用いた鎮圧を行っていたのだが、それをせめて「教育就職」を名目とした強制収容所建設に切り替えたことで、習近平としては心持ち習仲勳の意図を汲んだつもりかもしれない。しかし２０１６年8月に習近平がチベット自治区の書記だった陳全国《ちんぜんこく》を新疆ウイグル自治区の書記に異動させてからというもの、この強制収容所は激しい人種弾圧と虐待へと移行していった。

その経緯と現状に関して、「日本ウイグル連盟」のトゥール・ムハメット会長（日本在住）を取材した。実は２０１７年11月15日に代々木にあるオリンピック青少年センターで開催した「人権、民主と和平を推進する」というシンポジウムで私は座長を務め、トランプ政権の元主席戦略官であったスティーブン・バノン氏にも講演をしてもらったのだが、そのシンポジウムにトゥール・ムハメット会長も参加していて、ウイグル問題に関して話をしたことがある。
以下にトゥール・ムハメット会長の回答の概略をご紹介する。

――強制収容所への収監が激しくなっていったのは２０１６年8月からです。私の娘はウルムチにいる祖父母と暮らしていたのですが、２０１６年12月からウルムチの家の電話はつながらなくなりました。昔のように帰国する留学生や知人に秘かにお願いして家族の安否を確かめてもらうこともできなくなりました。なぜなら、ウイグル人は空港に降り立った瞬間に強制収容所か刑務所に直行させられるからです。みんな消えていきます。

全世界には１０００人以上のウイグル人がYouTubeなどで実体験を証言したり、まれに出所できた生き証人から聞き取ったり、あるいは関係者を取材したりして収容所内の実態を証言していますが、それらを総合すると、１００万人前後の人がすでに収容所にもいなくて消えてしまっていると推測されます。そのほとんどは銃殺か餓死、あるいは最近では収容所内でコロナが蔓延して命を落とした人もいると証言しています。

また昔は（特に江沢民時代は）法輪功学習者の臓器が売られていましたが、今では法輪功学習者も少なくなったので、臓器移植はもっぱらウイグル人の臓器を使うようになったという証言もあります。アラブ諸国の金持ちが臓器を欲しがるときはムスリム（イスラム教徒）の臓器でないとダメだという要求もあったりするので、２０１７年ごろからドナーのほとんどはウイグル人になっています。２０１４年から当局はすべてのウイグル人のＤＮＡデータバンクを持っているので、誰の臓器なら適切かは一瞬で調べられるようになっています。

　中国共産党は、一党支配体制を維持するために、ウイグル人を500万人くらいまで減らさないとダメだと思っているという情報もあります。チベット自治区は人口が300万人くらいまで減ってしまいましたので、中国政府は今では主としてウイグル虐殺に集中しているのです。

　アメリカのポンペオさんが、あれは「ジェノサイド（民族文化的集団虐殺）だ」と言ってくれましたが、本当にその通りです。500万人以下になるまで殺し尽くすのです。そうすればもう、独立の力が失われますから。

　中国共産党は人間ではない。一党支配体制を維持するためなら、どんなことでもします。遠藤先生、私たちは先生に期待しています。どうか、この現実を世界に知らせてください。


　世界は知っても、なかなかこの事実を正視し、行動に移そうとはしない。それは「経済」で首根っこを押さえられているからだ。日本のように、自ら進んで中国に媚《こび》を売る国もある。

　中国共産党の歴史から見れば、鄧小平だろうと習近平だろうと、「中国共産党による一党支配体制を維持するためなら、何でもする」。それだけはたしかだ。それが中国共産党の真相なのである。

　少数民族の扱いに関しては、習近平は習仲勲の思いを裏切り、一党支配体制を強化し維持する方を選んだのは明らかだ。逆から言えば、こうしなければ一党支配体制が維持できないというのが、中国共産党の限界とも言える。この限界こそは、一党支配体制の最大の「弱点」と位置づけることができる。特に習近平政権にとっては最大の「泣きどころ」とみなすべきだろう。親の理念に背いているのだから「良心の呵責」があるはずで、脆弱だ。一党支配体制を揺るがしたければ、この「泣きどころ」を突くといい。

最近では「ジェノサイド」を理由に、2022年における北京冬季オリンピック・パラリンピック（北京冬季五輪）の参加をボイコットしようと呼び掛ける国や組織も現れてきた。2021年2月4日、日本在住のウイグル人や、チベット人、モンゴル人など、中国で弾圧されている少数民族の代表者たちが集まり、中国の「ジェノサイド」に抗議し、「北京冬季五輪をボイコットしよう」と呼び掛けて、デモ行進をしたり記者会見をしたりしている。

2008年の北京五輪のときも同年3月に中国がチベット暴動を武力弾圧したため西側諸国の首脳が相次いで北京五輪のボイコットを示唆したことがある。すると当時の胡錦濤国家主席は最も落とし易い日本にすり寄って出席を取りつけようとしたことがあった。6月に訪日して当時の福田（康夫）首相と会い、東シナ海の共同開発を約束したくらいだ。

中国にとっては五輪のボイコットは痛いのである。

第四章でも触れ、また本章の最後でも詳述するが、日本が天安門事件の制裁を解除したために、2010年から中国のGDPは日本を抜き、アメリカに次ぐ経済大国となってしまった。だから今、世界の主要国が中国の「ジェノサイド」を理由に北京冬季五輪ボイコットを宣言すれば、きっと中国は「経済制裁」で対抗してくるだろう。

それでも構わない。それによって中国のジェノサイドが明らかになるので、それをターゲットにして西側諸国が連携すればいいのである。ただ残念なことに、本章の最後でも触れるが、何しろ自民党の二階俊博《にかいとしひろ》幹事長などを中心として極端な親中派が日本の政権与党にはおり、今もなお習近平の国賓招聘《しょうへい》を諦めていない。最大の敵は実は身内にある。嘆かわしいことだ。

【7】毛沢東と西北革命根拠地を重視――対米抗戦を「長征」にたとえ

これは❹と③に相当する部分で、これまでにも少し触れてきたが、もう少し詳細にまとめてみたい。

まず、習仲勲が小説『劉志丹』によって受けた冤罪《えんざい》が、いかに間違ったものであるかを論じる長い論評が、習近平が中共中央総書記および中央軍事委員会主席になった20日ほどあとの2012年12月4日の「中国共産党新聞」に掲載された。習近平の父親・習仲勲は完全に名誉回復されているということが強調されている。

翌2013年3月に習近平は国家主席になるのだが、その4カ月後の7月21日から23日にかけて湖北省の視察に行った。タイトなスケジュールの中、東湖《とうこ》の浜にある毛沢東の旧居を訪ねた。毛沢東は生前、44回も湖北省武漢にある東湖賓館に泊まったことがあり、新中国誕生後も中南海以外はここ東湖賓館に居住する時間が最も長かった。そこで2013年は毛沢東生誕120周年記念であるため、東湖賓館では400枚にも及ぶ毛沢東の武漢における写真が陳列してあった。

するとと習近平が1枚の写真の前で立ち止まった。それは1953年に毛沢東が包子《バオズ》(皮が薄くて小さめの肉まん)を道端で売っている露天商と談笑している写真だった。案内人が説明を終えても習近平はじっと動かず、ただひたすらその写真を見つめていた。

これが何を意味していたかは、以下に示す毛沢東生誕120周年記念大会のあとに判明した。

その前に、2013年の10月15日は習仲勲の生誕100周年記念に当たることから、「習仲勲生誕100周年記念懇談会」が人民大会堂で開催されたり、100周年を記念した『習仲勲』というテレビドラマもCCTVで特集された。過去の指導者の節目における記念行事は、胡耀邦や趙紫陽など「罪人扱い」されている人物は別として、それ以外は誰であろうと、それなりに華々しく祝賀するのが中国の習わしだ。しかし「個人崇拝ではないか」として海外メディアからは批判的に報道された。

同年12月26日になると、今度は「毛沢東生誕120周年記念大会」が盛大に執り行われた。中国のネットが湧きたち、世界中で話題になったのは、その2日後の12月28日に、なんと習近平は一般の小食堂に「ふらりと」入って、一般人と同じように並んで、「包子」を注文して(お金も払って)、一般の人が座るテーブルで、毛沢東が行商人と談笑しているときに売っていたあの「包子」を食べたことである。ネットにはその姿が飛び交い、「習包子《シーバオズ》」と揶揄《やゆ》する言葉までが現れた。海外のメディアもこの姿を大きく伝えたため「習近平は毛沢東の真似をしている」という見方が一気に世界中に広まった。

2015年2月13日から16日にかけて、まさに父親が活躍した西北革命根拠地をずばり訪問し、延安や習仲勲が劉志丹と初めて会った照金などを視察したが、それを新華社が「黄土の地の息子が戻ってきた」という特集で大きく報道したため、鄧小平によって薄められた西北革命根拠地の役割が大きくクローズアップされるようになった。

中華民族の偉大なる復興は、あのときの「長征」のように苦難に満ちていようとも新中国が誕生したように、必ず最終的には大成功を収めると言い始めたのは、2016年2月からだ。この年の春節に大々的な長征をたどる旅をして「長征精神」を国家戦略の軸に入れるようになった。

さらに2016年10月21日には、「紅軍長征勝利80周年記念」大会を盛大に開催して、習近平は長い演説を人民大会堂で行った。党大会のときと同じようにチャイナ・セブンや中共中央政治局委員などが舞台に並び、左右に並ぶ五星紅旗の中心には「1936―2016」という金色の文字が輝いていた。各ルートからの紅軍がすべて延安に到着したのは1936年10月だ。

中国共産党は艱難辛苦《かんなんしんく》を経て西北革命根拠地の延安から飛び立ち、中華人民共和国を誕生させたのであって、決してあのときの「初心」を忘れてはならないとして「不忘初心」を党のモットーにしている。それ以降、何かにつけて「不忘初心」が掲げられるようになった。

長征の要所要所を巡礼する旅にも何度も出ており、この長征に勝ったように、中華民族はどんなことにでも辛抱強く闘い続け、必ず最後には勝利を手にすることができると檄を飛ばした。その後も、アメリカからどんなに制裁を受けようと、「長征を考えろ。どんなことでも中華民族は乗り越えられる」と言うようになったのである。

したがってバイデン大統領が対中政策として「戦略的忍耐」という言葉を使ったことを中国は冷笑的姿勢で受け止めている。

一方、２０２０年10月に開催した「抗美（米）援朝70周年記念大会」で習近平は、朝鮮戦争において「絶対に勝てないはずの米軍に中国人民志願軍が勝利したこと」を讃え、「あのときでさえ勝てたのだ。今の中国にできないものはない」と中国人民に呼び掛けた。

なお、習近平政権は、中共中央政治局委員および常務委員（チャイナ・セブン）に元西北革命根拠地出身者や陝西省での初期経験者などを登用する傾向にあるが、それは鄧小平が西北関係者を一掃しようとしたことへの、明らかな復讐だろう。ただし登用した人物が有能か否かに関しては必ずしも保障の限りではなく、これも習近平政権の脆弱性の一つではある。

三　世界新情勢への対応——米中覇権とネット言論統制

ここで「新情勢」というのは、鄧小平時代にはなかった現象で、新しく中国国内外に出現した「新しい情勢」という意味である。中国の経済力や軍事力が台頭してきて、アメリカを追いこすかもしれないような状況は、中国のＧＤＰ規模が日本を追い抜き、世界で2番目になった２０１０年以降のことで、それもトランプ政権が誕生して対中制裁を始めてから顕著になっている。これは「鄧小平への復讐」という範疇《はんちゅう》を遥かに超えて、むしろ習近平にとってはまたとなないチャンスが到来したと言っても過言ではない。自分の政権の間に、「この中国がアメリカを追い抜き、世界一になるかもしれない」という時期に差し掛かったことを、習近平は「好機」と捉えているだろう。

ネット言論も鄧小平時代にはなかった。それも胡錦涛時代のネット言論統制と目的が異なり、習近平時代特有の背景や趨勢《すうせい》がある。ここではその二つを読み解きたい。

【1】米中覇権競争

中国はバイデン政権誕生をどう受け止めているのか

アメリカでバイデン政権が誕生したことを中国は警戒している。

あれだけ「アメリカ・ファースト」を掲げて国際社会に背を向け、グローバル経済から抜け出していったトランプ政権が、もう存在しない。トランプの保護主義、アメリカ第一主義はヨーロッパでも嫌われ、アメリカが国際社会での指導力を失いつつあったこれまでの4年間、中国はひたすら多様性と「人類運命共同体」というスローガンを掲げて国際社会における地盤を固めつつあった。コロナ発祥の地の張本人でありながら、いち早くその災禍から抜け出し経済のV字回復を成し遂げて、経済的にもグローバル社会の牽引《けんいん》力を果たせそうなところまで来ていた。中国にとってこんなにありがたい、嬉しい国際情勢はなかった。

だというのに、国際社会に戻ってくるバイデン政権が誕生したのだ。

1月20日に正式に大統領に就任したバイデンは、その日から次々と大統領令に署名し、パリ協定やWHOなど数多くの国際組織に復帰する動きに出ている。フランスのマクロン大統領の「お帰りなさい、アメリカ」という祝辞は、最も如実にアメリカが国際社会に戻ってくる期待を象徴しているといっていいだろう。

習近平政権になってから、国際機関の重要ポストに中国人あるいは親中的な第三国の人物を「水面下で育て上げて」就かせてきた。その結果、国連のグテーレス事務総長（ポルトガル人。マカオを通して懐柔）をはじめ、ITU（国際電気通信連合）事務総局長、ICAO（国際民間航空機関）事務局長、FAO（国際連合食糧農業機関）事務局長、UNIDO（国際連合工業開発機関）事務局長など、国連の専門機関および関連機関のほとんどを牛耳ってきた。まるで国連を乗っ取るような勢いだった。

習近平は中国の外交戦略を「人類運命共同体」というスローガンで表して、コロナが始まると、まず一帯一路沿線国の内の貧困国が負っている負債を減免し、次に一帯一路を「健康シルクロード」と銘打って医療補助などを行う「マスク外交」を展開し、今では中国製のワクチンを提供する「ワクチン外交」を展開している。

そのような中、習近平は2021年1月11日、中央党校における新年の挨拶で「中国に時機が到来した」と述べ、コロナに関する戦いにおいても「社会主義制度の優位性を示すことができた」と胸を張った。

特に1月6日に米議会議事堂にトランプ支持者が乱入し、アメリカが長年にわたって誇ってきた民主主義の殿堂としての権威を失墜させる中、コロナの感染者は（当時の）累積で241

0万人（1日当たりの新規感染者は20万人前後）で、死亡者は40万人に至っていた。

それに比べて中国は2021年に入って小さな第二波が始まったものの、コロナ発生以来の感染者累計は（本書のこの部分の初稿執筆時で）8万8557人で、死亡者数は4635人。14億の人口の中でこれだけの数値でいられるのは、「民主主義国家の脆弱《ぜいじゃく》性を示すものであり、社会主義国家の優位性を示すものである」と中国は位置づけている。

2020年11月15日には、アジアの自由貿易協定であるRCEP（アールセップ＝東アジア地域包括的経済連携）が締結された。中国はこれを「多国間主義と自由貿易の勝利」と自ら讃え、トランプが唱えてきた「一国主義と保護貿易」の反対側の立場としての中国を自画自賛した。

RCEPが成功したのは、ASEAN（東南アジア諸国連合）諸国10カ国が、V字回復した中国に経済的に依存せざるを得ない状況があるからで、加えてトランプ政権がASEANをないがしろにしたことが、ASEANの背中を押したと中国は見ている。その現状に日本、韓国、オーストラリア、ニュージーランドが乗っかった形だ。中国を含めたアジア15カ国が参加したが、この中でGDP規模が群を抜いて大きな国は中国である。

となると、中国以外の14カ国が中国の貿易協定の自由度の「一定の高さ」を認めたことになり、GDP規模最大の中国の発言権が大きくなったことになる。これを保障した上で、中国はアメリカが抜けたTPP11に加盟することを目論んでいる。

TPP（環太平洋パートナーシップ協定）はもともとアメリカが入った12カ国で2016年に締結されたものだが、トランプ政権が誕生するとすぐにアメリカがTPPから脱退することを宣言したので、その後は元のＴＰＰ（＝ＴＰＰ12）と区別するためにＣＰＴＰＰあるいはＴＰＰ11（環太平洋パートナーシップに関する包括的及び先進的な協定）と称されている。ＴＰＰ11はアメリカが抜けた後、新たに主として日本が呼びかけて成立させたもので、ＴＰＰ12に比べて22項目にもわたって厳しい条件が凍結されているため、中国にとってはその分だけハードルが低くなり、入りやすくなっている。

1月20日に発足したバイデン政権は、いずれＴＰＰに戻ろうとしてはいるようだが、何しろアメリカにおける爆発的なコロナの感染と、1月6日にあったトランプ支持者による米議会議事堂乱入に象徴されるようなアメリカ国内にある激しい分断にまず立ち向かわなければならない。ＴＰＰ回帰などに費やす時間も余力もないだろうと、中国は判断している。

万一にもアメリカが、中国がＴＰＰ11に加盟するよりも前にＴＰＰに戻ってきたら、凍結されていた22項目が完全解凍とまではいかなくとも半解凍くらいはされるだけでなく、どこかの国が新規加入しようとすれば、すべてのメンバー国の同意を得なければならない規則になっているる。バイデン政権になってもアメリカの対中世論が許さないだろうから、アメリカが先に戻っていればアメリカが中国の参入に同意するはずがない。したがってアメリカが先に戻れば中国がＴＰＰ11に加盟できる可能性は、ほぼゼロになるといっていいだろう。

しかしアメリカの現状を考えると、アメリカが先にＴＰＰに戻ってくる可能性は高くない。

そこで中国は何としても少しでも早くＴＰＰ11に加盟しようと必死だ。

北京から西へは一帯一路が延び、ロシアとはＢＲＩＣＳ＋17カ国で結ばれ、上海協力機構ともタイアップしながら、北京から東のTPPへとRCEPを含みながら制覇すれば、もう世界は中国のものになると習近平は思っているだろう。アフリカ諸国との連携も強い。抜けているのは、ほぼアメリカ合衆国のみくらいだ。

ところが「敵」はイギリスからやってきた。EU（欧州連合）からの正式離脱に成功したイギリスが、2021年2月1日に、TPP11加盟を正式に申請したのだ。中国ではこれを「脱欧入亜」と皮肉っており、日本では「中国に痛手」として歓迎している。

本当に痛手となるのか、シンクタンク中国問題グローバル研究所の中国側代表である孫啓明《そんけいめい》研究員（北京郵政大学経済管理学院教授）に「中国の本音」を聞いてみた。以下に示すのは孫啓明教授の回答である。

――イギリスの現在の経済規模と世界での地位から考えれば、イギリスがTPP11に入ったところで別に気にする必要はないし、中国は、日英などがアメリカに追随して中国を包囲しようと試みても、気にしていません。TPP11は米中パワーゲームの場でしかなく、アメリカが入るか否かだけが問題です。イギリスが入ったことでアメリカ加盟が容易になるかというと、そうでもない。なぜなら英米自由貿易協定を結ぼうとしたのに、鶏肉の問題などで意見が一致しなかったからこそイギリスはアジアに向かうしかなくなったのですから。バイデン政権に変わったところで、鶏肉などの問題はアメリカの生産業者の問題ですから、容易には解決できない。だからある意味、イギリスが加盟することによってアメリカがTPPに戻るのを困難にしたと言うことさえできます。中国にとっては、ＲＣＥＰがあれば十分にアメリカと対抗できます。

また、中国の経済力を考えれば、どの国だろうと中国との取引を軽々しく放棄したりはしないでしょう。ＴＰＰ11だろうがＲＣＥＰだろうが、中国と離れてビジネス展開をするということはできないということです。どの国も、結局は自分の利益を考えて選択していきますからね。

おそろしい回答だ。加えて中国はイギリスのＴＰＰ11加盟申請を早くから見通していて、それよりもＥＵとの投資協定を急ごうとしていた。その中欧投資協定は、２０２０年12月30日に計画通りに大筋合意に達して終了した。この協定は習近平政権が誕生した２０１３年からスタートしており、7年間で35ラウンドの交渉を行ってきた。トランプ政権の間でないと大筋合意には漕《こ》ぎ着けなかっただろう。なぜならトランプ政権の同盟国軽視により、ＥＵを中国に傾かせていたからだ。中国商務部は「これにより中欧の企業、ひいては世界の企業に、より多くの投資のチャンスとより良いビジネス環境を築き上げるものになる」と位置付けている。

交渉期間中、ＥＵはウイグル問題を解決しないと協定は結ばないといった意見も一部には出ていたが、結局言葉で終わってしまった。ドイツのメルケル首相の激しいトランプ嫌いが年内合意を押し切った形だ。逆の見方をすればヨーロッパは中国のウイグル問題に対するカードを失ってしまったようなものだと言えなくもない。

バイデンは就任挨拶でアメリカの威信と指導力を回復するために同盟国との関係改善を謳《うた》っているが、今後バイデン政権がヨーロッパ諸国との間の信頼関係を築けば、中国にとってはこちらの方が痛い。それもあってか、2021年2月5日、李克強（国務院総理）は北京でヨーロッパ企業家とのハイレベル・ビデオ会議に出席し、中国がいかにコロナ禍において市場主体の保護政策を講じているかを紹介した上で、中国政府は「市場の活力を刺激し、事業登録手続きを簡素化させ、公正な競争のための保障措置を提供している」と強調して、ヨーロッパ諸国を引き入れることにも注力している。

もっとも、ヨーロッパ諸国の対米支持率は、トランプが大統領に就任した年から激減しており、2020年のギャラップ社の調査によれば2019年時点で「アメリカ支持が24％」で「不支持が61％」と愕然とするような数値を示していた。バイデン政権になれば好転するだろうと期待したが、2021年1月19日に「ヨーロッパ外交評議会」というシンクタンクが調査した結果によれば、「アメリカ支持が22％」と、トランプ政権時代よりも悪化もしくは不変であるのは、4年間のトランプ政権がヨーロッパに与えたマイナスの影響が、一朝一夕には消えないことを示唆しており、見通しは明るくない。トランプ出現以前のオバマ政権時代を見ると、ヨーロッパでは「アメリカ支持が平均45％前後」、「不支持が平均30％前後」で推移し、支持が不支持を上回っていた。

かてて加えて2020年12月26日、イギリスのシンクタンク「経済ビジネス・リサーチ・センター」（CEBR）は、中国が当初予測より5年早い2028年までに、アメリカを抜いて世界最大の経済大国になるとの報告書を発表した。同シンクタンクは、コロナ禍への中国の管理能力が、今後数年間でアメリカやヨーロッパと比較して相対的な成長を後押しするだろうとしている。現に2021年1月18日、中国の国家統計局は、中国の2020年のGDP成長率が「プラス2・3％」だったと発表した。となれば、世界主要国の中でGDPがプラス成長だったのは（台湾を除いて）中国だけとなる。アメリカは74年ぶりの低成長「マイナス3・5％」を示している。足もとのイギリスは「マイナス9．9％」だ。それを見越したためだろうか、2021年1月13日、イギリスのジョンソン首相は議会特別委員会の委員長らに対して「イギリスにも、イギリス政府にも、軽率に対中嫌悪に傾いてほしくない」と警鐘を鳴らしている。TPP11に加盟して対中包囲網を形成しようとしているという日本の希望的観測とは、どうもかけ離れているように思われる。

アメリカの対中強硬策の本気度

バイデン大統領は台湾問題に関してもトランプ政権の戦略を受け継ぐと言い、その証拠にとばかりに、大統領就任式には台湾の駐米代表に相当する蕭美琴《しょうびきん》氏（駐米台北経済文化代表処代表）が出席した。米大統領の就任式に台湾の駐米代表が正式に出席したのは1979年の断交後初めてのことだ。トランプ政権では「必ずしも『一つの中国』を認めない」というところまで行ったのだから、もしこの振る舞いが本気なら、バイデン政権は台湾を独立した国家とみなし、「一つの中国」は認めないというところまでいかなければならない。しかしこれは単にトランプ支持者からのバッシングを避けるためのポーズなのかもしれないのである。

なぜなら2021年2月5日、アメリカのブリンケン国務長官は中国の外交トップの楊潔篪《ようけっち》氏（中共中央政治局委員兼中央外事工作委員会弁公室主任）と電話会談をしたのだが、中国側の公式発表によればブリンケンは「一つの中国」原則を遵守すると発言したからだ。アメリカ政府のウェブサイトには書かれていない内容だが、中国側発表を受けても、ブリンケンは「そのようなことは言ってない」と反論はしていない。したがって「言った」のだろう。

バイデンにしても同じだ。2月11日にバイデンがようやく習近平と電話会談をした。大統領就任以来、「カナダ、メキシコ、イギリス、フランス、ドイツ、NATO、ロシア、日本、韓国、オーストラリア、インド」に次いで中国は12番目の国になる。ロシアや韓国よりもあとにしたのは、一見、「どれくらい自分は中国を重要視していないか」、「どれくらいトランプ政権同様に対中強硬であるか」をアメリカ国民に見せるためだったと解釈することができる。

しかし挙句の果てに、結局は中国にとっての「おめでたい春節」除夕（大晦日）の日に電話している。わざわざこの日を選んで「春節のお祝いをまず言う」という、「祝福の言葉」から電話会談を始めたかったことからして、何とも「対中強硬の本気度」が疑われる。会談内容に関する米中双方の公式発表を見ると、その疑いは確信へと変わっていきそうだ。

アメリカ側が「バイデン大統領は、アメリカ国民の安全、繁栄、健康、生き方を守り、自由で開かれたインド太平洋を守ることを優先事項とすると断言した」とか「バイデン大統領は、北京政府の強圧的で不公正な経済慣行、香港での取り締まり、新疆ウイグル自治区での人権侵害、台湾を含む地域でのますます強まる独断的な行動について、強い懸念を抱いていると強調した」と書いているのに対して、中国側の発表はまるで違う。あまりに長文なので特徴的な所

だけを挙げると、

●習近平は「肝要なのは互いを尊重し平等に対応して問題解決に当たることだ」と強調した上で「中米両国は各種の対話のメカニズムを通して互いに相手の政策や意図を正確に理解することが重要で、そうすれば誤解や誤判断を避けることができる。台湾や香港あるいは新疆問題に関する話は中国の内政問題であり、中国の主権と領土保全の問題だ。アメリカは中国の核心的利益を尊重し、慎重に行動しなければならない」と述べた。

●するとバイデンは「中国は悠久の歴史を持つ偉大なる文明国であり、中国人民は偉大なる人民だ。米中両国は衝突を避けなければならない。アメリカは喜んで中国とともに、相互尊重の精神に基づき、率直で建設的な対話を続け、誤解や誤判断を避けるべく相互理解を深めていく」と応じた。

とのことである。これに対してもアメリカ側からの反論はないので、中国政府の公式発表は二人の会話の内容を正しく書いているものと判断することができる。これでバイデン政権はトランプ政権同様「厳しい対中強硬策」を実施していくということが言えるだろうか？

アメリカが国際社会に戻り同盟国や友好国との連携を強めてくれるのはありがたいが、しかし肝心の日本の政権与党は「習近平国賓招聘」を諦めようとしないのだから習近平を喜ばすばかりだ。そのような状況でＱＵＡＤ（日米豪印戦略対話）など論議しても無益だ。日本は「口だけ反中」で、また天安門事件後の制裁解除のように先駆けて「一抜けた」となろう。もしそうではないと主張するのなら、今ただちに「習近平国賓招聘は取りやめにした」と宣言すべきだ。

【2】習近平はなぜネット言論統制を強化するのか

２０２０年12月の統計によれば、中国のネットユーザーの人数は９・89億人で、そのうち携帯を通してアクセスする人は９・86億人であるという。およそ10億人がネットから個々人の意見を発信することもできることになる。統制をしなければ収拾は付かないだろう。特に中国の場合は紙ベースの情報発信時代から「一党支配体制を維持するための統制」を行ってきた。ネット時代になればなおさら統制方法を強化していくだろうことは想像に難くないが、習近平政権にはそれに加えて、ネット規制を強化しなければならない少し特殊な状況があった。

実は反日デモが怖かったのである。

２０１２年９月、尖閣諸島国有化に激高した中国の若者たちが中国全土で暴力的な反日デモを繰り広げ、習近平が晴れて中共中央総書記に選ばれることになっているはずの第十八回党大会が開催できそうにないほどのところにまで至ったことがある。

反日デモは最終的には反政府デモへと向かい、自分たちが日本製品不買運動を呼び掛けているスマホやパソコンの中身（部品、パーツ）が日本製であることに激怒した。ならば、このスマホを捨てるのか、パソコンを壊すのか。これは中華民族への侮辱であるとして、このようなところにデモ参加者を追いやった中国政府に激しい怒りをぶつけ始めたのだ。

それを目の前で経験した習近平は、総書記就任と同時にハイテク国家戦略「中国製造２０２５」に着手させ、一方では絶対に反日デモを起こさないようにするために徹底したネットの監視を強化し、デモの呼びかけさえできない状況にまで管理体制を徹底した。事実、習近平政権に入ってから反日デモは一度も起きていない。

反日デモがないから、習近平政権は反日的でないなどと勘違いしてはいけない。

２０１４年になると習近平は立て続けに反日「国家記念日」を制定した。一つ目は「９月３日」を「中国人民抗日戦争勝利記念日」とし、二つ目は「12月13日」（１９３７年12月13日の、中国が言うところの「南京大虐殺」の日）を「国家哀悼日」に制定している。こうして、自分がいかに「反日」であるかを人民に見せて、反日デモの発生を抑えたのだ。

それくらい「人民の声」が怖いという、何よりの証しである。毛沢東も鄧小平もみな同じように「人民の声」が怖かった。ネット時代のこんにちでは、10億のネットユーザーが一つの放送局として発信できるので、その監視の強化は尋常ではない。

その一方で「党内言論」に関しては、習仲勲が最後まで唱え続けた「異なる意見を保護する」条例が、習近平政権によって強化されているのは興味深い。２０２０年11月30日、習近平は中共中央政治局会議を開催し、〈中国共産党党員権利保障条例〉を修正し新たに制定した。その中に「異なる意見を唱える権利」が入っている。修正というのは、実はこの条例は１９９４年に一度「試行版」が出され、胡錦濤政権の２００４年に正式に制定された。

１９９４年ならば鄧小平はそろそろ引退の時期でもあったので党内での条例として試行的に制定し、鄧小平が他界した数年後の２００４年に成文化したのだろう。ただし、

●中国共産党を擁護することが大前提であること。

●そのための建設的な異なる見解は、党内でいくら議論してもいいが、党内で議論せずに、いきなりネットや海外のメディアなどに公開してはならない。

という条件が付いおり、あくまでも「党内」の議論に限られている。たしかに楊林らが書いた「習仲勲：不同意見者は〝反対派〟ではない」（《当代広西》2014年第11期）には、習仲勲が「党内議論」に関して「異なる意見を言ってもいい」という主張をしていたということが書いてある。しかしこれは第六章の二で述べた高鍇氏の回想録の一部分で、習仲勲は第六章の二で書いたように、あくまでも「すべての人民が、一般の庶民が、（党や政府と）異なる意見を言ってもいいいんだということが保護されなければならない」と言っているので、習近平は習仲勲の主張の内、「党内議論」に関してしか認めていないことになる。つまり親が命懸けで主張したこと、親の理念と願いを、習近平は無視したということだ。

なお、楊林らが書いた「習仲勲：不同意見者は〝反対派〟ではない」には興味深い文章が載っていた。深圳市の接待弁公室の張国英元副主任は、習仲勲が晩年「香港の法律制度を学ばなければならない。法治は人治と相反する概念で、どの国の法制度も国民の利益に基づくものでなければならない。そうすれば一個人がすべてを主導する現状に根本的に終止符を打つことができ、当然ながら不当な冤罪が大量に発生することも防ぐことができるだろう」と述べたと語っている。

習近平は「依法治国（法を以て国を治める）」と言葉では言っているが、親の教えに背くことをやっている。したがって言論弾圧もまた中国共産党の「弱み」であると同時に、習近平の

「泣きどころ」でもあることに注目したい。一つの方向の声だけしか出してはならないような社会が、どれほど悲惨な結果を招くか、歴史は知っているはずだ。特に現在の日本の政財界は、その危険性を強く認識しなければならない。

四　中国共産党とは——建党１００年と日本

中国共産党は、その誕生の時期から今日に至るまで、日本と深く関係している。別の言い方をすれば、日本は中国共産党が強大化し一党支配体制を維持することを、ひたすら助けてきたと表現することさえできる。それを「黎明《れいめい》期、日中戦争時代、新中国誕生時代、天安門事件後および現在」と分けて、分析を試みる。

【1】黎明期

農民の子であった毛沢東が初めて小学校に上がったのは14歳を過ぎた頃だったが、そのときの教師には日本留学経験があり、毛沢東は明治維新の偉大さと日露戦争の勝利に深い感銘を受けた。アジアの小さな一国にすぎない日本が、なぜあの巨大な白人の国家ロシア帝国に勝つことができたのかに強い関心を示し、日本に敬意を覚えた。

18歳のときに学費を支払わなくてもいいという師範学校（専科）に入学。そこには楊昌済《ようしょうさい》（１８７１～１９２０）という、倫理学の教員がいた。この楊昌済は１９０２年から１９０８年まで日本に留学しており、東京師範大学（筑波大学の前身）で学んでいる。楊昌済は教科書としてドイツ人哲学者、フリードリッヒ・パウルセンが著した『倫理学原理』を使ったが、ドイツ語から英訳されたものを1900年に日本人の蟹江義丸《かにえよしまる》氏が日本語に訳して出版し、それが中国語訳された本である。毛沢東はこの本をくり返し熟読し、のちの毛沢東思想を形成する論理的基礎としている。マルクス・レーニン主義に関する他の多くの本も、和訳から中国語訳されたものが多く、当時の中国には思想的に日本経由の知識が溢《あふ》れていた。

特に毛沢東は1919年に湖南省で「新村建設計画」に着手するのだが、その手本にしたのが日本人の作家、武者小路実篤《むしゃのこうじさねあつ》（白樺派）が1918年に提唱した「新しき村」で、これは新中国誕生後の合作社のモデルとなっている。

日本関係の話は書き出せばキリがないほどあるが、そんな状況だから中国共産党第一回党大会には、「上海代表、武漢代表、長沙代表、済南代表、北京代表、広州代表」以外に、なんと「赴日（日本留学）代表」という分類があったくらいだ。代表として参加者した13人の中に、代理出席も含めれば5人もが日本留学経験者で、このとき中共中央総書記になった陳独秀《ちんどくしゅう》もまた日本留学経験者（成城学校）だった。このことからも、いかに中国共産党の黎明期に日本が強い影響を与えていたか、想像に難くない。

【2】日中戦争時代

1936年12月、毛沢東は周恩来《しゅうおんらい》が管轄する中共中央情報組特務科（スパイ科）傘下にいる藩漢年《はんかんねん》らに、蒋介石の腹心であった張学良《ちょうがくりょう》と接触するように指示した。藩漢年らの巧みな説得により張学良は共産党側の要求に沿って西安に蒋介石を呼び出して監禁し、いわゆる「西安事変」を起こした。表面的には国民党と共産党が協力して、ともに日本軍と戦おうという（第二次）国共合作を呼び掛けるものだが、実際は国民党軍にこれ以上共産党軍を攻撃しないようにさせ、蒋介石率いる国民政府に共産党軍兵士を養ってもらうことが目的だ。

さらに大きな目的があった。軍事的に国共合作をするのだから国民党側の軍事情報を共産党側が手に入れることができる。周恩来を通して入手した国民党軍の軍事情報を、毛沢東は藩漢年に持たせて日本外務省の出先機関である岩井公館の岩井英一に高値で売りつけさせた。お金は入るし日本軍が国民党軍をやっつけやすくできるし、毛沢東にとっては笑いが止まらない。毛沢東が倒したいのは蒋介石であって、その蒋介石が率いる「中華民国」と日本は戦っているのだから、こんなありがたいことはない。日本と共産党軍が提携して国民党軍をやっつけましょうという作戦で動いていた。国民党軍も同じ中国人（中華民族）なので、これは中華民族を日本に売り渡したに等しい。

このときの毛沢東の作戦を「七二一作戦」と称するが、これは「蒋介石には共産党軍の100％を国共合作に注いで国民党軍とともに日本軍と戦うと約束するが、実際には10％だけ日本軍と戦い、20％は国民党軍との妥協に費やし、残りの70％は共産党軍の発展のために注ぐ」という、中華民族に対する裏切り作戦である。

毛沢東は藩漢年を通して「日本軍との停戦」をさえ申し出ている（岩井英一著『回想の上海』）。

重慶爆撃（1938年12月〜1941年9月）のとき、毛沢東は延安にいた。3年間にわたってくり返し無差別爆撃を行った重慶の目の前に延安がある。なぜ日本軍は重慶を爆撃し尽くしておきながら、延安は無傷でいられたのか。このことは今もなお十分には解明されていない。ワシントンに亡命した中国人老研究者と、この解明に力を注ぐことを約束したのだが、他の執筆に追われて約束を果たせないまま、その方は昨年亡くなられた。

藩漢年は知り過ぎていたので、新中国が誕生し高崗《こうこう》（ガオ・ガーン）をやっつけるときに、その流れの中で逮捕されてしまった。藩漢年は獄死したが、毛沢東は「皇軍に感謝する」とさえ言っている。もし日本との結託がなかったら、共産党軍が国民党軍に勝つことはできなかっただろう（詳細は『毛沢東　日本軍と共謀した男』）。

習近平が言論弾圧を強化する原因の一つは、この事実を人民に知られたくないということもあるはずだ。

【3】新中国誕生前後

日本が敗戦すると、毛沢東はいち早く日本軍第二航空軍団第四練成大隊を包囲して武装解除させていた。このとき中国はまだ蒋介石・国民党が統治する「中華民国」だった。ポツダム宣言により武装解除をする資格を持っているのは蒋介石・国民党軍でしかない。しかしそのようなルールを守るような毛沢東であるはずがないだろう。ともかく誰が日本軍の武装解除をするかによって、日本軍が所有する武器装備だけでなく技術接収まで行う（奪う）ことができるので、毛沢東はこの瞬間を待っていたとばかりに電光石火の如く動いた。

　このとき第四練成大隊長の林弥一郎《はやしやいちろう》率いる部隊は、持っていた武器や爆撃機およびその製造技術をすなおに共産党軍（瀋陽東北民主聯軍総司令部・中共東北局書記・彭真《ほうしん》）に渡している。食糧がすべて絶たれていた日本軍捕虜に白米や野菜、鶏肉などを大量に渡して懐柔した。こうして日本の元関東軍第二航空軍団第四練成大隊に所属する20人のパイロット、24人の機械技術士、72人の戦闘機製造技術員など200人ほどが中心となって、1946年3月1日に「東北民主聯軍航空学校」が誕生したのである。これがのちに誕生した中華人民共和国最初の航空学校となり現在の中国人民解放軍空軍の基礎の基礎を作っている。

　一方、蔣介石は全力で日本軍捕虜や在中日本人の早期日本帰国に全力を尽くしていたため、双十協定《そうじゅうきょうてい》（1945年10月10日に結ばれた不戦協定）を破って軍事力を有利にすべく全力を尽くしている共産党軍に後れを取ってしまった。そうでなくとも毛沢東は日中戦争時代にできるだけ日本軍と戦わず軍事力を温存していた。蔣介石は日本軍捕虜や日本人の帰還に力を注いでいたので、共産党軍が勝利したという側面も否めない。

【4】毛沢東時代

　1955年11月6日、日本軍の元中将だった遠藤三郎《えんどうさぶろう》は中華人民外交学会の招待を受けて訪中し、11月28日に中南海の勤政殿《きんせいでん》で毛沢東に会った。取り仕切っていたのは日中戦争時代に香港の中共スパイ根拠地で活躍し潘漢年を動かしていた廖承志《りょうしょうし》である。遠藤三郎は重慶爆撃の際の指揮者だった。
毛沢東は遠藤三郎ら訪中団に「日本の軍閥が中国に進攻してきたことに感謝する。さもなかったら今われわれはまだ北京に到達していませんよ」と言い、軍人たちの訪中を歓迎すると述べた（日中戦争時代の岡村寧次《おかむらやすじ》元大将が終戦後蒋介石側に付き、中華人民共和国誕生後も「白団」を結成して蒋介石を応援していたので、元日本軍の大将級の者の訪中を毛沢東は望んだ）。その後も多くの元日本軍や左翼系団体が訪中したが、毛沢東は「皇軍に感謝する」ばかりで、謝罪にはうんざりしているニュアンスの言葉をくり返している。

事実、毛沢東は抗日戦争勝利記念日を祝賀したことがなく、それを祝うことは国民党に「おめでとう」と言っているようで不愉快だという意思を死ぬまで貫いている。いわゆる「南京大虐殺」などに触れたことは一度もない。

それよりもＬＴ貿易（廖承志＝Liao Chengzhiと高碕達之助＝Takasakiの頭文字を取った貿易協定）やそれに伴う日中記者交換協定などを重んじ、「中華人民共和国」が「中国の代表」として国連に加盟することと、中国との国交を結ぶことを最優先事項にしていた。要は「蒋介石に勝つこと」が何よりも優先され、そのためにはどこまでも日本を利用することしか考えていない。日本の政財界やメディアを親中に傾かせるという作戦にも出ていた。その作戦は成功し、日本は結果的にアメリカよりも先に国交正常化を果たしている（１９７２年９月）。

【5】天安門事件後の経済封鎖を解除して共産党政権を維持させた日本

1989年6月4日に起きた天安門事件により、アメリカを中心とした西側諸国は厳しい対中経済封鎖を行おうとした。しかし封鎖を緩いものとさせ、さらにそれさえをも最初に解除したのは日本だった。経済封鎖を受けた中国はただちに日本の政財界に働きかけて日中友好の重要性を説き、微笑みかけてきた。すると、同年（1989年）7月に開催された先進国首脳会議（アルシュ・サミット）で日本の当時の宇野《うの》（宗佑）首相は「中国を孤立させるべきではない」と主張し、1991年には海部《かいふ》（俊樹）首相のときに円借款を再開し、西側諸国から背信行為として非難された。

2020年12月23日に極秘指定を解除された当時の外交文書によると（時事通信社が開示請求）、日本は「中国を孤立させてはならない」として人権や民主よりも経済交流を重んじ、そもそも制裁に反対している姿が浮かび上がってくる。

一方、1992年4月、中共中央総書記になっていた江沢民は日中国交正常化20周年記念を口実に訪日し、病気療養中だった田中角栄元首相を見舞って、天皇訪中を持ちかけている。このころ江沢民は、「天皇訪中が実現すれば、中国は二度と歴史問題を提起しない」とさえ言っている。実際は天皇訪中を実現させると、すぐさま1994年から愛国主義教育を開始し、激しい反日運動を始めた。

中国は「日本を陥落させて天皇訪中さえ実現させれば、他の西側諸国、特にアメリカの対中経済封鎖網は崩壊する」という戦略で動いていた。その戦略は見事に当たり、同年10月に天皇訪中が実現すると、アメリカもただちに対中経済封鎖を解除して、西側諸国はわれ先にと中国への投資を競うようになるのである。

事実、当時の中国の銭其琛《せんきしん》外交部長は回顧録で、天皇訪中を「対中制裁を打破する上で積極的な作用を発揮した」と振り返っているし、また「日本は最も結束が弱く、天皇訪中は西側諸国の対中制裁の突破口となった」とも言っている。こうして、天皇訪中のときには、アメリカに次ぐ世界2位のGDPを誇っていた日本は、2010年には中国に追い越され、現在に至っている。

その証拠を図表7-3「対外投資新規企業数と外資実行額の変遷」を通してお示ししたい。これは中国商務部が出した『中国外資統計公報2020』と2021年2月に商務部が個別に発表したデータを反映させたもので、改革開放以来の「中国に新規参入した外国企業の数」（折れ線）と「外資の実行額」（棒線）を示したものである。図表から明らかなように、1992年、93年に特異点のようなピークがある。これこそは日本が1992年10月に天皇陛下訪中まで実現させたためにもたらした効果で、1990年辺りから日本が規制を緩めているために徐々に増加していることが見て取れる。天皇陛下訪中は決定的で、日本がそこまで力を入れるのなら、無限の市場である中国から利益を頂かないと損だという西側諸国が一気に湧いてきた。こうして「対中投資ラッシュ」を招いたのである。

それ以降はそれほど大きな激増ぶりは見せていないが、2004年前後と2018年に、や

図表7-3　対中投資新規企業数と外資実行額の変遷（1982-2020）

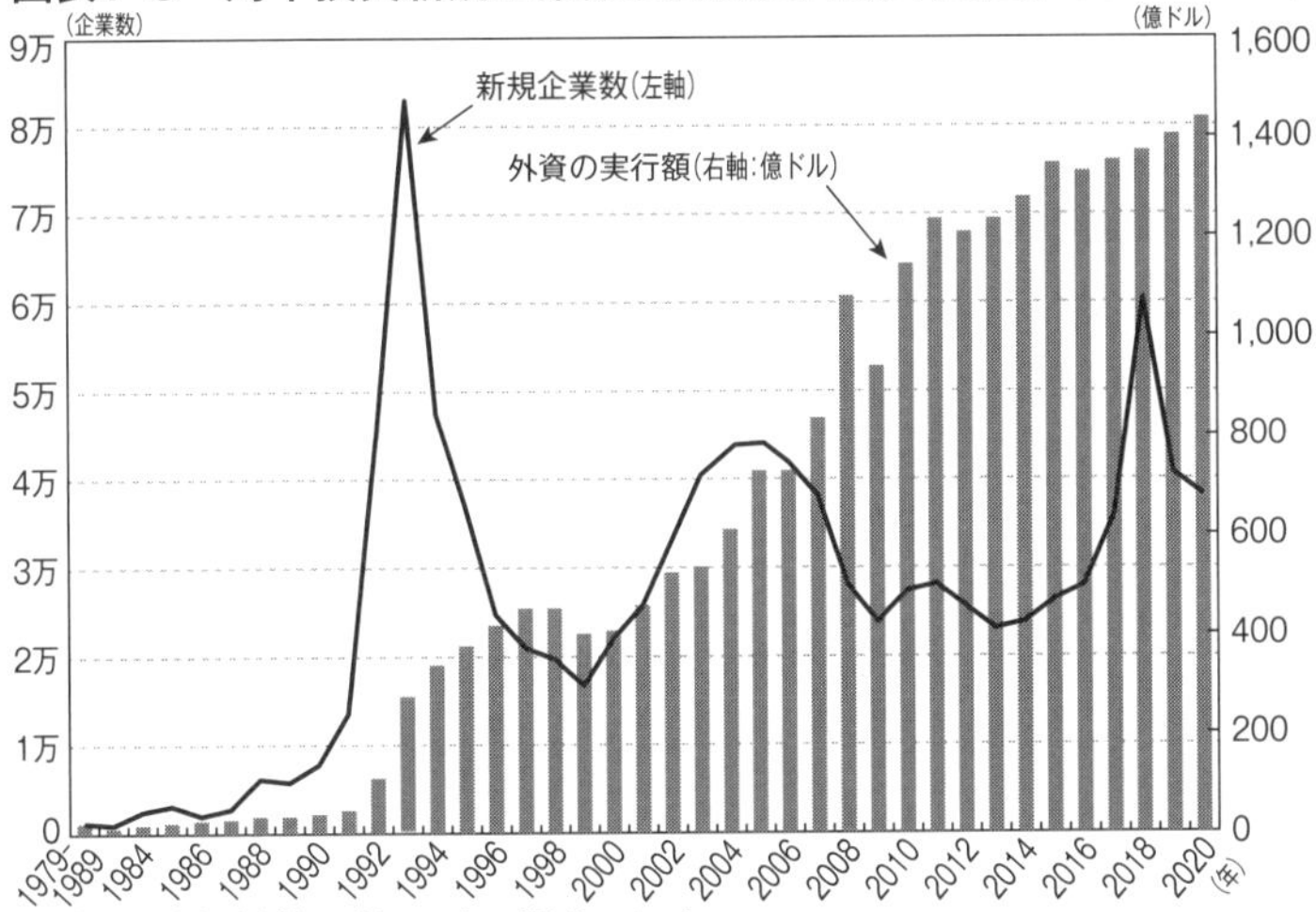

出典：『中国外資統計広報2020』と2021年の商務省のデータ

や特徴的なピークがある。２００４年のピークは２００１年末に中国がＷＴＯ（世界貿易機関）に加盟したため、２００４年６月に中国政府が外資出資比率や進出地域に関する制限を撤廃した「外商投資商業領域管理弁法」を施行するなどしたからだ。２０１８年のピークは、習近平が香港問題回避のために２０１７年にグレーターベイエリア構想を強化する方針を発表し、深圳居住の香港人に深圳の市民権を与えたり税金優遇策を施したりして融和策を打ち出したからである。加えてトランプ政権からの制裁が強まったので、中国は２０１８年から経済成長の牽引力を外資導入から「消費」に切り替えたために、卸売業や小売業に関する中小企業が急増したことを反映している。

　だから２０１８年の特徴として外資の規模は増えていなくて、新規参入した企業数ばかりが増えていることが挙げられる。その流れの中で、中国は今「双循環」（内循環：国内消費、外循環：外国との交易）という経済形態を重視している。だからこそアリババなどのように突出した大手企業が利益を独占することを嫌い、コロナで打撃を受けている中小企業や零細企業の保護育成に力を注いでいるわけだ。２０２０年に外資の実行額が増えたのは中国がコロナ禍でも唯一V字回復してＧＤＰのプラス成長を遂げているからで、アメリカからでさえ、投資先を失った資金が中国に流れているためだ。

習近平は２０１４年から「新常態（ニューノーマル）」という経済戦略を打ち出し、産業のハイテク化に備えた。これはＧＤＰの量的成長を抑えて、ハイテク製品の研究開発に主力を注ぐため成長率は低くなるものの、やがては真の成長をもたらすというものだが、コロナ禍のV字回復をテコにしてＧＤＰ規模増大の勢いも今では止まらず、前述したように7年後にはアメリカを抜いて世界一になると予測されている。

日本は唯一にして最大の「中国共産党による一党支配体制を終わらせる」タイミングを自ら進んで潰し、中国共産党による統治の維持に絶大な力を提供したのである。言論弾圧を絶対に崩さない体制を強化したこの罪の重さは、万死に値すると言っても過言ではない。

【6】現在の日本の選択

そのことを反省もせず、現在の自民公明与党は、またもや同じ轍《てつ》を踏もうとしている。アメリカを凌駕《りょうが》して中国が世界一になりグローバル経済の覇者となるための「一帯一路」構想に対して、自民党の二階俊博幹事長や前安倍《あべ》（晋三）内閣の今井尚哉《いまいたかや》内閣総理大臣秘書官などが

2017年2月に北京で開催された「一帯一路国際協力サミットフォーラム」に参加し、条件付きではあるものの一帯一路に積極的に協力していくと表明したのを皮切りに、安倍前首相も「一帯一路構想は環太平洋の自由で公正な経済圏に融合していく」として、インド太平洋構想と一帯一路構想の連携について積極的姿勢を見せた。そればかりか、2018年10月に中国に国賓として招聘してもらうために、まるで交換条件のように「第三国でのインフラ共同投資のための協力文書」を交わし、習近平を喜ばせている。その見返りに要求されているのが「習近平の国賓としての日本訪問」で、それを実現させるために新型コロナ・ウイルスの感染が始まった時期に、早めに中国からの入国禁止を言い出すことができなかった。その罪は重い。

万一にも習近平が国賓として来日すれば、習近平は必ず江沢民と同じように天皇陛下の訪中を求めるだろう。

東京五輪組織委員会の森喜朗前会長が女性差別発言によりオリンピック精神にもとるとして全世界の非難を受けて辞任した。その意味から言えば、およそ民主主義国家たるものはすべて、2022北京冬季五輪に対して「ジェノサイド」を理由に参加を拒否するくらいのことをしなければならない。

ましてや日本は、ほぼ毎日のように日本の領土の尖閣諸島接続水域や領海に中国公船が侵入しているのだから、それだけでも習近平国賓来日を拒絶すべきだ。それもできずにただ「遺憾の旨を伝えています」と言葉で言うだけで、実際は中国にへつらうことしかしていない。

2021年2月1日に中国は海警法を施行し、中国海警局の公船が日本など他国の公船（海上保安庁の船など）を銃撃してもいいことになった。これは国連海洋法条約に違反しているにもかかわらず、中国は「依法治国」方針に従い、国際法に違反する法律を国内で制定して「法に準拠して他国の公船を攻撃できる根拠」を勝手に与えているのである。これに関して菅総理大臣は「強い懸念を伝えておきたい」と、まるで他人事だ。茂木外相などは「この法律（海警法）が国際法に反する形で適用されるようなことがあってはならない」などと言っているが、海警法自体が国際法違反なのだ。そもそも遺憾の意を表すのなら行動で示すべきだろう。

中国は台湾統一を目指している。そのためには第一列島線上の尖閣諸島は戦術上不可欠の要となる。しかし歴史的に見て尖閣諸島は中国の領土ではない（この経緯は拙著『チャイナ・ギャップ』で詳述した）。海警法は日本と、尖閣諸島を守備範囲とする日米安保条約への威嚇だ。日本がこの脅しを毅然と撥ねつけることができるか否かが勝負どころなのである。

一方、1992年2月に制定された中国の領海法（正確には「領海及び接続水域法」）では、尖閣諸島を中国の領土と規定しその海域を中国の領海と定めている。それでも日本は反論せずに、同年10月に天皇陛下訪中を実現させた。中国の領土領海であることを認めたに等しい。

日本は今も同様のことをやろうとしている。この状態で習近平を国賓として来日させたら、尖閣が中国の領土であると認めただけでなく、海警法も認めますと言っているようなものだ。

米中が世界で覇権争いをしているこのときに、日本がまたもや中国に有利となるシグナルを世界に向けて発信することは、結果的に中国共産党による一党支配体制維持を強めるだけでなく、今度は中国が世界の覇者となるのを手助けすることを意味する。

日本はそれでいいのか。

中国共産党が統治する国家が、どれだけ血みどろの陰謀と、多くの人民の命の犠牲の上で成り立っている国であるかは本書で十分にご理解いただけたものと思う。「現代中国の父」と崇められてきた鄧小平の欺瞞《ぎまん》と陰謀を見ただけでも、中国がいかに世界を騙しているかが浮かび上がってくるだろう。

習仲勲のような人物がトップに立つことはできないのが中国であり、その習仲勲のために「復讐」の思いで国家戦略を進めている習近平は、絶対に譲らない。だからこそ、国家主席の任期制限を撤廃するために憲法を改正することさえしている。

習近平が李克強と権力争いをしているなどという「甘い幻想」は抱かない方がいい。そんなちっぽけなことで習近平は動いていない。彼が睨んでいるのは「世界」だ。「人類運命共同体」という外交スローガンを軽んじない方がいい。１００年前のコミンテルンのヤドカリ作戦のように世界各国に潜り込んで成長し、やがては中国共産党が支配する世界を創ろうとしているのだ。

習近平はウィズ・コロナの世界で、社会主義体制の優位性まで強調して人類の上に立とうとしている。私たちは言論弾圧をする世界の中に組み込まれていっていいのか？　一党支配体制の維持を国家の最優先目標に置き、そのために情報隠蔽をする中国により、いま世界は未曽有のコロナ禍に苦しんでいる。犠牲者の数は世界大戦以上だ。

人間は何のために生きているのか？

日本の覚悟を問いたい。

あとがき

2020年1月23日に新型コロナ・ウイルス肺炎感染（コロナ）を受けて中国湖北省武漢市《こほくしょうぶかん》が都市封鎖されたとき、反射的に思い出したのは長春《ちょうしゅん》における食糧封鎖だ。

1947年晩秋に長春市の電気が消え水道が止まり、ガスが絶たれた。都市化されていた長春で餓死者が出るのに時間はかからなかった。国民党軍が陣取っていた長春市は丸ごと鉄条網で囲まれて食糧封鎖されたのだ。1948年10月に一部の国民党軍の寝返りにより中国人民解放軍が長春に進攻してきて長春が無血解放されるまでに、数十万の一般市民（中国人）が餓死している。

その経験を初めて文字にしたのは1983年のことである。生まれて初めて書いた原稿用紙100枚のドキュメンタリーが受賞して、1984年には新しく書き下ろした『卡子《チャーズ》 出口なき大地』を読売新聞社から出版した。それを中国語に翻訳して中国大陸で出版できる日を待ち続けたが、言論弾圧は強まるばかりで、当時の犠牲者は、その事実を語るが故に「罪人」になるという現実が待ち受けていた。

私の一生は中国共産党との闘いに費やされたようなものである。

最初に直接の接触があったのは1946年4月のことだ。1945年8月に当時のソ連が日ソ中立条約を破って突然中国国境を超えて長春に入ってくるという噂《うわさ》が流れると、関東軍司令部にいた関東軍はいち早く南の方に逃げてしまった。まだ「中華民国」だったので、長春市は現地即製の国民党軍とソ連軍が混在する状態が続いた。1946年2月ごろになると横暴を極めたソ連軍がいなくなり、まるで合図でもしたかのように八路軍が攻めてきた。中国共産党軍の名称はコロコロ変わったが、当時一般庶民は彼らを「八路《はちろ》軍」とか「八路（バールー）」と呼んでいた。

市街戦に勝った八路軍は私の家にも泊まり食事の用意を強要した。「人民の物は針一本奪わない」と言われていた八路軍は帰り際にわが家に備蓄してあった缶詰などの食料品をすべて奪って行っただけでなく、衣類や靴もすべてわが家にあるものと取り換えて去って行ったのだ。おまけに彼らが寝るために用意した最高級の緞子《どんす》の布団の上には、なんと、大小便がしてあったのである。

本文で述べた劉志丹《りゅうしたん》と謝子長《しゃしちょう》の争いの原因の一つであった「土匪《どひ》」は、どの八路軍の中にもいたのだ。毛沢東《もうたくとう》でさえ井崗山で数多くの土匪を利用していたではないか。だからこそ少なからぬ庶民が八路のことを「共匪」と言って恐れていたことがよく分かる。

その八路の中にも道理をわきまえた知性の高い人もいて、翌日、父が「八路の隊長」と言っていた林楓《りんふう》（当時の長春市の書記）が父に謝罪し、私の家を守るために若い八路軍を派遣してくれた。私はその人を「趙大哥《ザオダーグァ》（趙兄さん）」と呼んだ（趙兄さんはのちに毛沢東の日本語通訳も担当した趙安博《ちょうあんはく》であることがわかった）。日本語が話せる趙兄さんは、市街戦で八路軍の流れ弾を腕に受けて負傷している5歳の私を慰めてくれた。

「私たちの紅い旗は、革命のために犠牲になった人たちの血で染められているんだ。あなたの血も、あの旗の色の中にあると思うといい。私たちは仲間だ。あなたは小英雄《シャオインシュン》だよ」

「紅い血」などと言われて気味が悪いが、「あなたは小英雄だよ」という言葉は5歳の心に響いた。

趙兄さんは私に毛沢東の話を言って聞かせた——太陽が東から昇るように、毛沢東が東から昇ってきて全中国を照らし、人民に民主と自由と幸せを運んできてくれるんだ……。

趙兄さんたち八路軍の一行は5月になると突然、北の方に去って行き、入れ替わりに今度は蔣介石《しょうかいせき》直系の正規軍が長春に入ってきた。1947年になると蔣介石の国民政府は中国に残留している100万人からの日本人を帰国させたが、私の父は技術者なので国民政府にも必要として「留用」された。留用とは政府が雇用することだ。1948年、留用された技術者を最低限に絞って、むしろ強制的に（政府に不必要な）日本人を帰国させたのだが、長春の食糧封鎖が起きたのは、その直後のことである。

道端に転がってる餓死者を犬が食べ、その犬を人間が殺して食べるというおぞましい光景を、私は2階の窓から見たことがある。旧満州国時代に「支那街」と呼ばれていた中国人だけが住んでいた一角には「人肉市場」が立ったと噂されるようになるのに時間はかからなかった。

わが家でも兄が餓死し、一番下の弟が餓死して、次に餓死するのは私か父だろうという時期になって、父は長春市長に会い、留用を解除してもらって長春を脱出することに決めたのである。

長春を包囲する鉄条網の囲いを「卡子」と呼んだ。その封鎖網にはいくつかの出口があり、それを「卡口《チャーコウ》」と言う。元満映の近くにある卡口までたどり着くと、「この門を潜って外に出たら、二度と再び長春市内に戻ることはできない」という条件が付けられる。こんな餓死体だらけの長春に誰も戻りたくはない。この門を潜りさえすれば、その外には趙兄さんが言ってい た共産党が治める「解放区」があり、食べ物もいっぱいあるにちがいない。そう思って卡子の門を潜った。

しかしそこは、この世のものとも思えないほどの凄惨《せいさん》な光景がくり広げられている場所だった。地面にはぎっしり餓死体が敷き詰められており、骨と皮の四肢を除いてお腹だけが大きく膨らんでいる。お腹の中には腸があるので、腐乱して膨らんでいるのだ。夕陽に照らされた緑色に腐乱したお腹が、ときどき「パーン！」と大きな音を立てて破裂し、腐乱物が周りに飛び散る。そこに真っ黒い群れを成すような大きなハエが集まり視界を遮る。

片言の日本語を話す朝鮮人八路に脅されながら案内された場所の先には、もう一重の鉄条網が施されていた。卡子は二重に包囲されていて、八路軍側にある卡子の門は閉ざされたままだったのである。私たちは国共両軍の中間地帯に閉じ込められたのだ。

持ってきた布団を地面に敷いて野宿した。いやに背中が痛い。翌朝、私たちは浅く埋められた死体の上で寝ていたことに気がついた。やがて新しく卡子に入ってきた新入りの難民が視界に入ると、それまで地面にうずくまっていた難民たちが「うおー」と声を上げ、棒を振りかざして立ち上がり、新入りの難民たちが持っているわずかな食料を奪った。私たちが襲われなかったのが奇跡のようだ。

卡子の中には一つの井戸しかない。その井戸には長蛇の列ができているだけでなく、井戸の中には死体が浮いている。用を足す場所もない。ようやく死体の少なそうな場所を見つけて用を足すと、お小水に流されて浅く埋められた餓死体の顔が浮かび上がった。私は人間の顔に向けて用を足したことになる。この恐怖と罪悪感は、今もなお消えていない。

卡子のあちこちに煙が一筋、二筋……と立っている。息を引き取ったばかりの餓死体はいくらでも地面に転がっている。数名が輪になって背中で遮っている真ん中で、どのような光景が展開しているのか……。

趙兄さんの嘘《うそ》つき――！

何が紅い旗だ、何が毛沢東だ！

人民のため――？

今、卡子で展開されているこの光景を、あなたは何と説明するのか？

夜になると、地面を這《は》うような唸《うな》り声が響く。父が「救われぬ御霊《みたま》の声じゃ……」と言って声のする方に向かって歩き始めた。父にしがみついていないと息もできなかった私は父に付いていった。

しかし、そこには死体の山があったのである。

父の祈りの言葉に、死んでいたはずの死体の手首が動いた――。

その瞬間、私を支えていた最後の糸がプツリと切れ、私は記憶喪失になった。

あれから私と中国共産党との闘いが始まった。のちに毛沢東はあのとき林彪《りんぴょう》との往復書簡で「長春を死城たらしめよ」と言っていたことを知った。しかしその死城から抜け出すことに成功し、生き残った人間がいる。その数少ない一人として、長春で、そして卡子で亡くなった犠牲者の墓標を建てる使命を私は果たさなければならない。「この史実を残さずに死ねるか」、「墓標を立てずに死ぬわけにはいかない」という執念が私を突き動かす。

『卡子　出口なき大地』は重版を重ねながら絶版になったので文春文庫で出版したが、それもやがて絶版となり、２０１２年に朝日新聞出版から新たに『卡子　中国建国の残火』として出版した。その中国語版が２０１４年に台湾で出版され、アメリカで英語版が出版された。

昨年、このコロナ禍だからこそと香港の映画監督が仰って下さり、映画化の申し出があった。ここまで生き残って良かったと、つくづくありがたく思う。

日中戦争時代の中国共産党に関しては『毛沢東　日本軍と共謀した男』で詳述し、国共内戦時の中国共産党に関しては『卡子』でくり返し追いかけてきた。

それでも、習近平《しゅうきんぺい》政権に関しては何かおかしいと思って、その父・習仲勲《しゅうちゅうくん》を追跡してきたつもりだったが、非常に不完全だったことを、本書執筆で思い知らされた。この執筆が人生最後の仕事になるかもしれないと覚悟し、今般本書で徹底して真相を掘り起こすことによって、ようやく中国共産党の全体像を浮かび上がらせることに成功したのではないかと思う。

この3部作によって、自分としては中国共産党100年の秘史を暴き出せたのではないかと思っている。

本書は最初から結論があって書き始めたのではなく、書いていく内に次々と真相が明らかになっていったので、その意味では読者とともに挑戦してきたようなものだ。冒険の旅をともに味わっていただければ、この上なくありがたい。

本書出版に当たっては、ビジネス社の佐藤春生氏に大変お世話になった。他の本の執筆があったため、何年もお待たせすることになり大変申し訳なく思っていると同時に、何年も待って下さったことを心から感謝している。

2021年2月

遠藤誉

勛在澳门的谈话」(查良镛、『明报』、1980年6月8日)/「习仲勛访问澳门预告"特区"安排」(贺越明、『世纪』、2019年第1期)
《ウェブサイト》
「习仲勛在1978」(宋春丹、『中国新闻周刊』、2018年12月17日)/「习近平与海南跨越40年的深情故事」(新华视点、新华网、2018年4月14日)
《ドラマ》
『习仲勛』(央视纪录频道制作、CCTV上映、2013年)

●第六章●

《本》
『耿飈传』(孔祥琇、解放军出版社、2009)/『走過20年——香港回歸20年故事』(明報編輯部、明報出版社、2016年)/『香港回歸歷程: 鍾士元回憶錄』(鍾士元、香港中文大學、2001年)/『許家屯香港回憶錄』(許家屯、聯經出版、1993年)/『香港80年代民主運動口述歷史』(馬嶽、香港城市大學、2012年)/『改革歷程』(趙紫陽、新世紀出版社、2009年)/『中國改革年代的政治鬥爭』(楊繼繩、Excellent Culture Press、2004年)/『鄧小平帝國三十年』(阮銘、玉山社、2009年)/『李鋭口述往事』(李鋭、大山文化出版社、2013年)
《雑誌》
「习仲勛曾设想制定保护不同意见制度」(高锴 述、『21世纪经济报道』、2013年10月15日)
《ウェブサイト》
「习近平毕业首份工作为机要秘书 每月工资52元」(博客天下、新浪历史、2013年12月17日)

●第七章●

《本》
『「中国製造2025」の衝撃　習近平はいま何を目論んでいるのか』(遠藤誉、PHP研究所、2018年)/『国民经济和社会发展统计公报』2012年～2020年(国家统计局)/『中国外资统计公报2020』(中华人民共和国商务部、2020年)/『中国统计年鉴』2008年～2020年(国家统计局)
《雑誌》
「习近平:我是如何跨入政界的」(杨筱怀取材、『中华儿女』、2000年第7期)/「习仲勛:不同意见者不是"反对派"」(杨林 卜昌炯 等、『当代广西』、2014年第11期)
《ウェブサイト》
「延安梁家河村插队知青回忆习近平插队点滴」(何天(偽名)、博讯新闻网、2012年11月22日)/腐败人数 中央纪委国家监委公表/基尼系数 国家统计局公表/「领导干部要读点历史——在中央党校2011年秋季学期开学典礼上的讲话」(习近平、中共中央党校、2011年9月1日)/ Basic Law Drafting History Online /「解密:习仲勛被隔离审查与《刘志丹》案」(水新营、中国共产党新闻网、2012年12月4日)/「Illicit Financial Flows from China and the Role of Trade Misinvoicing」(Dev Kar、Sarah Freitas、Global Financial Integrity、2012)/「World Economic League Table 2021」(The Centre for Economics and Business Research、2020年12月26日)

《雑誌》
「王震治疆」(『环球人物』2014年第8期)/「1952年王震遭批判后撤职离开新疆内幕揭秘」(『文史精华』2007年第12期)/「忆习仲勋与第十世班禅的友谊」(范民新、『西藏日报』、2015年9月25日)/「深切怀念中国共产党的忠诚朋友班禅大师」(习仲勋、『人民日报』、1989年2月20日)/「康生的秘书谈康生——黄宗汉谈话琐忆」(阎长贵、『炎黄春秋』、2013年2期)
《ウェブサイト》
「习仲勋被批斗后周恩来发怒:这是给国家抹黑」(中共河北省委党史研究室、中国共产党新闻网、2014年8月)/「习近平應果斷平反黨內冤案」(林和立、博讯新闻、2008年2月)/「正是邓小平当年把习仲勋打成"高崗残余勢力"总代表」(高新、RFA、2017年4月17日)

●第四章●
《本》
『跨过厚厚的大红门』(章含之、文汇出版社、2002年)/『中华人民共和国史稿』第3卷(当代中国研究所、北京人民出版社、2012年)/『邓小平传(1904—1974)』(中共中央文献研究室編、中央文献出版社、2014年)/『邓小平文选』第3卷(人民出版社、2001年)/『邓小平年谱』(中共中央文献研究室編、中央文献出版社、2004年)/『陈云年谱』下卷(中共中央文献研究室編、中央文献出版社、2006年)/『他影响了中国:陈云全传』(叶永烈、四川人民出版社、华夏出版社、2013年)/『李锐日记(Li Rui papers, 1938-2018)』(李锐、フーヴァー研究所蔵)/『1978:我亲历的那次历史大转折』(于光远、中央编译出版社、2008年)/『从华国锋下台到胡耀邦下台』(胡绩伟、明镜出版社、1997年)
《雑誌》
「华国锋遗体在北京火化 胡锦涛江泽民等前往送别」(『人民日报』、2008年9月1日)/「还原华国锋——关于华国锋的若干史实」(韩钢、『往事』第74期、2008年11月14日)/「华国锋与中国改革开放的发轫」(李海文、『党史博览』、2018年第8期)/「十一届三中全会 邓小平、陈云,历史选择了这对搭档」(范小舟、『环球人物』、2013年第29期)
《ウェブサイト》
「华国锋同志逝世」(新华网、2008年8月20日)/「党校教授揭秘党史细节 "两个凡是"非华国锋提出」(中国新闻网、2011年5月14日)/「乱云飞渡仍从容——"文化大革命"中的陈云」(邵雍、『世纪风采』、中国共产党新闻网、2016年2月24日)

●第五章●
《本》
『习仲勋主政广东』(《习仲勋主政广东》编委会編、中共党史出版社、2007年)/『耿飚回忆录』(耿飚、江苏人民出版社、1998)/『チャイナ・ナイン　中国を動かす9人の男たち』(遠藤誉、朝日新聞出版、2012年)
《雑誌》
「叶剑英支持习仲勋工作二三事」(高天鼎、『党史文汇』、2016年第2期)/「习仲勋与广东的改革开放」(李海文、『党史博览』、2018年第12期)/「筚路蓝缕,以启山林——改革开放的广东起点」(李海文、『同舟共进』、2018年第12期)/「耿飚:留守抗日根据地」(周海滨 郭佳 闫斯静、『中国经济周刊』、2010年第29期)/「习仲

【主な参考資料】

●第一章●

《本》

『习仲勋传』(贾巨川、中央文献出版社、2008年)／『习仲勋画传』(夏蒙、王小强編、人民出版社、2014年)／『中国人口史』第5巻(曹树基、复旦大学出版社、2001年)／『浴血高原：刘志丹与西北革命』(姜永明、中国文史出版社、2010年)／『红二十六军与陕甘边苏区』上(刘凤阁、任愚公編、兰州大学出版社、1995年)／『郭洪涛回忆录』(郭洪涛、中共党史出版社、2004年)／『毛泽东年谱』修订版、上(中共中央文献研究室編、中央文献出版社、2013年)／『毛沢東　日本と共謀した男』(遠藤誉、新潮社、2015年)／『卡子(チャーズ)中国建国の残火』(遠藤誉、朝日新聞出版、2012年)

《雑誌》

「刘志丹习仲勋携手共建陕甘根据地」(黄博、『中国青年报』、2019年8月12日 6版)／「习仲勋与"陕北肃反"」(魏德平、『党史纵横』、2011年第3期)／「1935年陕甘边苏区和红26军肃反问题考论」(黄正林、『史学月刊』、2011年第6期)／「怀念我的父亲谢子长」(谢绍明、『人民政协报』、2017年10月12日)／「红日照亮了陕甘高原——回忆毛主席在陕甘宁边区的伟大革命实践」(习仲勋、『人民日报』、1978年12月20日)／「你不知的 开国上将阎红彦的风雨人生」(王树恩、『世纪风采』、2012年第11期)(中国共产党新闻网転載)

《ウェブサイト》

「亲历者谈三嘉塬事件」(西北革命歷史網、2016年)※『红二十六军与陕甘边苏区上』からの転記だから不要？　／陕甘宁边区红色记忆人物库、2014年～ http://www.sxlib.org.cn/dfzy/rwk/

●第二章●

《本》

『半截墓碑下的往事　高岗在北京』(家梁、张晓霁、大风出版社、2008年)／『陳雲年譜』中巻(朱佳木、中共中央文献研究室編、中央文献出版社、2000年)／『邓小平文选』第2巻(人民出版社、1994年)

《雑誌》

「反高饶斗争中的邓小平」(宋凤英、『世纪风采』、2008年第1期)(中国共产党新闻网転載)

《ウェブサイト》

「1949之后：高岗遗孀喊冤」(美国之音、2017年12月28日)

●第三章●

《本》

『反黨小説〈劉志丹〉案實錄』(李建彤、星克尔出版(香港)有限公司、2007年)／『若干重大决策与事件的回顾』下(薄一波、中国党史出版社、1993年)／『陳伯達最後口述回憶』(陳伯達、陽光環球出版香港有限公司、2005年)／『永远难忘的怀念:革命回忆录』(习仲勋、广东人民出版社、1980年)／『习仲勋文选』(中央文献出版社編、中央文献出版社、1995年)／『只唯实(阎红彦上将往事追踪)』(李原、云南人民出版社、2003年)

1983年	5月:香港の「青年才俊団」と習仲勳が面会。9月:鄧小平・サッチャー会談。11月:胡耀邦訪日。
1987年	1月:鄧小平が胡耀邦総書記を解任し、趙紫陽を総書記に任命(11月までは代行)。
1989年	4月:胡耀邦死去。6月:天安門事件。趙紫陽、全職失職。鄧小平が江沢民を中共中央総書記に任命。
1990年	10月:習仲勲が全人代出席の中、突如「欠席」を(鄧小平に)強要され失脚。
1992年	1月:鄧小平「南巡講話」により江沢民を更迭するつもりが陳雲・薄一波・李先念に反対され断念。2月:「領海法」制定。4月:日中国交正常化20周年記念で江沢民訪日、天皇訪中を要請。10月:天皇訪中。
1997年	2月:鄧小平死去。7月:香港返還。
2001年	12月:中国、WTO(世界貿易機関)加盟。
2002年	5月:習仲勲死去。11月:第13回党大会一中全会で胡錦濤が中共中央総書記に就任。
2007年	3月:習近平、上海市書記に就任。10月:習近平、江沢民の推薦により中共中央政治局常務委員会委員に昇格。
2012年	11月:習近平、中共中央委員会総書記・中央軍事委員会主席に就任し12月に広東省「習近平南巡」。
2013年	1月:習近平、「虎もハエも同時に叩く」反腐敗運動開始。「中国製造2025 ハイテク国家戦略」諮問委員会結成。3月:全人代で習近平、国家主席に。「中華民族の偉大なる復興」と「中国の夢」を発表。
2014年	11月:習近平が「一帯一路」戦略を提唱(アジア太平洋経済協力〈APEC〉首脳会議で)。
2015年	3月:全人代で習近平が「軍民融合発展戦略」を提唱。5月:李克強が「中国製造2025ハイテク国家戦略」発表。12月:習近平、「軍事大改革」(軍区を戦区に改編。ロケット軍創設)を断行し「強軍の夢」。
2017年	3月:「グレーターベイエリア構想」を強化する方針を政府工作報告が言及。
2018年	3月:全人代が国家主席の任期を撤廃する憲法改正案を採択。
2019年	12月:湖北省武漢市で新型コロナ・ウイルス肺炎が発生。
2020年	6月:全人代常務委員会が香港国安法(国家安全維持法)を制定。
2021年	7月1日:中国共産党建党百周年

1962年	1月：七千人大会、劉少奇が国家主席に。9月：第8回党大会十中全会で、鄧小平の陰謀により小説『劉志丹』事件で習仲勲失脚、以後反党分子として16年間軟禁・投獄・監視。
1966年	5月：文化大革命（文革）勃発、劉少奇（獄死）・鄧小平（1973年に政治復帰）ら失脚。
1968年	12月：下放（上山下郷）運動開始。
1971年	9月：林彪事件。10月：「中華人民共和国」が国連に加盟（「中華民国」が脱退）。
1972年	2月：ニクソン訪中。9月：田中角栄訪中、日中国交正常化。
1976年	1月：周恩来死去。4月：第一次天安門事件、鄧小平が再び失脚。華国鋒が国務院総理。9月：毛沢東死去。10月：華国鋒らが四人組逮捕、文革終結させ中共中央主席・中央軍事委員会主席。
1977年	4月：華国鋒が日本経団連の土光敏夫会長を団長とする訪中団一行と面会（「対外開放」を推進）。7月：鄧小平が政治復帰し、中央軍事委員会副主席などに。8月：汪東興が中共中央副主席などに。
1978年	2月：習仲勲政治復帰、華国鋒「四つの現代化」提唱。4月：習仲勲を広東省第二書記に任命。10月：鄧小平訪日。12月：第11回党大会三中全会で汪東興批判し鄧小平・陳雲が華国鋒降ろしの準備。
1979年	1月：米中国交正常化。習仲勲、深圳市設立に成功。鄧小平訪米。2月：華国鋒から軍権を奪うために鄧小平が中越戦争開始。3月：習近平が清華大学卒業、耿飈（軍事委員会秘書長）秘書に。
1980年	2月：中共中央書記処を復活。習仲勲名誉回復。胡耀邦、中共中央書記処総書記に。
1980年	8月：「中華人民共和国広東省経済特区条例」成立。広東省深圳市、珠海市、汕頭市を経済特区に。9月：華国鋒が国務院総理を辞任、習仲勲が全人代常務委員会副委員長に。
1980年	12月：中共中央政治局会議の「五カ条の罪状」により鄧小平が華国鋒を失脚させ、辞任に追い込む。
1981年	6月：第十一回党大会六中全会、華国鋒の辞任を正式決議。鄧小平が中央軍事委員会主席に、胡耀邦が中共中央委員会主席に、習仲勲が中共中央書記処書記に就任。7月：鄧小平が軍事委員会秘書長・耿飈を更迭し楊尚昆を同職に任命。
1982年	9月：中共中央委員会主席を廃止、中共中央委員会総書記に。12月：「八二憲法」制定。

完了。12月:西安事件。

1937年　7月:盧溝橋事件、日中戦争勃発。9月:第二次国共合作、共産党は中華ソビエト政府廃止。

1938年～1941年　毛沢東、周恩来・饒漱石らに指示し日本軍側と共謀(潘漢年を岩井公館に派遣など)。

1942年2月～1944年　延安で整風運動、毛沢東の政敵・王明を倒すのが主目的。高崗と閻紅彦が衝突。

1945年　8月:日本降伏、蒋介石・毛沢東会談(重慶会談)。10月:国民党・共産党が「双十協定」締結。

1946年　10月10日の「双十協定」で不戦誓うも、全国各地で国共内戦開始。例えば4月、長春で市街戦。

1947年　晩秋　共産党軍が長春を包囲し食糧封鎖。餓死者数十万。1948年10月長春解放。

1948年9月～1949年1月　遼瀋戦役、淮海戦役、平津戦役で共産党軍が決定的な勝利を得る。

1949年　1月:蒋介石が三大戦役での敗走の責任をとって中華民国総統を辞任。10月:中華人民共和国建国、以降華南三省と西南部三省の国民党勢力を一掃。11—12月:鄧小平らが西南戦役で重慶・成都解放(閻紅彦部下)。中華民国、首都を重慶から台北に。

1950年　2月:中ソ友好同盟互助条約締結、「台湾同胞に告ぐ書」発布。6月:朝鮮戦争勃発。10月:中国参戦。

1951年～1952年　三反(1951年10月)・五反(1952年2月)運動。

1952年　7月:「五馬進京」で、高崗・饒漱石・鄧子恢・習仲勲・鄧小平を北京に呼ぶ。

1954年　2月:鄧小平・陳雲が協力し「高崗・饒漱石事件」。8月:高崗自殺。9月:中華人民共和国憲法成立。

1955年　7月:第一次五カ年計画制定(陳雲が担当)。

1956年　6月:毛沢東「百花斉放・百家争鳴」運動。9月:鄧小平が中共中央総書記などに飛び級昇進。

1957年　6月:毛沢東、「反右派闘争」を開始。

1958年　5月:第二次五カ年計画、毛沢東が大躍進政策を立案。鄧小平が粟裕を断罪する会議を主宰。

1959年　7月:廬山会議、毛沢東の大躍進政策の問題点を批判した彭徳懐らが失脚。

中国共産党建党100年史年表

本年表は本書で扱った事象を中心として、中国共産党建党100年の歴史を振り返って作成したものである。党大会は、1956年以降は北京で、1982年以降は5年に1回開催されているが、初期のころは開催する間隔も開催場所も非常に不規則だ。それをすべて入れると年表が長くなるので、ここに簡単に第一回党大会から第十九回党大会までの開催年と場所を列挙する。

第一回:1921年、上海/第二回:1922年、上海/第三回:1923年、広州/第四回:1925年、上海/第五回:1927年、武漢/第六回:1928年、モスクワ/第七回:1945年、延安/第八回:1956年、北京/第九回:1969年、北京/第十回:1973年、北京/第十一回: 1977年、北京/第十二回:1982年、北京/第十三回:1987年、北京/第十四回: 1992年、北京/第十五回:1997年、北京/第十六回:2002年、北京/第十七回:2007年、北京/第十八回:2012年、北京/第十九回:2017年、北京となっている。第二十回は2022年の予定。

年	事　項
1921年	7月:上海で中国共産党第一回党大会開催。中国共産党建党。
1924年	1月:第一次国共合作。
1926年	3月:中山艦事件、7月:蒋介石による第三次北伐。
1927年	7月:第一次国共合作破綻。第一次国共内戦へ突入、共産党が武装蜂起をくり返す。
1930年	12月:国民革命軍が共産党に対して囲剿(掃討)作戦。共産党軍ゲリラ戦で応戦。
1931年	11月:毛沢東らが江西省瑞金で中華ソビエト共和国臨時政府を設立。
1932年	1月:謝子長・閻紅彦らが劉志丹グループを粛清する「三甲塬事件」。
1933年	10月:国民革命軍による第5次囲剿(掃討)。
1934年	10月:第5次囲剿に耐えられず、毛沢東ら江西中央ソビエト区を放棄し「長征」を開始。
1934年	11月:劉志丹、習仲勲等が陝甘辺ソビエト政府設立、紅二十六軍政治委員に高崗。
1935年	1月:遵義会議、毛沢東が中央軍事委員会主席になる。2月:謝子長死亡。9月:郭洪濤ら「赤色戒厳令」発布、劉志丹・高崗・習仲勲らを投獄。10月:毛沢東率いる紅一方面軍が陝甘辺ソビエト区に到達、以降延安を革命本拠地。11月:毛沢東が劉志丹・高崗・習仲勲らを解放。
1936年	4月:劉志丹戦死。10月:紅二方面軍と紅四方面軍等が合流し長征

著者略歴

遠藤誉（えんどう・ほまれ）

中国問題グローバル研究所所長　筑波大学名誉教授　理学博士

1941（昭和16）年、中国吉林省長春市生まれ。国共内戦を決した長春食糧封鎖「卡子（チャーズ）」を経験し、1953年に帰国。中国社会科学院社会学研究所客員研究員・教授などを歴任。著書に『ポストコロナの米中覇権とデジタル人民元』、『激突！遠藤vs田原　日中と習近平国賓』、『米中貿易戦争の裏側　東アジアの地殻変動を読み解く』、『「中国製造2025」の衝撃　習近平はいま何を目論んでいるのか』、『毛沢東　日本軍と共謀した男』、『卡子（チャーズ）　中国建国の残火』、『ネット大国中国　言論をめぐる攻防』、『中国がシリコンバレーとつながるとき』など多数。

裏切りと陰謀の中国共産党建党100年秘史
習近平　父を破滅させた鄧小平への復讐

2021年4月1日　第1刷発行

著　者　　遠藤 誉
発行者　　唐津 隆
発行所　　株式会社ビジネス社

〒162-0805　東京都新宿区矢来町114番地 神楽坂高橋ビル5階
電話　03(5227)1602　FAX　03(5227)1603
http://www.business-sha.co.jp

印刷・製本　大日本印刷株式会社
〈カバーデザイン〉上田晃郷
〈本文組版〉メディア・ネット
〈編集担当〉佐藤春生
〈営業担当〉山口健志

ISBN978-4-8284-2264-0